高职院校“一站式”学生社区建设理论研究与实践探索

周 峰 著

天津出版传媒集团
天津科学技术出版社

图书在版编目(CIP)数据

高职院校“一站式”学生社区建设理论研究与实践探索 / 周峰著. -- 天津 : 天津科学技术出版社, 2024.5
ISBN 978-7-5742-2002-7

Ⅰ. ①高… Ⅱ. ①周… Ⅲ. ①高等职业教育 - 学生 - 社区建设 - 研究 Ⅳ. ①G717.4

中国国家版本馆CIP数据核字(2024)第106778号

高职院校“一站式”学生社区建设理论研究与实践探索
GAOZHI YUANXIAO “ YIZHANSHI ” XUESHENG SHEQU JIANSHE LILUN YANJIU YU SHIJIAN TANSUO

责任编辑：王　冬
责任印制：兰　毅

出　　版：天津出版传媒集团
　　　　　天津科学技术出版社
地　　址：天津市和平区西康路35号
邮　　编：300051
电　　话：(022) 23332377
网　　址：www.tjkjcbs.com.cn
发　　行：新华书店经销
印　　刷：河北万卷印刷有限公司

开本 710×1000　1/16　印张 14.5　字数 230 000
2024年5月第1版第1次印刷
定价：98.00元

前言

随着教育现代化的持续推进，学生的全面发展越来越受到广大教育者和管理者的关注。这不仅包括学术和职业技能的培训，还包括学生的社交、情感、道德和身体健康的成长。与此同时，随着科技的发展，高职院校学生的学习和生活习惯也发生了深刻的变化，对于学生社区的需求和期望也在不断升级。在此背景下，传统的学生社区管理模式显然已经无法满足新时代学生的多元化需求。高职院校需要探索更加灵活、高效和人性化的管理模式来满足学生的发展和成长。为此，“一站式”学生社区综合管理模式应运而生，它集成了多种资源，提供一站式服务，使学生在社区内可以得到全方位的支持和帮助。

本书共设了七章，各章节内容如下。

学生社区，可以被视为学生生活、学习、成长和交往的“微社会”。第一章详细讨论了学生社区的定义、特点、构成、功能以及社区成员的角色。在此基础上，也深入分析了学生社区对学生的实际影响，以更全面地了解其对学生全面发展的积极作用。

在当今社会，学生社区的建设与管理已经成为教育工作者不容忽视的议题。第二章和第三章对高职院校学生社区建设与管理的内容和模式进行详细分析。这不仅包括政治、社会、文化和生态等多方面的内容，还涉及不同的管理模式，如学生自主、教师引领以及多方合作等。

“一站式”学生社区综合管理模式是本专著的重点。本书第四章详细解读了“一站式”管理模式的内涵、特点和具体内容，帮助读者深入理解这一新型管理模式的创新之处和优势。

为什么高职院校需要“一站式”学生社区建设？第五章从建设的重要性、目标、指导思想以及现有成效进行系统探讨，旨在为学校和教育管理者提供具体的方向和建议。

没有条件的保障，任何理念和模式的实施都会面临困难。第六章旨在探讨“一站式”学生社区建设的条件保障，从机制建设、资源配置到管理人员能力的提升等方面进行全面剖析。

任何建设和创新都需要具体的实施路径。第七章深入探讨了“一站式”学生社区建设的具体路径，包括顶层设计、队伍入驻、平台建设、自主管理以及社区文化的深耕等内容。特别地，本书重点关注公寓管理，将其作为“一站式”学生社区建设的重要部分。

由于笔者知识和水平有限，书中不足之处在所难免，恳请各位领导、专家、教师同行及阅读本书的朋友多提宝贵意见，以便不断改进与完善。

目 录

第一章　学生社区与学生发展

第一节　学生社区的概念与特点

一、学生社区的相关概念

关于学生社区文化的相关概念，主要是由社区、学生社区所构成的。在对学生社区研究的进程中，这两方面的概念已经成为研究的核心。

（一）社区

“社区”这一术语，其根源可追溯到拉丁语，寓意着“共有的事物”以及“紧密的伴侣关系”。作为一个专门用于社会学的术语，它被用于探讨社会的基本构成单位。此概念首次在西欧得到关注，随后在美国得以扩展和深化。德国的社会学家斐迪南·滕尼斯（Ferdinand Tönnies）是首位明确提出“社区”这一概念的学者，他强调了一种基于共同价值观的同质性人群构成的关系，这种关系紧密、互助且充满人情味，而传统的农村社会恰恰是这种关系的体现。[①] 但在滕尼斯的时代，这个概念并未受到广泛的认知。直到20世纪30年代，费孝通及其在燕京大学的学者伙伴们，在翻译社会学论著时，将英文“community”一词首次翻译为“社区”，从此，这一术语在中国得到了初步的传播。但在那个时期，对此概念的深入了解和关心的人仍然

① 滕尼斯．共同体与社会：纯粹社会学的基本概念［M］．林荣远，译．北京：商务印书馆，1999：87.

较少。随着我国社会的深刻变迁，“社区”这一词汇不但在学术界逐渐受到重视，而且在日常生活中已被广大民众所熟知。如今，“社区”不仅是一个家喻户晓的名词，更是社会学和许多相关领域中新的研究焦点和探索方向。

社区一般情况下主要是指区域范围内的群体，具有地理区域、人口数量以及群体利益与关系三个方面的特征。同时，社区的大小并没有受到限制，因此社区的规模可大可小。①

此外，《国际社会学百科全书》对于社区的阐释主要包含以下几个方面的观点：社区是由生活在某一特定地理范围内的人口所组成，换句话说，地域性是社区的基础。社区是一个基于地域的社会系统，具备整合功能。社区是自治自决行动单元。② 由此可知，社区概念有三个主要特点：明确的地域范围、一定数量的居民以及这些居民之间的社会关系。这样的定义使得从小规模的村庄和街道到大规模的城市市区，都可以被视为不同大小、特性的社区。

从社区的内涵可以看出，社区这一概念充分体现了一系列相互关联的核心要素。首先，必不可少的是一定规模的居民，他们是社区生命力的核心。其次，社区必须具有明确的地理空间，这是其实际存在和发展的基石。与此同时，为了确保居民的基本生活需求，社区应该拥有完备的生活服务设施，从而为日常活动提供便利。当然，任何社区的运行都离不开组织和管理，这需要通过相应的组织制度和管理机构来维护社区的正常秩序、引导居民行为并提高工作效率。除了这些“硬性”因素，一个成功的社区还需要“软实力”，那就是独特的文化氛围。它不仅潜移默化地影响和塑造居民，还是维护社区内部关系的纽带，为每位成员创造归属感和共鸣。总体来说，无论是硬件还是软件，都对社区的形成与发展起到了至关重要的作用。

综上所述，笔者认为社区是位于明确地域范围的群体聚集区，其成员之间不但存在深厚的社会联系，而且都具备强烈的认同与归属感。

---

① 中国大百科全书出版社编辑部．中国大百科全书（简明版）[M]．中国大百科全书出版社，2004：356.

② 曼．国际社会学百科全书 [M]．袁亚愚，译．成都：四川人民出版社，1989：98-100.

（二）学生社区

随着时代的发展，学生住宿区的内涵也在不断演变。以往人们所理解的“学生宿舍区”现在已经不再局限于物理空间的定义，它所涵盖的范围更为广泛，融入了更多的社会文化内涵。由此，借鉴社会学中的“社区”概念，形成了“学生社区”的全新定义。这一变革在高等教育领域产生了广泛的影响。关于学生社区的定义，国内学者时长江做出了如下解释：“学生社区主要是指以学生宿舍为中心而构建的活动区域，其中包含宿舍区、公寓等多个模块，是为学生提供生活、学习的区域。”① 吴美玲、李健定义：“高职院校学生社区作为集高职院校教育管理与学生学习生活为一体的功能性场所，是实现高职院校立德树人目标的重要空间性载体，也是提升学生自治能力的适应性空间场域，具有集空间、文化及社会为一体的多元形态。”②

总体来看，学生社区这一概念的诞生，主要可以归结为三个重要原因。第一，随着我国经济的持续增长，受到西方思想的影响，我国教育系统也开始了综合性的改革。源自欧美的“社区”观念逐渐引入国内，使得学生住宿区从单一的居住场所扩展到更加综合、功能丰富的社区模式，进而产生了“学生社区”的概念。第二，学生社区的形成也是我国教育的大众化、城市化趋势下，学校后勤服务的市场化和社会化的必然产物。随着教育改革的持续推进，单一的学生宿舍模式已经不能满足现代学校的多元需求。因此，学生社区不仅承担了住宿的职能，还涵盖了各种服务、教育和文化活动，为在校学生提供了全方位的支持。第三，随着我国经济结构的调整，公民的自主管理意识得到了显著提升。学生作为社会中的高素质群体，对新观念的接受度相对较高。在他们的民主意识逐步增强的过程中，住宿环境逐渐成了他们关注和发展的焦点，进一步推动了学生社区概念的形成和深化。

学生社区作为一种特殊形态的社区，与其他类型的社区比较来看，学生社区除了具有不同的内涵，还在强化社区的教育功能方面具有较明显的优势。学生社区不仅是一个物理空间，它更是一个充满活力的社会生态系统。

---

① 时长江．高职院校学生社区教育管理模式的构建[J].高等工程教育研究，2004（5）：71-73.

② 吴美玲，李健．多元协同形态下的高职院校学生社区治理研究[J].锦州医科大学学报（社会科学版），2023，21（4）：63-67.

这里涵盖了学生、教育人员、物业管理、商业运营等多个主体。这种独特的组成结构使得学生社区拥有了与大众社区区别开来的功能定位，其核心聚焦点在于对学生的教育与管理。

与普通的学生公寓相比，学生社区展现出其宽泛性、复杂性、独立性和多样性。学生社区的地域范围通常更加明确，独立于其他社区，有更加鲜明的社区特征。而在这块特定的地域内，不仅有学生，还有一系列其他角色如管理人员、后勤团队、安全保障、思政辅导、商业运营等，共同组成了一个丰富多彩的社区生态。在设施方面，学生社区同样表现出其独特性。除了基本的住宿功能，学生社区还涉及商业服务、文体活动等各种生活和学习所需。这种多元化的功能布局，不仅为学生提供了更为全面的服务，更强调了学生社区的育人功能。例如，文体活动区域不仅为学生提供了锻炼身体的场所，更是培养团队精神、加强交往能力的有效平台。学生社区在满足学生基本生活需求的同时，更进一步增强了学生的归属感和认同感。在这里，学生不仅是简单的住宿者，他们更是这个社区的主人。学生社区为他们提供了一个生活便利、能够实现自我提升的完美环境。

二、学生社区的特点

学生社区具有以下五大特点，如图 1-1 所示。

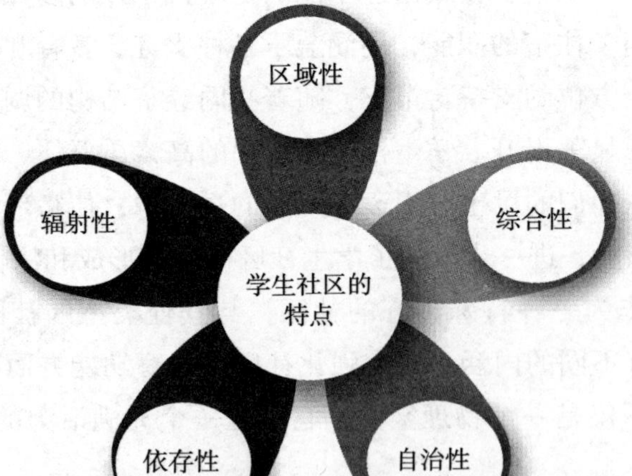

图 1-1　学生社区的特点

（一）区域性

学生社区的区域性是其显著的特点之一。这种区域性不仅体现在物理空间上，更反映了学生社区在文化等方面的独特性。区域性特点揭示了学生社区如何根据地理位置、功能配置和目标群体来塑造自身的独特身份，从而与其他类型的社区区分开来。

1. 物理层面的区域性

在物理层面上，学生社区的区域性意味着它通常被明确地划分出来，有清晰的边界。谈及区域性，首先让人想到的是这个区域的物理范围，即它的地理位置和界限。与一般的居住社区不同，学生社区的物理空间往往被特定地界定，形成了一个相对独立和封闭的小环境。这种明确的物理边界是学生社区的核心特征之一。这种独立和封闭性的空间为学生提供了一个可以集中于学业的环境。在这里，外部的干扰被降低到最小，学生可以更容易地沉浸在学习中，无须担忧外界的打扰。同时，这种环境使得学生们能够有充分的时间和空间来进行自我反思，培养个人兴趣和技能。

与此同时，学生社区的相对封闭性也起到了一个保护屏障的作用。学生，尤其是大学新生，往往初入社会，对于外部世界可能存在的种种风险和挑战尚不完全了解和熟悉。学生社区这种安全、舒适的生活环境不仅有助于学生的学业发展，更为他们的个人成长创造了一个有利的条件。在这样的环境中，学生可以更加自信地探索和实践，培养自己的能力和兴趣，形成独立的思考和判断。因此，学生社区的物理区域性，不仅是一个明确的地理界限，更是一个为学生们提供安全、舒适、有利于成长的环境，使他们能够在其中专心学习、成长和发展。

2. 文化层面的区域性

从文化维度看，学生社区显然呈现出一种独特的文化氛围。每一位进入学生社区的学生都带着他们自己的生活背景、经历和文化遗产，这为社区注入了一种丰富多彩的文化多样性。然而，尽管他们的出身和文化背景可能千差万别，但学生社区为他们提供的共同生活和学习环境意味着他们很快会找到共同语言和共鸣，从而形成一种独特的文化认同。这种认同并不是对原有文化的丢弃，而是一种新的、基于共同经验和互动产生的文化共鸣。它将来自四面八方的学生团结在一起，让他们超越自己的背景差异，找到相似之处和共同目标。这种文化认同与价值观的形成对于维持和增强整个社区的和谐与凝聚力起到了关键的作用。学生在这种环境中学会了尊重他人的观点，学会了如何与来自不同背景的人合作，培养了团队合作和跨文化沟通的能力。更重要的是，学生社区为他们提供了一个舞台，展示自己、交流思想和分享经验，进而形成一种共同的行为模式和生活方式。这不仅加深了学生之间的友谊和互助，还在他们心中种下了包容、尊重和合作的种子，为他们未来在更大的社会舞台上与人交往打下了坚实的基础。

（二）综合性

学生社区的综合性反映在它完美地结合了多种功能，为学生提供了一个综合的平台，旨在支持其全面的发展。在现代教育环境中，学生社区不再是一个简单的住宿场所，它已经变成了一个功能丰富、服务多样的复合体，强调提供一个综合性的环境，满足学生的各种需求。

1. 生活环境的综合性

从生活的角度来看，学生社区是一个完整的生态系统。其设计与构建主要是为了确保学生在学习的同时，也能享受到舒适的生活环境。其中，宿舍为学生提供了一个温暖的家，让他们在学业繁忙之余，有一个放松和休息的地方。学生社区并不止步于满足学生的基本生活需求。随着现代化进程的加快，学生社区也引入了各种商业设施，使其功能日益丰富。超市为学生提供了日常生活所需，从文具、日用品到食品饮料，一应俱全；健身房满足了学生锻炼身体的需求，让他们在忙碌的学习生活中，也能保持身体健康；社区内的文体活动室、图书角等，则为学生提供了放松心情、交友互动的空间。

这种综合性的生活环境使得学生不需要离开社区就可以获得几乎所有的生活服务。这无疑为学生节省了大量的时间，使他们可以更专注于学业。同时，由于生活圈的范围被大大缩小，学生之间的互动机会也随之增加，这不仅加强了他们之间的联系，还为他们提供了更多的合作与交流的机会。

2. 学习资源的综合性

学生社区配备了一定面积的公共物理空间和软硬件设施，满足学生学习、师生交流、生活服务、活动开展等需要，打造功能齐全、设备先进的公共物理空间，充分满足学生阅读、研讨、咨询、展示、健身、休闲等需求，建立健全学生社区软硬件。学生在社区里不仅是学生休息和娱乐的场所，更是他们学术探索与个人成长的重要场所。自习室提供了一个宁静而专注的学习环境，使学生能够沉浸在各个学科领域的学习中，这里藏书丰富，无论是深入研究的专业书籍，还是拓宽视野的通识读物，学生都能在这里找到满足自己需求的资料。就业指导室则为学生提供了职业规划和就业指导服务，这里有专业的职业顾问，为学生提供一对一的职业咨询和就业辅导，帮助他们更好地规划未来的职业道路。专业讲座室是学术交流和知识分享的平台，这里定期举办各种学术讲座和专业研讨会，邀请行业专家和学术权威进行授课和交流，为学生提供了一个拓宽知识视野和深化专业理解的机会。除了这些基本的学习设施，学生社区还根据学生的学术需求，设立了各种学习中心并提供辅导服务，这些中心通常配备专业的教育人员和学业导师，每月有计划“一对一”交流，搭建师生交流平台，组织学业指导品牌活动，选聘校党政团干部、思想政治理论课和优秀青年教师担任学生社区兼职辅导员。结合学校情况，整合资源力量，积极依托学生社区开展思想政治教育活动，形成有社区特点的教育品牌活动，为学生提供个性化的学习建议和辅导。无论是学习策略、时间管理还是专业知识的疑难问题，学生都能在这里找到解决方案。这些服务和设施共同构建了一个多元化和综合性的学习教育环境，使学生能够在学术上不断进取，实现自我价值的提升。

（三）自治性

学生社区的自治性是其鲜明的特点之一，它不仅体现在学生在日常生活和活动中的参与度，还体现在他们对社区事务的管理和决策中。这种自治性赋予学生更多的自主权和责任感，鼓励他们主动参与社区建设，形成一个真正意义上的“学生主导”的社区。

1.对组织结构的管理与参与

学生会、团委会和学生发展中心等学生自我管理、自我服务组织，遴选学生党员、入党积极分子担任负责人。组织学生通过社团活动、志愿服务、勤工助学、实践锻炼等方式参与社区建设、楼宇管理。建立健全以服务奉献为导向、以素质养成为目标、以经历认证为保障、以制度规范为基础的学生综合评价长效机制，培养学生自主意识和自律能力，也为学生提供了一个表达自己意见和需求的平台，还为他们提供了丰富的实践经验。这些学生组织通常由学生自发创建，完全基于他们对社区生活的需求和对学习的热情。通过这些组织，学生可以组织各种文化、体育和学术活动，丰富社区生活，提高学生的参与度。文化艺术节、体育赛事和学术讲座等活动不仅能够提高学生的综合素质，还能为他们提供一个展示自己才华的舞台。这些活动鼓励学生发挥自己的创意，提高他们的组织和协作能力。同时，这些活动也为学生与教师、学者和其他学生之间提供了一个良好的交流机会，有助于他们建立起广泛的人脉关系。而当学生组织充当学生与学校或物业管理之间的桥梁时，它们在社区中的作用就显得尤为重要。学生组织可以帮助学生向学校或物业管理部门传达自己的意见和需求，确保学生的权益得到保障。

2. 日常生活的自我管理

学生社区的自治性在日常生活的自我管理中具有深远的意义，它不仅体现在表面上的规章制度，更在于背后所蕴含的学生自治的精神。在这样的环境中，学生不再是被动的规章接受者，而是成为真正的参与者，参与到整个规章制度的制定和完善过程中来。例如，宿舍管理规定可能涉及如何分摊卫生清洁的任务、如何安排学习和休闲时间、如何处理与室友之间的矛盾等。学生在这些规定的制定过程中，需要学会平衡自己的需求与他人的需求，学会与他人沟通和协商，从而确立一个既公平又能够被大家接受的规定。

同样地，学习空间的使用规定也涉及一系列的决策问题，如如何安排学习的优先权、如何确保学习环境的安静、如何有效利用有限的资源等。这些决策需要学生根据实际情况，共同讨论并达成共识。这样的过程不仅能够锻炼学生的决策能力和沟通技巧，还能够培养他们的责任感和合作精神。

（四）依存性

学生社区的依存性体现在多个方面，从其结构到功能再到日常运营都有着明显的特征。它主要反映了学生社区与外部环境以及社区内部各个组成部分之间的相互依赖关系。这种关系确保了学生社区能够持续、稳定地为学生提供一个优质的生活和学习环境。

1.学生社区与所在学校有着紧密的依赖关系

学生社区与其所在的学校的依赖关系是显而易见的、深入而复杂的，且这种关系构建了学生社区的核心功能。从基础的居住需求到高级的学术和文化活动，学生社区几乎完全依赖学校提供的支持和资源。学校提供的基础设施如水、电和网络等是学生社区正常运行的基石。没有学校的这些支持，学生社区很难独立存在和运营。更不用说安保服务，这确保了学生的安全和社区的和谐。这种依赖关系不仅仅是物质方面的。学生社区的运营和发展受到学校的策略和规定的深刻影响。当学校决定扩大招生，学生社区必须迅速适应这种变化，确保有足够的住宿和其他资源来满足新增学生的需求。同样，当学校调整其教育和管理策略，如推行新的学术计划或实施新的行为守则时，学生社区也必须与之同步，以确保社区的环境与学校的目标和期望保持一致。

这种依赖性还意味着学生社区的声音和反馈对学校同样重要。一个高质量的学生社区不仅能够吸引和留住学生，还能为学校提供宝贵的反馈，帮助学校更好地理解和满足学生的需求。例如，如果学生社区的住宿设施不足或存在其他问题，这些反馈可以迅速传达给学校管理层，促使他们采取行动。

2.学生社区各组成部分存在紧密的依赖关系

学生社区内部各组成部分之间的依赖关系构成了一个高度互动的生态系统，确保了社区的和谐与发展。一方面，商业服务的存在和发展是为了满足学生的消费需求，这些商业服务包括书店、便利店、咖啡馆和其他休闲场所。没有学生持续的消费，这些服务无法维持。而这些商业服务的存在为学生提供了便利，免去了他们外出购物或寻找休闲方式的麻烦。另一方面，仅仅依赖学生的消费需求是不够的，商业服务的质量和效率直接影响学生的生活品质。例如，一个管理得当、提供高标准住宿条件的学生宿舍不仅可以满足学生的基本居住需求，还能为他们提供一个安全、舒适的学习和休息环境。同样，一个配备完善、环境宜人的学生公寓或宿舍楼也能够提高学生的生活品质，满足他们的个人和社交需求。这样的宿舍环境不仅促进了学生之间的交流和互动，还能提供一个适合自学和团队学习的环境，从而有利于学生的学术成长和个人发展。

（五）辐射性

辐射是一个科技名词，主要是指能量从中心向各个方向扩散出去。学生社区的辐射性是指它对周边环境、社区乃至更广泛地区的影响和吸引。学生社区作为一个活跃的、充满活力的地方，具有一种独特的魅力和力量，能够对其周边产生深远的影响。

过去，人们常将学校比喻为“象牙塔”，暗示着学校与外部世界的隔绝。但现实中，学校与社会之间的联系是紧密而复杂的，它们之间既没有，也不可能有绝对的隔离。学生社区作为学校与社会的一个交汇点，凭借其独有的社会地位，对其周边环境甚至更广泛的区域产生了深远的影响。学生社区不仅是知识和学术的交流中心，也是文化和价值观的碰撞与融合的场所。这里汇聚了各种背景、信仰和文化的年轻人，他们每天都在互相交往、学习和成长。随着时间的推移，这些年轻人将带着他们在社区中学到的东西，无论是新知识、新技能还是新的价值观，走出学生社区，走向社会，从而使得学生社区对社会的“辐射效应”得以实现。这种“辐射”不仅体现在文化和价值观的传播上，还可以在社会的各个方面观察到，如经济发展、社会服务、管理模式等。学生社区的存在和发展，对周边社区乃至整个城市的进步都产生了不可忽视的影响。

第二节　学生社区的构成与功能

一、学生社区的构成要素

学生社区的构成要素复杂多样，可以从多个维度进行探讨。下面列举一些学生社区的主要构成要素，如图 1-2 所示。

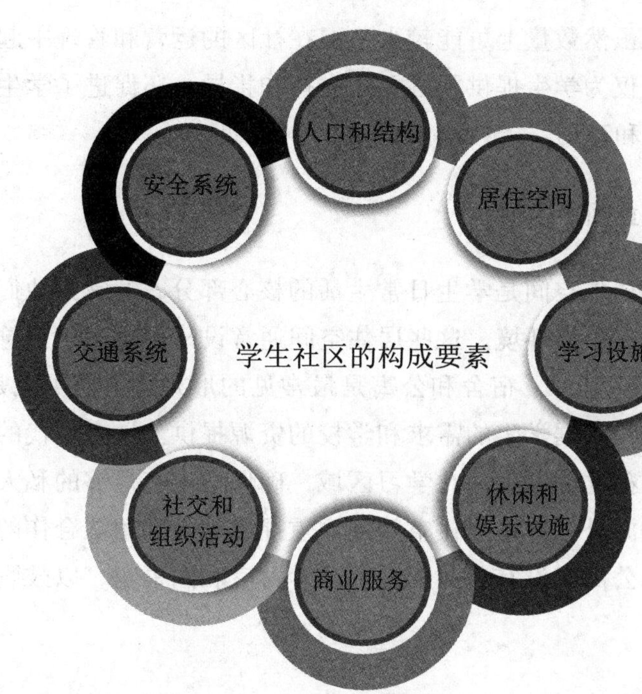

图 1-2　学生社区的构成要素

（一）人口和结构

学生社区的人口和结构要素是理解这个特殊社区动态和特性的关键。从人口角度看，学生社区的主要居民是学生，他们可能来自国内的各个角落，也可能来自国际。这种多元的人口组成为社区带来了文化、语言和背景的多样性，使得学生社区成了一个真正的文化熔炉。[①] 从结构上来看，学生社区的人口可以按照年级、学科、国籍和其他社会经济因素进行划分。例如，新生和老生可能会有不同的居住区域，或者工程学院的学生和文科学院的学生可能居住在不同的宿舍楼。这种结构化的居住安排有助于增强学生之间的联系和合作，也有助于提供针对性的服务和支持。

另外，学生社区中还有其他非学生居民，如教职员工、行政人员和其他

① 周远，张振，岳娅萍．高校“一站式”学生社区的内涵生成、结构要素和现实意义 [J]. 中国高等教育，2022（19）：53-55.

工作人员。他们虽然数量上可能较少，但在社区的运营和管理中起到了关键的作用。他们不仅为学生提供了必要的支持和指导，还促进了学生与学校管理层之间的沟通和互动。

（二）居住空间

学生社区的居住空间是学生日常生活的核心部分，通常为他们提供了一个既安全又舒适的生活环境。这些居住空间通常设计得既实用又符合学生的生活和学习需要。其中，宿舍和公寓是最常见的形式，它们可能是单人间、双人间或多人间，根据学生的需求和学校的资源提供。许多现代的学生居住空间甚至配备了独立的卫生间、学习区域，确保学生有足够的私人空间。除了基本的生活设施外，许多居住空间还注重提供社交和团队合作的机会。为此，许多宿舍和公寓都设有公共休息室、学习室和图书角，以鼓励学生之间的互动和交流。

（三）学习设施

在一个充满活力的学生社区中，学习设施起到了桥梁的作用，连接着学术与生活、理论与实践。首先，自习室是学习设施的重要组成部分。它为学生提供了一个安静而舒适的环境，使学生能够专心致志地进行学习和研究。这里不仅有丰富的学术资源，还有完善的学习工具，可以满足学生多方面的学习需求。自习室成为学生自我提升和知识积累的重要场所，帮助他们在学术道路上更加稳健前行。其次，就业指导室是学生社区中不可或缺的设施。这里提供了全面的职业发展服务，包括职业规划、简历修改和模拟面试等，帮助学生更好地面对未来的职业生涯。专业的就业顾问会给予学生个性化的职业建议和指导，使他们能够更加清晰地认识自己，更加明确地规划未来。最后，专业讲座室是日常教学活动的主要场所。这里定期举办各类学术讲座和研讨会，邀请学术大咖和行业精英分享他们的知识和经验。学生在这里可以直接与专家进行交流，提出自己的疑问和看法，就这些看法得到更加深入和全面的理解。这些讲座和研讨会极大地拓宽了学生的知识视野，激发了他们的学术兴趣和研究热情。

（四）休闲和娱乐设施

学生社区的“休闲和娱乐设施”要素是一个综合性的组成部分，旨在满足学生的日常休闲需求，增强其生活质量以及促进其社交互动。在日常学习和研究的压力之下，有了这些设施，学生可以放松心情，充实自己的业余生活，促进身心健康。

第一，休闲区域。休闲区域是学生在紧张学习之余放松身心的好去处。这里环境舒适，设施完善，有各种座椅和休息设施，学生可以在这里休息、阅读或与朋友聊天。此外，休闲区域还设有各种娱乐设施，如台球桌、乒乓球桌等，学生可以通过这些活动释放压力，享受愉快的时光。这个区域的设计旨在创造一个轻松愉快的氛围，让学生可以在忙碌的学习生活中找到平衡，更好地投入学术研究中。第二，党史放映室。党史放映室是学生学习党史知识的专门场所。这里定期放映与党史相关的影片和纪录片，帮助学生更加深入、全面地了解党的光辉历程和伟大事迹。放映室内配备了先进的放映设备和舒适的座椅，为学生提供了良好的观影体验。通过观看党史影片，学生可以更直观、更生动地学习党史，坚定“四个自信”，增强“四个意识”，更加明确自己的奋斗目标和理想信念。党史放映室不仅是传承红色基因、弘扬革命传统的重要场所，也是培养学生爱国情怀、增强民族自豪感的教育基地。

（五）商业服务

学生社区的“商业服务”要素对于学生的日常生活至关重要，它为学生提供了许多基本的便利和生活所需，确保了学生在追求学术的同时，也能够在生活方面享受到无忧的体验。第一，便利店和超市。学生可以在这些地方购买到日常所需的食品、日用品、学习用品等。对于许多住在宿舍或公寓的学生来说，能够在社区内轻松购物是一大便利。第二，金融服务，如银行和ATM机，通常位于学生社区的核心地带，可以确保学生在需要进行金融交易或提取现金时，都能够快速便捷地完成。除此之外，许多学生社区还设有各种专业服务，如打印店、复印店和书店等。这些地方为学生提供了他们在学术研究中所需的各种材料和工具。

（六）社交和组织活动

学生社区的“社交和组织活动”要素是支撑学生社交生活、增进彼此了解和合作以及提升整个社区凝聚力的重要部分。在高度集中的学术环境中，社交活动和组织活动不仅能够为学生提供放松和娱乐的机会，还能够为他们提供扩展人脉、培养组织和领导能力的平台。

首先，学生社区中经常会有各种聚会和派对，这些活动为学生提供了与朋友和新同学交往的机会，也使他们能够在繁重的学术任务之余，获得轻松和乐趣。从新生欢迎会到毕业派对，这些聚会都在加强学生之间的联系和友情。其次，学生社区中存在大量的学生组织和俱乐部，涵盖了从学术研究、社会服务到体育和艺术的各个领域。通过参与这些组织，学生可以深入探索自己的兴趣，与志同道合的同学建立深厚的关系，同时锻炼自己的组织和领导能力。此外，学生社区还经常举办各种讲座、研讨会和工作坊等活动，这些活动为学生提供了与教授、行业专家和杰出校友交流的机会，帮助他们拓宽视野、深化知识和建立专业联系。

（七）交通系统

学生社区的“交通系统”要素关乎学生的日常出行，确保他们能够方便、迅速地前往校园内的各个地点或校外目的地。一个高效且有组织的交通系统不仅可以提高学生的生活质量，还能促进社区与周边环境的无缝连接。学生社区的交通系统主要包括以下几部分。

第一，校园内的步行道和自行车道为学生提供了安全、便捷的出行方式。这些专用道通常被设计得宽敞且平坦，确保学生可以轻松地步行或骑自行车前往图书馆、宿舍等地。在一些大型校园中，还可能配备电动滑板或其他新型交通工具的专用道。第二，校园巴士服务通常在大型或分散的校园中提供，确保学生可以在短时间内从一个校园地点迅速移动到另一个地点。这些巴士通常是免费的，有固定的时刻表和路线，覆盖校园的主要地区。第三，对于需要前往校外或城市中心的学生，学生社区可能会有与城市公共交通系统的连接方式，如地铁站、公交车站或火车站，这为学生提供了到达远离校园的地方的便捷方式。

（八）安全系统

学生社区的安全系统确保了学生在校园内的安全与舒适，为学生提供了一个和谐、无忧的学习和生活环境。一个健全的安全系统不仅可以预防潜在的风险，还能在紧急情况下为学生提供及时的援助。

第一，物理安全设施是学生社区安全系统的基础，这包括围墙、围栏、安全门和监控系统，这些设备确保了学生社区的边界清晰、入口受控，并对校园内的活动进行了 24 小时的监控，从而为社区设置了第一道防线。第二，安全巡逻和保安服务是不可缺少的组成部分。专业的保安人员经常在社区内进行巡逻，他们接受过专门的培训，能够处理各种紧急情况，从简单的纠纷到更为复杂的安全威胁。除此之外，紧急响应机制也是安全系统的重要组成部分，主要包括紧急电话、报警系统和快速反应团队。学生在遇到紧急情况时，可以通过这些渠道快速获取帮助。学生社区还配备了灭火器、消防系统和救生设备，确保在火灾或其他紧急情况下可以立即采取行动。第三，社区公寓门禁识别系统。为了确保学生的人身和财产安全，学生社区通常会采用先进的社区公寓门禁识别系统来进行安全管理。学生社区的社区公寓门禁识别系统通常由门禁设备、身份识别设备和管理软件等组成。门禁设备包括门锁、读卡器等，用于控制门的开启和关闭；身份识别设备则包括指纹识别器、面部识别器等，用于核实进入者的身份；而管理软件则用于管理授权人员的信息，记录出入日志以及进行系统设置等。社区公寓门禁识别系统是学生社区安全保障体系的重要组成部分，它通过科技手段来实现对社区出入的严格控制，确保只有经过授权的人员才能进入社区。

二、学生社区的功能

随着教育的现代化和国际化，学生社区的功能也在不断地拓展和深化，从简单的住宿和休闲，到学术研究、创业创新、文化交流和社会服务。它已经成为学生全面发展的重要支撑，也是学校与社会、国内与国外交流合作的重要窗口。学生社区的功能主要包括以下几方面，如图 1–3 所示。

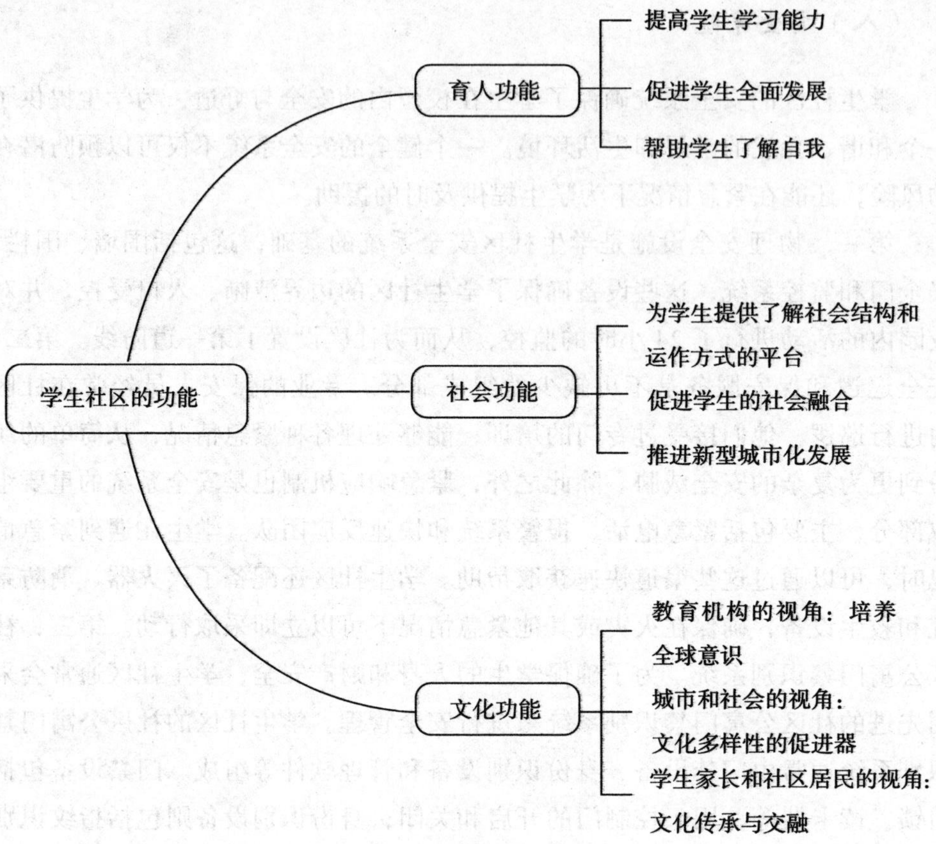

图 1-3　学生社区的功能

（一）育人功能

学生社区的育人功能是促进学生全面发展的重要手段，学生社区所开展的活动不仅可以提高学生的学习能力，还可以促进学生的全面发展。

1. 提高学生学习能力

学生社区的育人功能不仅包括传统的学术教育，还涵盖了各种与生活、社交、技能和情感相关的多维度教育。这样的综合教育形式为学生提供了一个更加广阔的学习空间，不仅有助于深化学科知识，还有助于促进其他能力的培养。[①]

① 张宝兵. 高职院校“一站式”学生社区功能定位研究[J]. 大学，2020（21）：143-144.

一方面，学生社区为学生提供了一个真实有效的环境，使他们能够将理论知识应用于实践。例如，在组织活动或项目时，学生需要将所学的管理、团队协作和沟通技巧付诸实践，这样不仅可以巩固知识，还可以发现和弥补自己在学习中的不足。这种实践经验会增强学生的信心，激发他们的学习兴趣，从而提高学习效率。另一方面，学生社区的交流活动为学生提供了与老师和同学深度交流的机会。通过这些交流，学生可以从不同的角度和视野中获得新的启示和灵感，这对于拓展知识边界和提高思考能力都是非常有益的。与老师的交流更是一种宝贵的资源，学生可以从中得到更多的学习方法和策略，为自己的学习之路铺设坚实的基石。

2.促进学生全面发展

学生社区提供了良好的育人环境，有助于学生全面发展。学生在参与社区活动时，不仅是学习知识，更多的是在实践中锻炼自己的能力。例如，在组织和策划活动中，学生需要对事件进行分析和思考，形成自己的见解和策略，从而培养自己的分析思考能力。同时，他们还要学会如何与他人沟通和协作，这无疑有助于培养他们的团队协作精神和沟通技巧。在玩乐与学习的交融中，学生在享受乐趣的同时，也会在不知不觉中学到许多知识和技能。通过参与各种游戏和竞赛，学生可以提高他们的反应速度、判断力和策略制定能力。这不仅有助于他们在学术上取得更好的成绩，还有助于在日常生活中更好地处理和应对各种情况。

3.帮助学生了解自我

在学生成长过程中，学生社区可以帮助学生全方位、多角度、深层次地认识和了解自己。一个良好的学生社区环境不仅为学生提供了一个学习的空间，更为学生提供了一个真实、多元和互动的环境，使得学生在其中得以更好地认识自我、理解生活和寻找自己的定位。

首先，学生社区为学生提供了一个探索自我兴趣和激情的平台。不同于传统的教室，学生社区允许学生自由选择自己喜欢的活动，从而使他们能够发掘和培养自己的兴趣和爱好。这种自由选择和探索的过程，可以帮助学生更好地了解自己的性格、偏好和潜能，从而使他们在未来的人生道路上有一个更清晰的方向和目标。其次，学生社区的团队合作和集体活动可以让学生真正体验到团结协作的力量。在与他人合作中，学生可以学习到如何与不同的人沟通、如何解决团队中出现的问题以及如何共同为一个目标而努力。这些经验不仅可以加深学生对团结协作的理解，还有助于培养他们的团队精神和协作能力。

（二）社会功能

1.为学生提供了解社会结构和运作方式的平台

学生社区作为一个微观的社会单元，模拟了宽广的社会结构，充当着一个实验场所，使学生对真实世界有一个初步的认识。在这个相对封闭的社区中，学生能够参与各种活动，包括组织策划、决策制定、和其他各种社区一起执行管理任务，从而使他们深入了解和体验到各种社会角色的特点和要求。

作为领导者，学生有机会学习并实践如何设定目标、制订计划、管理团队和与各种利益相关者进行沟通，这不仅需要他们具备一定的决策和战略思考的能力，还需要他们有协调和管理的技能，以确保各种任务得到有效的执行。作为协调者，学生需要学习如何协调各种资源和人员，以实现社区的目标。这需要他们有优秀的人际沟通和协作能力，能够解决冲突，确保各个部门和成员之间的协同工作。作为执行者，学生需要深入了解和掌握各种完成任务的方式。他们需要有责任感和执行力，确保每一个任务都能按时完成，满足社区的各种需求。

在这个过程中，学生还能够对社会的组织结构和运作方式有一个更加深入的理解。例如，他们会了解到一个决策是如何从提议到实施的以及各种制度和规定是如何影响到社区日常运作的。因此，学生社区为学生提供了一个宝贵的机会，让他们在真正进入社会之前，就能对社会的各种复杂情境有一个全面的了解和准备，为他们的未来发展打下坚实的基础。

2.促进学生的社会融合

学生社区宛如一个迷你的社会，具有独特的功能和价值，尤其在促进学生的社会融合上发挥着不可替代的作用。对于众多初来乍到的新生，学校是一个陌生的环境，充满了挑战与不确定性。而学生社区成为学生的第一个“庇护所”，在这里，他们得到了心灵的慰藉和归属感，也为未来大学生活奠定了坚实的基础。学生社区为新生提供了与同龄人交往的机会。新生通过参与各种社区活动和团队项目，可以结识来自不同地区、有不同背景的同学，扩大学生的人际交往的圈子，使学生学习到新的文化和价值观，促进学生的世界观的形成和完善。

3. 推进新型城市化发展

随着社会进步和技术发展，新型城市化已成为当下发展的主旋律。新型城市化不仅是城市面积的扩大或人口的增长，它更注重城市的可持续性、活力、包容性和人性化。在这一背景下，学生社区作为城市结构中的一个重要部分，无疑为推进新型城市化提供了有力的支撑。

首先，推动城市可持续发展。学生社区作为知识和创新的源泉，鼓励绿色和低碳的生活方式。这些社区通常拥有现代化的设施，如太阳能板、节水系统和垃圾分类系统，这些都是新型城市化中可持续发展的重要组成部分。而且，学生的创新精神也常常驱使他们寻找更加环保、高效的解决方案，对于城市的可持续发展具有积极推动作用。其次，增强城市活力。学生社区总是充满了活力和创意。从各种文化、艺术和科技活动中，可以感受到其中的蓬勃和活跃。这种活力不仅吸引了其他年轻人，也吸引了企业和投资者，为城市带来更多的经济机会和发展潜力。再次，提升城市包容性。学生有各种不同的背景和文化，他们的存在为城市带来了丰富的多样性。学生社区常常成为文化、种族和社会经济背景交融的地方，这有助于促进城市的包容性，使城市成为所有人都能共享的空间。

（三）文化功能

学生社区不仅是学习和居住的场所，更是文化交流、传承和创新的重要载体。它的文化功能不仅对学生产生影响，还对学校、城市乃至整个社会产生重要影响。以下从多个不同的视角来探讨学生社区的文化功能。

1. 教育机构的视角：培养全球意识

对于教育机构而言，学生社区是培养学生全球意识的重要平台。这是因为当代的教育已经不再局限于教授课本上的知识，而是更加强调培养学生的综合素质和跨文化沟通能力。在学生社区中，不同背景、国籍和文化的学生共同生活和学习，这为学生提供了一个难得的机会来体验和理解多元文化。

学生社区中的多样性为学生提供了一个直观的“全球课堂”。在这里，学生不仅可以学习到自己专业的知识，更可以通过与来自不同国家和文化背景的同学的交流，了解到其他国家和地区的历史、文化和社会现状。这种日常生活中的“文化浸泡”远比课堂教学更为直观和生动。日常的交流和活动使学生不仅能了解到其他文化的知识，更能亲身体验和感受。例如，通过参加各种文化节或国际交流活动，学生可以品尝到其他国家的美食、了解不同的节日习俗，甚至学习其他国家的舞蹈和音乐。这种深入的文化体验使学生可以真正地理解和尊重其他文化，消除文化刻板印象和误解。学生社区的多元文化环境促使学生不断地学习和实践跨文化沟通的技巧。这不仅有助于他们在日常生活中与不同背景的人顺利沟通，更为他们将来在全球化的工作环境中与各国同事合作打下了坚实基础。学生社区培养的全球意识不仅是对其他文化的了解和尊重，更是对全球问题和挑战的关心和思考。在这里，学生会深入探讨全球性的问题，如气候变化、经济发展和社会公正等，从而培养他们的全球意识和社会责任感。

2.城市和社会的视角：文化多样性的促进器

学生社区作为城市中的一个组成部分，反映了城市的文化多样性。这里的学生如同一面文化的镜子，通过他们，人们可以看到世界各地的风貌、听到不同的语言和音乐，品味各种各样的美食。他们带来的这些文化元素不仅为城市带来了新鲜的气息，还为当地居民提供了一个了解外部世界的窗口。

首先，这种文化的集结点为城市的居民提供了更广阔的视野。在日常生活中，很多当地居民可能很少有机会接触到其他文化。但是在学生社区，他们可以直接与来自不同国家和文化背景的学生交流，这种直接的交互有助于打破文化隔阂，消除偏见和歧视。其次，学生社区中的各种文化活动和节日庆祝活动为城市增添了色彩和活力。无论是各国的新年庆典、音乐节还是艺术展览，都吸引了大量的居民参与。这不仅让他们体验到了其他文化的魅力，也提高了他们对文化多样性的尊重。此外，多元的文化背景也意味着多种思维方式和解决问题的方法。这为城市的发展提供了新的思路和策略。例如，一些从其他国家引入的发展理念和技术可能为城市的环境问题提供新的解决方案。

3.学生家长和社区居民的视角：文化传承与交融

对于学生家长和社区居民而言，学生社区是一个独特而又充满活力的文化之地，它扮演了一个桥梁的角色，连接着传统与现代、经典与创新。在这里，文化不是被动地被继承和传承，而是被活跃地创造和重塑。

学生社区中的传统文化活动和庆典为家长和社区居民提供了一个重温过去和回忆童年的机会。无论是中秋的月饼制作、端午的赛龙舟还是春节的舞龙舞狮，这些活动都让人们回想起自己的根，重新认识自己的文化身份。对于年轻一代，这是一个了解和体验传统的机会，使他们对自己的文化有更深入的认识。与此同时，学生社区也是现代艺术和文化的交汇处。街头艺术、现代舞蹈、电影放映、音乐会等活动为人们提供了一个接触和欣赏当代艺术的平台。这种现代与传统文化的交织，为文化传承带来了新的可能性。它鼓励创新，让文化在传承中得到重生。更重要的是，学生社区成为文化跨代交流的场所。家长和孩子、老一辈和年轻人在这里共同参与活动，分享彼此的经验和见解，这不仅加深了他们之间的情感联系，也为文化的传递创造了有利条件。新一代可以从老一代那里学习和了解传统，也可以向他们展示新的文化趋势和创意。

第三节 学生社区成员角色定位

一、学校党委（学工部门）及其主要职责

学生社区是学校的重要组成部分，其中学校党委（学工部门）起到核心的领导和组织作用。下面从五个维度深入探讨学校党委在学生社区中的基本职责。

（一）传递和执行党的方针、政策及决议

学校党委作为党在学生社区中的代表，首要任务是确保党的方针、政策得到恰当和准确的传递。这不仅包括对党的基本路线的宣传，更涉及对上级党组织和本组织决议的具体执行。学校党委需要确保这些决策落地，并在执行中不失其原本的初衷。同时，团结和组织社区成员参与这些任务的完成是一个持续性的过程，需要党委以极大的耐心和有效的策略进行组织与协调。

（二）制定指导性文件并协调资源

学校党委还需要负责制定一系列与社区管理相关的指导性文件，例如，《学生宿舍管理规定》。这些文件为学生社区提供了明确的指引，确保社区的运行有序和规范。除此之外，协调公寓服务中心为社区提供资源也至关重要，因为这关乎社区成员的基本生活环境和学习条件，影响着整体的社区治理效果。

（三）召开社区大会

社区成员代表大会是一个核心的决策机构，学校党委负责指导召开这类大会。在大会上，社区的建设、管理和服务中的关键问题和重要事项都会被集中讨论。学校党委需要确保每次会议都能有效地收集和反映学生的意见，以确保决策真正反映了广大学生的需求。

（四）领导和支持社区自治

社区的自治是学生参与和发声的重要途径。学校党委在这里扮演着双重角色：一方面，领导社区自治组织，确保这些组织能在法律框架内行使其权利；另一方面，需要为这些组织提供必要的支持，如推进公开办事制度，创新社区服务机制，帮助提升社区服务的整体水平。

（五）联系学生，服务学生

学校党委承担着联系和服务学生的责任，这是确保学生权益得到保障、促进社区和谐发展的关键。面对学生的意见和要求，学校党委需要及时响应，为学生提供必要的帮助和支持。此外，及时化解社区中的矛盾，维护社区稳定，也是学校党委的重要职责之一。

二、社区成员代表大会及其主要职责

社区成员代表大会作为学生社区的最高权力机构，它的职责和功能涉及社区自治的各个方面。在日常运营中，代表大会的职责反映了学生群体对于公共事务、文明建设、资源管理以及社区监督等活动的参与度。

（一）制定与修改自治章程与文明公约

《学生社区自治章程》和《学生社区文明公约》是指导学生社区日常运作的核心文件。社区成员代表大会通过制定和修改这些文件，不仅反映了社区成员的共同意愿，还可以确保社区的长期稳定和和谐。通过这一过程，学生能够直接参与到社区规章的制定中来，从而确保规章能够符合他们的真实需求和期望。

（二）讨论、决定本社区公共项目建设和年度工作计划

社区的公共项目建设与年度工作计划涉及社区的日常运作和长远发展。大会通过讨论、决定这些计划，能确保社区资源得到恰当的利用，并确保社区目标与学生的需求相一致。此外，通过这一职责，学生也能够学习如何进行公共资源管理和项目规划。

（三）听取、审议社区治理委员会的年度工作报告

听取、审议社区治理委员会的年度工作报告和财务收支情况报告是确保社区治理委员会对社区成员负责的重要手段。这一过程增强了治理委员会的透明度，确保了公共资金的恰当使用，并为学生提供了对社区治理的直接反馈途径。

（四）监督检查下属部门的工作

代表大会对社区治理委员会及其下属部门的监督和民主评议职责体现了学生对社区治理的直接参与，这不仅为学生提供了一个公开、透明的监督机制，还确保了社区治理的高效和公正。此外，民主评议还为学生提供了一个直接评价社区治理质量的机会。

（五）依法补选和罢免社区治理委员会委员

依法补选和罢免社区治理委员会委员是代表大会确保社区治理机构与社

区成员利益一致的关键，这一职责确保了治理委员会的责任和响应能力，同时为学生提供了一个确保其权益的途径。

（六）讨论本社区建设管理的重要事项

社区成员代表大会需要讨论和决定所有涉及社区成员利益的重要事项，确保其采纳的每一项政策或决定都是经过深入讨论、充分考虑并广泛咨询的。这样的决策机制既增强了社区的凝聚力，也增强了各项政策的执行力度和有效性。同时，这种开放的决策方式能够及时发现并纠正潜在的问题，从而确保社区的长期和稳定发展。

三、学生社区治理委员会及其主要职责

学生社区治理委员会在学生的生活中扮演着至关重要的角色。它代表了学生群体对自我管理、自我服务、自我教育和自我监督的具体实现，是学生实践自治理念的核心平台。

（一）宣传学校的社区管理相关规章制度

学生社区治理委员会要确保社区管理的规章制度得到广泛宣传和深入实施。这不仅需要传达学校的规定，更要确保每一位社区成员都明白和理解这些规章的含义。在此基础上，治理委员会还要维护每位成员的合法权益。作为一个民主机构，它需要在学生工作部的领导下进行民主选举、民主决策、民主管理和民主监督，确保社区的决策能真正反映学生的意愿和需求。

（二）召集和主持社区成员代表大会

作为社区自治的中心环节，学生社区治理委员会需要召集并主持社区成员代表大会。委员会需要定期向成员报告其工作进展，并听取他们的意见和建议。与此同时，社区成员代表大会还是决策的重要场所，每一项决定都需要得到广大成员的认可。治理委员会要确保所有决策得到恰当的执行，同时教育和引导社区成员遵守《学生社区自治章程》和《学生社区文明公约》。

（三）指挥下属职能部门

学生社区治理委员会需要对其下属的职能部门进行有效指导，确保它们能为社区成员提供多样化的服务。同时，面对涉及社区成员利益的重大问题，委员会要承担协调和决策的角色。为了保持透明度和得到学生的信任，治理委员会还要定期公开其财务收支，确保每一笔支出都得到恰当的使用。

（四）组织多种形式的文明建设活动

学生社区不仅是学习的地方，还是学生开展文化、科技和体育活动的中心。治理委员会要组织各种形式的文明建设活动，如学风、文化、科普和体育活动，旨在培养学生的综合素质，同时让学生社区拥有一个文明和谐的生活环境。

（五）调解宿舍纠纷

学生社区治理委员会是学生和学校之间的沟通桥梁，当宿舍出现纠纷或社区安全受到威胁时，委员会要及时介入，进行调解或协助。同时，它还要为学生提供一个反映意见和要求的渠道，确保学校能听到学生的声音，并根据这些建议对相关方面进行改进。

四、学生社区党团工作部及其主要职责

学生社区党团工作部作为学校党委的代表机构，对于保障学生社区运营的稳定、和谐和有序起到至关重要的作用。它确保了学生社区的活动和决策与学校的总体目标一致，并起到桥梁与纽带的作用，促进了学院与学生之间的有效沟通。

（一）加强社区党团建设工作

党团工作部在学生社区中扮演着指导和领导的角色。通过加强社区党团建设工作，工作部可以确保学生社区的运作更加规范、有序，同时能培育学生的党团观念，促使他们更积极地参与社区事务。除此之外，强化党团建设

还能够帮助学生树立正确的世界观、人生观和价值观，为他们的成长提供坚实的思想指导。

（二）指导和监督社区各级组织开展工作

作为学校党委的代表，党团工作部需要指导和监督社区各级组织的日常工作，确保它们与学院的目标和任务保持一致。这不仅可以确保社区的稳定和和谐，还可以确保社区的活动和项目与学校的教育目标相匹配。此外，通过有效的监督，党团工作部还可以及时发现并纠正社区各级组织的工作中存在的问题，确保社区的健康发展。

（三）代表学校党委定时收集社区成员意见、建议

倾听学生的声音是学生社区发展的关键，党团工作部有责任定期收集他们的意见和建议。这样做可以确保学院的决策和策略与学生的实际需求和期望相一致。通过定期收集反馈，党团工作部还可以及时了解社区的实际情况，为学院提供有关社区的最新信息。党团工作部需要与公寓服务中心密切合作，确保学生的需求得到满足。这种合作不仅可以为学生提供高质量的服务，还可以确保学校的资源得到最有效的利用。另外，党团工作部要确保公寓服务中心的决策与学校的目标和任务相一致。

（四）支持开展社区成员的相关考核评价

党团工作部通过支持社区成员对学生社区治理委员会和公寓服务中心的考核评价，确保了这些机构的透明度和责任感。这样的考核评价不仅可以及时发现和纠正这些机构在工作中的问题，还可以鼓励他们提高工作效率和质量。

五、公寓服务中心及其主要职责

公寓服务中心在学生社区内发挥着至关重要的作用。它连接着学院的管理机构与学生，确保学生生活环境的舒适与和谐。作为学生日常生活的保

障，这些服务单位不仅提供了基本的公共设施，还承担着促进社区和谐与确保整体福祉的责任。

（一）根据学校要求提供资源支持

公寓服务中心作为学校的直属单位，其首要职责就是满足学生在生活、学习等方面的需求，需要确保学生宿舍、学习空间、餐饮设施等都处于最佳状态。这意味着公寓服务中心需要经常性地对公寓和其他公共区域进行维护与升级，确保学生的基本需求得到满足。此外，公寓服务中心还要确保在突发事件或紧急情况下，如水电中断、宿舍设备损坏等，能够迅速响应，最大限度地减少学生的不便。

（二）充分利用自身条件，发挥各自优势

公寓服务中心通常有专业的技术和管理团队，这使得它能够充分利用其内部资源，为学生提供最优质的服务。例如，有些公寓服务中心可能拥有先进的技术设备，可以提供自动化或智能化的服务，如智能门锁、自动化洗衣等。这种自身优势不仅可以提高学生的生活质量，还可以帮助学校节约成本。

（三）支持社区党团组织、社区治理委员会开展工作

公寓服务中心与社区的关系紧密。社区治理得成功与否，很大程度上取决于公寓服务中心是否积极参与和支持。因此，公寓服务中心需要与社区党团组织、社区治理委员会建立紧密的合作关系，为其提供所需的物质和技术支持。例如，社区还需要公寓服务中心为某些活动提供场地或设备。这种合作关系不仅有利于提高社区治理的效率，还可以加强公寓服务中心与社区成员之间的联系，增进彼此的了解和信任。

（四）教育、引导本单位职工积极参与社区治理

公寓服务中心的职工是社区治理的关键参与者，他们与学生有着密切的联系，是学生与学院之间的重要桥梁。因此，公寓服务中心的职工需要深入

了解学生的需求，积极参与社区治理，为学生提供有针对性的服务。同时，公寓服务中心应该定期组织培训活动，提高职工的专业能力和服务水平，确保他们能够为学生提供高质量的服务。

（五）共商社区事务，共建和谐社区

公寓服务中心不仅是提供服务的机构，它还是社区的一部分。因此，它需要与社区成员，特别是学生，建立平等、互信的合作关系。通过共商社区事务，共享社区资源，公寓服务中心可以更好地了解学生的需求，为他们提供更有针对性的服务。同时，这种合作关系可以增强社区的凝聚力，促进社区的和谐与稳定。

六、院（系）辅导员及其主要职责

在学生社区中，院（系）辅导员是一个重要的角色，承担着沟通、指导和管理的任务，将学生的日常生活、学术和个人发展紧密结合。与此同时，院（系）辅导员是也是学校与学生之间的重要桥梁，通常负责在日常生活中对学生进行指导、支持和帮助。[①]

（一）积极参与社区治理

学生社区是学生的主要生活场所，社区的治理直接影响到学生的生活质量。作为院（系）辅导员，他们不仅需要了解学生的日常生活，还需要积极参与到社区的治理中，以确保学生有一个良好的生活环境。一方面，院（系）辅导员需要与其他社区管理人员，如后勤服务公司、公寓服务中心等紧密合作，确保学生宿舍、公共设施等都处于良好状态。同时，他们需要定期收集学生的反馈意见，了解他们在生活中遇到的问题，并及时进行处理。另一方面，院（系）辅导员需要参与到社区的日常管理中，如组织学生进行卫生清洁、进行安全检查等，以确保学生的安全。

① 马灏．"一站式"学生社区里辅导员和班主任队伍的作用发挥：以白银矿冶职业技术学院为例 [J]. 大学，2020（52）：83-84.

（二）在社区积极开展思想政治教育工作

院（系）辅导员是学校的代表，他们需要在社区中开展各种形式的思想政治教育工作，培养学生的思想觉悟，引导学生树立正确的世界观、人生观和价值观。为此，院（系）辅导员需要定期组织各种形式的教育活动，如讲座、主题班会、心得交流等，以帮助学生加深对党的理论和路线方针政策的理解，培养学生的社会责任感和集体主义精神。此外，院（系）辅导员还需要及时处理社区中出现的突发事件，如学生发生冲突、学生身体不适等，确保学生的安全和稳定。

（三）指导心理工作部的工作

随着社会的发展和学生心理健康问题的日益突出，心理健康教育和咨询已经成为学生工作的重要组成部分。作为院（系）辅导员，他们需要指导心理工作部的工作，确保学生的心理健康。首先，院（系）辅导员需要与心理工作部的工作人员建立紧密的合作关系，了解学生的心理状况，及时为学生提供心理咨询和帮助。其次，院（系）辅导员还需要组织各种形式的心理健康教育活动，如讲座、培训班、心理健康日等，以增强学生的心理素质。

第四节　学生社区对学生的影响

一、学生社区对学生德育的影响

德育是教育的核心，关乎学生的心灵成长、价值观的形成和人生观的确立。而学生社区，是在这一过程中起着催化剂作用的重要平台。学生社区对学生德育的影响如图 1–4 所示。

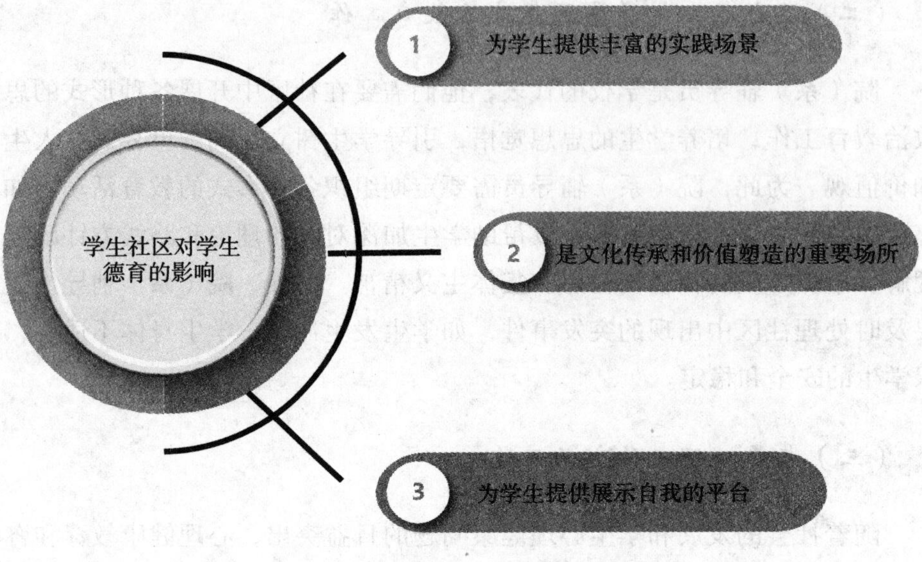

图 1-4　学生社区对学生德育的影响

（一）为学生提供丰富的实践场景

学生社区作为学生日常生活的中心，承担着比教室更加重要的实践教育任务。在这里，生活的每一刻都与德育紧密相连，这为道德教育从书本走向实际创造了便利条件。一方面，在宿舍这个直接的生活空间，学生与来自不同背景的室友紧密相处，这种近距离的交往使得他们不得不学会如何理解和尊重他人的习惯和观点，这是学生践行宽容这一美德的实践场所。任何小的摩擦和冲突都需要通过沟通和理解来解决，这样的过程培养了学生的人际交往能力和团结合作精神。另一方面，学生社区内的公共空间如图书馆、学习室、洗衣房等，需要每位学生的共同维护和珍惜。在这些地方，学生们学会了排队、轮流使用生活设施、保持环境整洁等基本的公共道德和行为规范。每个人都需要为维护这些公共空间的和谐和秩序出一份力，从而形成对公共秩序的尊重和珍视公共资源的意识。

（二）是文化传承和价值塑造的重要场所

学生社区作为年轻一代较为活跃的生活与互动场所，无疑是文化传承和价值观念塑造的熔炉。在这里，传统与创新都得到了完美的结合，为学生打造了一个多元而丰富的思想沙龙。

通过各种文化活动，学生社区为学生展示了传统文化的魅力和深厚内涵。无论是春节的对联书写、中秋的月饼制作，还是茶艺、书法的体验，都使学生深入体验并感受到传统文化的美好与智慧。这些活动不仅让学生对自己的文化根源有了更深的了解，还增强了他们的文化自信和民族自豪感。与此同时，学生社区也不忘与时俱进，为学生提供了探索现代思潮的机会。通过各种主题讲座、研讨会和工作坊，学生们有机会近距离接触到当下的科技发展、人文思考、社会议题等前沿信息。这些活动开阔了学生的眼界，鼓励他们主动思考，挑战既有观念，帮助他们在复杂的信息时代中找到自己的定位。

（三）为学生提供展示自我的平台

在学生社区内，学生组织活动是学生日常生活中不可或缺的一部分，如学生会、志愿者组织、兴趣社团，这些组织可以帮助学生在学业之外收获更加丰满的人生体验。这些组织活动，无疑是一个微型的社会模型，充分锻炼了学生一个组织从筹备、执行到后续运营所需要的各种能力。

学生会作为一个学生自管理的组织，它需要代表广大学生的利益。在这里，学生可以锻炼决策能力和问题解决能力。他们需要面对学生的需求，策划和组织各类活动，解决可能出现的各种问题，这为他们未来进入社会面对更为复杂的环境时打下了坚实的实践基础。志愿者组织向学生传递了服务社会、无私奉献的价值观。在这样的组织里，学生为他人提供帮助，体验到了助人为乐的喜悦，同时培养了他们的社会责任感。这不仅增强了他们的人际交往能力，更加深了他们对社会的了解。兴趣社团是学生在学业之外发掘自己潜在才能和兴趣的重要场所。在这里，他们可以自由成长，与志同道合的伙伴们共同努力，达成一个又一个目标。团队合作、分工与协作在这里得到了充分的体现。

二、学生社区对学生智育的影响

学生社区对学生的智育具有深远的影响，有助于培养学生的知识、技能和思维能力，使他们更好地适应社会，实现自我价值。学生社区对学生智育的影响主要体现在以下几方面，如图 1-5 所示。

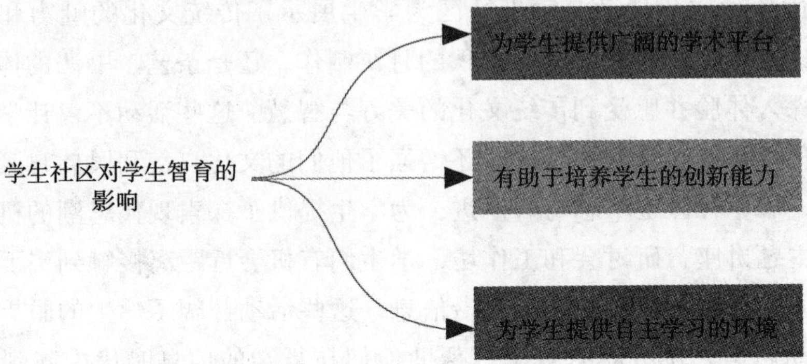

图 1-5　学生社区对学生智育的影响

（一）为学生提供广阔的学术平台

学生社区的存在，不仅是为了满足学生的基本生活需求，更是为了构建一个集知识探索、交流与分享为一体的开放空间。图书馆是学生社区的心脏，它孕育了无数的知识种子，等待着学生们前来采摘。这里不仅收藏了各个学科的经典教材，还有各种学术期刊、外文书籍以及与学术研究相关的多媒体资源。学生可以在这里深入研读，也可以组成学习小组，共同探讨某一话题，发掘知识的深度与广度。学习室与研讨室的设置，进一步满足了学生们不同层次的学习需求。学习室通常为开放式，让学生在轻松的环境中自主安排学习进度；而研讨室则更偏重于集体学习，鼓励学生之间进行互动，相互激发思维火花，实现知识的共建共享。学术讲座、研讨会和论坛是学生社区的亮点。定期邀请行业领军人物、学术大咖，甚至是刚刚崭露头角的青年才俊，分享他们的最新研究成果、探讨前沿领域的热点问题。这样的活动，为学生打开了一个窗口，让他们看到了学术的真实面貌，也让他们明白，知识不仅是书本上的文字，更是对于世界的深入理解与探索。通过与这些学者直接对话，学生可以从他们身上学到什么是真正的学术热情，如何对待研究以及如何持续不断地追求卓越与创新。这种与时俱进的学术环境，为学生创造了难得的学习机会，也为他们未来的学术之路铺设了坚实的基石。

（二）有助于培养学生的创新能力

学生社区除了对基础学术知识的培养，同样强调个体的全面发展和个性的深度挖掘。创新与批判性思维，作为21世纪的核心能力，对于学生面对未来的挑战起到了关键作用。社区鼓励学生从课堂知识中跳出来，寻找实际问题，通过科学研究或技术创新为其找到解决方案。这不仅是一次技术的比赛，更是一次对于知识应用、团队协作、项目管理能力的综合锻炼。

（三）为学生提供自主学习的环境

学生社区是学生自我成长、独立思考的重要基地，这样的环境鼓励学生跳出传统教育框架，按照自己的节奏和方式探索未知的领域。在这里，传统课堂上的被动接受变为了主动探索，单一的教育方式被多元化的学习途径所替代。学生社区常常设有多功能的学习空间，如阅读角、沙龙、研讨室等，这些空间为学生提供了宁静的学习环境，也鼓励他们集体探讨、群体合作，深化对知识的理解。不仅如此，现代化的技术设备、网络资源以及各类线上线下的学习工具，都为学生的自主学习提供了良好的条件。

三、学生社区对学生体育的影响

学生社区，这个充满活力和创造力的地方，是学生们成长、学习和实践的重要场所。在这里，体育不仅是一种运动形式，更是一种生活哲学、一种人生态度。它不仅表现在体育器材和体育赛事这些表面现象上，更深入学生的心灵深处，成为他们成长过程中的重要组成部分。

第一，学生社区的体育功能体现在对学生个人发展的促进上。体育活动不仅锻炼了学生的身体，更重要的是，它磨炼了学生的意志，培养了他们的团队协作精神和竞争意识。在体育活动中，学生学会了如何克服困难，如何面对失败，如何与他人合作。这些都是他们未来人生道路上必须具备的重要素质。通过体育活动，学生们不仅获得了健康的身体，更获得了坚强的意志和丰富的人生经验，这些都将成为他们未来人生的宝贵财富。第二，学生社区的体育功能体现在对学生心灵的塑造上。体育不仅是一种身体运动，更是一种心灵的锻炼。在体育活动中，学生学会了如何调整心态，如何保持乐观，如何面对压力。这些都是他们在未来人生中必须面对和解决的重要问题。通过体育活动，学生们不仅获得了愉快的心情，更获得了一颗坚强而平和的心。第三，学生社区的体育功能体现在它对学生人际关系的培养上。体育活动是一种重要的社交形式。在体育活动中，学生学会了如何与他人沟通，如何与他人竞争。这些都是他们未来人生中必须掌握的重要技能。通过体育活动，学生们不仅获得了友情，更获得了一种与他人和谐相处的能力。这将成为他们未来人生中的重要基础。

学生社区的体育功能，是一种全面的教育和培养。它不仅锻炼了学生们的身体，更培养了他们的心灵。学生们在这里学会了如何面对生活，如何迎接挑战，如何与人合作，如何竞争。这些都是他们未来人生道路上必不可少的能力和素质。而这一切，都源于学生社区这个充满活力与朝气的小型社会。它通过各种方式和手段，使学生在这里学到了很多，成长了很多。

四、学生社区对学生美育的影响

学生社区的美育功能不局限于传统的艺术教育和审美素养培养，还深入日常生活的每一个细节，让学生在平凡中发现美，在生活中体会美。美育在学生社区中，是一种无处不在的教育，它涵盖了生活的方方面面，旨在培养学生的心灵美、道德美和人文美，使他们成为全面发展的人。

学生社区内的美育，首先表现在让学生发现平凡生活中的美。如保洁人员和维修师傅的忙碌身影成了一道美丽的风景线，他们默默无闻、勤勤恳恳地工作，为学生创造了一个整洁、舒适的生活环境。这种对工作的敬业精神和对生活的热爱态度，让学生看到了平凡职业中蕴藏的伟大和美丽。在炎炎夏日，宿管人员为学生煮绿豆粥，这一举动更是温暖了每一个学生的心。这不仅是一碗简单的粥，更是一份深沉的爱和无私的奉献。学生在这样的环境中生活，会逐渐学会发现生活中的美好，学会欣赏那些看似平凡却又无比珍贵的瞬间。其次，学生社区的美育功能还体现在让学生理解心灵美。在学生社区当中，学生不仅要学习知识、提高能力，更是在不断地进行心灵的修炼和品格的塑造。学生通过观察和体会，理解劳动人民的辛苦，学会尊重每一份劳动，学会珍惜每一份来之不易的幸福。这种对劳动的尊重和理解，使学生的心灵变得更加丰富和美丽。他们会被环境所触动，会在日常生活中不断地反思和感悟，逐渐形成一颗真善美的心。这颗心会引导他们走向正确的道路，会使他们在未来的生活中成为一个有道德、有修养、有爱心的人。最后，学生社区的美育还让学生从生活的点点滴滴中发现美。学生社区中的每一处风景、每一次活动、每一次交流，都成为学生发现美、体会美的机会。学生在这些日常中，学会了欣赏、学会了感恩、学会了爱。他们会在一次次的体验中，逐渐发现生活中的真善美，逐渐形成自己的人生观和价值观。这种从生活中发现美的能力，不仅会使学生的生活变得更加丰富多彩，更会使他们在未来的人生道路上走得更加坚定和从容。

学生社区的美育功能，最终达到了育人的目的。美育不仅是一种艺术教育，更是一种人文教育、一种道德教育。它通过培养学生的审美情感和美品格，使他们成为全面发展的人。学生在社区中，不仅学到了知识和技能，更学到了如何成为一个有道德、有修养、有爱心的人。他们学会了如何在平凡中发现美，在生活中体会美，在人群中传递美。这种美不仅体现在外在的行为和言语上，更体现在内心深处的思考和感悟上。学生在这样的美育中，逐渐成长为具有独立思考能力、具有深厚人文素养、具有高尚道德品质的人。

五、学生社区对学生劳育的影响

学生社区的劳育功能在当今的教育体系中正逐渐被重视。这主要是因为劳育不仅培养了学生的手工技能，更在培养他们的责任感、团队合作精神和实际操作能力方面起到了关键作用。劳育，不仅是简单的“劳动”，它更是一种教育方式，让学生在实践中认识自己、发现自己、锻炼自己。劳育的本质并不在于锻炼学生的实际能力，而是要让学生能够深刻理解和尊重劳动，能够从中体会到劳动带来的愉悦感、满足感。

首先，学生在社区中的劳动经验并不仅仅是对某种技能的掌握，而是一个完整的成长过程。每一个被承担的任务，都是对学生责任感和自我管理能力的一次考验。例如，维护公共设施可能需要学生进行团队协作、时间管理、与他人沟通等多种技能的综合应用。他们必须学会如何高效地分配工作，如何确保每一个步骤都符合标准，如何面对突发的问题和状况。在这个过程中，学生会遇到各种各样的问题和挑战，这些问题可能与他们之前在课堂上学到的知识有所不同，需要他们动脑筋、发挥创意来解决。这种真实的、实践的经验，对学生的成长来说是无价的。它帮助学生建立起对真实世界的认知，培养他们的解决问题的能力，也锻炼了他们的心智和情感。

其次，参与环境保护项目通常会要求学生对某些环境知识有所了解，这不仅增强了他们的环保意识，也让他们意识到每一个小动作对于环境的影响。环境保护项目通常都是长期的，需要学生长时间的坚持和努力。这种长时间的坚持不仅考验学生的耐心，更考验他们的决心和毅力。每一次的成功和失败都是对他们意志力的一次锻炼，使他们更加坚韧和不屈。同时，这种长期的项目要求学生对待每一个任务都要有严谨的态度，不能有丝毫马虎。这种工作态度将对他们未来的职业生涯产生深远的影响。

再次，在学生社区中，劳动周等活动是实现劳育目标的重要载体。在劳动周活动中，老师会组织学生进行各种劳动活动，如打扫社区、清理垃圾等，让学生亲身体会劳动人民的辛苦，理解清洁工作人员、宿管工作人员工作的不易，从而更加珍爱和爱护身边的环境。通过实际的劳动实践，学生不仅能够加深对劳动人民辛勤付出的理解和尊重，更能够在劳动中培养自己的责任心和集体观念。他们会更加明白，每一个人都有责任和义务参与到社区的建设和维护中来，每一次劳动都是对社区的一份贡献。这种劳动实践不仅能够使学生在行动上更加自觉，更能够使他们在心灵上得到升华，从而实现劳动教育的目标。

最后，后勤工作者默默无闻、勤勤恳恳地维护着学生社区的日常运作，他们的工作态度和职业精神正是劳育教育的生动教材，通过他们，学生们能够更加直观、深刻地理解劳育的真谛。后勤工作者每天都在为维护学生社区的整洁和有序而努力工作。清洁人员早出晚归，承担着清扫卫生的重任，确保学生有一个干净整洁的学习和生活环境。宿舍管理员严格管理宿舍区域，保障学生的人身安全。维修师傅及时修理各种设施设备，确保学生社区的正常运作。他们的每一滴汗水都在浇灌着学生社区的树木，他们的每一份付出都在为学生们营造一个更加优质的成长环境。学生在与后勤工作者的日常交往中，能够直观地看到他们的辛勤劳作和无私奉献。这不仅能够让学生更加珍爱和感激来之不易的优良学习环境，更能够激发他们对劳动的尊重和热爱。学生会逐渐认识到，劳动是一种美德，是一种价值，每一份劳动都值得尊重。这种认识会逐渐转化为学生的行动，使他们更加愿意参与到各种劳动实践中去，更加愿意为维护和美化学生社区的环境而贡献自己的一份力量。

第二章　高职院校学生社区建设与管理的主要内容

第一节　学生社区政治建设与管理

一、学生社区政治建设与管理的重要意义

（一）是落实立德树人根本任务的重要保障

学生社区政治建设不仅是提升学生个体和集体综合素质的手段，更是落实“立德树人”根本任务的重要保障，具体体现在以下几方面。

第一，从“立德”这一目标来看，学生社区政治建设与管理起到了无可替代的作用。作为接近学生日常生活的社会单元，学生社区是培养和塑造学生世界观、人生观、价值观的重要场所。学生社区政治建设与管理，确保了学生从微观层面上就能接受到系统、全面的思想熏陶，从而在德育方面取得显著成效。第二，学生社区政治建设与管理通过完善组织、制度和环境等，为“树人”提供了有力的支撑。在一个具有完善政治建设体系的学生社区里，学生不仅可以在学术上有所收获，更可以在思想、道德、心理等多方面得到全面发展。这样的环境有助于学生形成正确的人生观和价值观，更有助于其在未来社会中成为具备全面素质的人才。第三，学生社区政治建设与管理能够极大地培养学生的社会责任感和公民素养。社区内的各种社会实践活动、公共事务参与等，都能让学生在实践中不断提升自我，理解社会，认

识责任。这样的培养是单纯的学术教育所难以达到的，也是“立德树人”根本任务不可或缺的一环。第四，学生社区政治建设与管理具有包容性和多样性，能够更好地适应不同学生的成长需要。通过丰富多样的活动和机制，学生社区政治建设与管理不仅关注学生群体，也关注到每一个个体，使得每个学生都能在“立德树人”的大环境下找到适合自己的成长路径。第五，学生社区政治建设与管理有助于培养学生的团队协作能力和领导才能。一个具备良好政治建设的学生社区通常会有更高的组织效率和更强的凝聚力，这为学生提供了一个提高和展示自己团队协作和领导能力的平台，从而更好地服务于“立德树人”的根本任务。

（二）是践行思政工作“一线规划”的生动体现

学生社区政治建设作为思政工作“一线规划”的生动体现，就是要把社区当作一个重要的思政教育平台，进行精心规划和有效管理，以落实和加强思政教育工作。这种体现主要集中于以下几个方面。

第一，将“一线规划”思想引入学生社区政治建设，有助于从源头上确保思政工作的全面性和深入性。在高职院校中，学生来源多样化，个体差异巨大，在这样一个多元体系中进行有效的思政教育，是一个巨大的挑战。学生社区作为贴近学生的组织和环境，其政治建设便成了落实“一线规划”思想的前沿阵地。通过精心设计和规划，确保每一个社区、每一个角落都充满了正能量和思想引导，这样可以更好地实现思政教育从课堂到生活、从学校到社会的无缝对接。

第二，社区政治建设的实施过程本身就是一种“一线规划”的实践活动。从制度建设、组织活动到文化推广等，这些都需要有明确的规划和指导思想。在高职院校这样一个具有特殊性的教育环境中，如何将学校的教育理念和社会的主流价值观有机结合，使之成为推动学生个体和集体成长的内在动力，是一个需要长期探索和实践的问题。“一线规划”则提供了一个系统性、全面性的解决方案，指导社区政治建设更好地与学校教育和社会需求对接。

第三，通过社区政治建设，高职院校能更好地培养学生的职业素养和社会责任感，这也是“一线规划”思想的重要组成部分。高职教育本身就更注重职业技能和实用性，而一个具有良好政治建设的学生社区能够为学生提供丰富的社会实践平台和自我发展机会。这不仅有助于提高学生的综合素质，也有助于他们更好地理解社会、适应社会、为社会作出贡献。这种从“教”到“学”，再到“用”的全过程培养，正是“一线规划”思想所倡导的。

（三）是坚持“以生为本”基本理念的现实需求

在当前的教育环境中，学生社区政治建设与管理显得尤为重要，特别是“以生为本”这一基本教育理念的现实需求。

“以生为本”强调的是教育的主体即学生的全面发展。这意味着在教育活动和决策中，学生的需求和利益应当被赋予最高优先级。在这一框架内，学生社区作为学生活动最为密集、情感交流最为丰富的场所，自然成为实现“以生为本”理念的关键节点。社区政治建设与管理不仅涉及学生的政治认知，更触及他们的社会行为习惯、道德观念、团队协作能力等多个方面。这些都是每一个成熟的走向社会的人应具备的基础素养。

效果显著的社区政治建设与管理能为学生提供一个更为安全、健康、和谐的生活和学习环境。这种环境对于学生的身心健康有着直接和积极的影响。它不仅能够减轻学生的心理压力，还能提供丰富的社会实践机会，帮助他们更好地融入社会，发展个人潜能。这与“以生为本”的目标高度一致，即注重学生的全面发展，而不仅是知识或技能的传授。

社区政治建设与管理是培养学生社会责任感和公民素养的重要手段。通过参与社区治理、解决问题以及进行多种形式的社会服务，学生能够直观地认识到自己的行为对于社群和社会的影响。这种体验和认知有助于他们形成正确的价值观和世界观，进而愿意和能够在未来更加积极地参与社会生活，承担更多的社会责任。这一点也恰好符合“以生为本”理念，即教育应当服务于人的全面发展和社会的持续进步。

“以生为本”意味着教育应当具有灵活性和多样性，以适应不同学生的个性和需求。社区政治建设与管理为其提供了大量的可能性和空间。例如，社区可以通过设置不同类型的活动和课程，以满足不同学生的兴趣和需求。同样，通过细致入微的管理，社区也能为各种学生提供更为个性化的服务和支持，从而确保每一个学生都能在“以生为本”的大环境下得到适合自己的发展。

二、高职院校学生的基本特点

做好高职学生社区思想政治工作的前提是对高职学生的学习和生活特点有深入的了解和认识。此阶段是一个复杂而又关键的人生过渡期，不仅是智力和专业技能的成长阶段，更是一个面向全面发展、践行社会责任的关键时期。这一阶段充满了多样性和复杂性，因为高职学生不仅要追求学术和职业技能，还需要在心理、社会和人格等方面做好全面准备。高职院校学生的基本特点主要包括以下几方面，如图 2-1 所示。

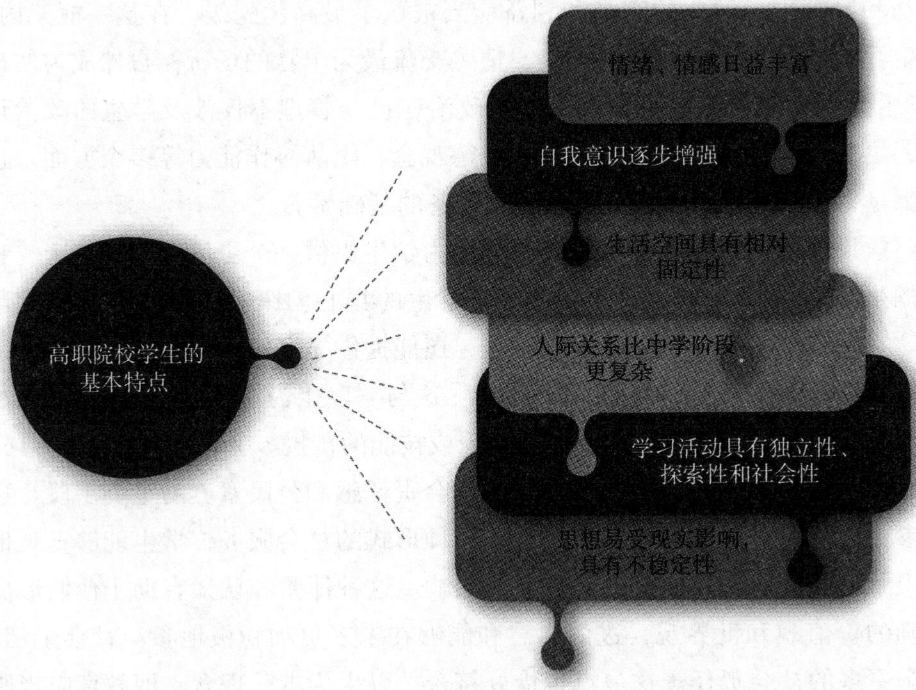

图 2-1　高职院校学生的基本特点

（一）情绪、情感日益丰富

高职院校学生群体具备丰富和复杂的情感与情绪特点，这无疑给校园社区管理和教育工作带来了新的挑战和机遇。这一阶段的学生，由于身处一个充满多元需求和社会压力的环境中，他们的情感表现常常更为强烈和多变。一方面，他们展现出充满活力、敢于冲击和挑战的态度；另一方面，他们容易陷入过度热情或者情感低落的状态，这通常会导致一系列社交和心理问题。

具体来说，情感丰富和多变性使得高职院校学生更容易产生与他人或社群的冲突，包括与校园社区和学校管理层的对立。因此，管理和教育工作需更为细致和人性化，以便更好地理解和引导学生，避免因误解和对立而导致更大的社会问题。而且，这种丰富的情感也可能导致内部矛盾的激化，如同学或室友之间的冲突。这需要学生社区在管理和教育方面具有更高的灵活性和应变能力，包括及时调解和心理辅导等。由于学生在这一阶段情感波动较大，他们有时可能因一时冲动而做出可能对自己或他人造成伤害的行为。因此，防范和处理这些潜在的危机也成为学生社区管理的重要任务。这不仅需要采取及时有效的干预措施，还需要建立一套完整的心理支持和咨询体系。

（二）自我意识逐步增强

在此阶段，学生开始有更多的自由和自主性，这也是他们个性和自我意识日益增强的时期。与此同时，高职院校学生的心理和情感发展也变得更为复杂，因为他们逐渐从对外部世界的关注转向对自己内心世界的探索，这一切都给学生社区管理和教育工作带来了新的挑战和机会。

一方面，学生在这一阶段有很高的自我期待和自尊需求，他们渴望被他人理解和尊重。这意味着学生社区的管理和教育工作不仅要满足学生的基础生活需求，还需要在心理和情感层面给予他们足够的支持和指导。另一方面，由于缺乏生活经验，学生有时可能会高估自己的能力和价值，这种不切实际的自我评价在遇到挫折时容易转化为自卑和沮丧心理。因此，学生社区的教育工作需要开展合适的心理辅导，帮助他们建立更为客观和健康的自我认知。再一方面，大学生在社区环境中往往表现出更高的情感释放需求，无论是积极还是消极的情感都可能得到更直接的表达。这就要求社区管理在维护和谐环境的同时，还需要设法引导和规范学生的情感表达，防止其转化为不良行为或冲突。

综合考虑，高职院校学生在个性和自我意识方面的特点对学生社区管理和教育工作提出了更高和更复杂的要求。只有在尊重和理解学生个性的基础上，提供多元化和个性化的教育和服务，才能真正促进他们的全面发展。这不仅有助于学生个人成长，也有助于营造更和谐、更具包容性的社区环境。

（三）生活空间具有相对固定性

高职学生生活在相对封闭、固定的空间内，这一特点具有双重影响。一方面，这种局限性为学生社区对学生的管理、教育提供了便利。因为学生大多数时间都在校园内度过，尤其是在宿舍，这就相对容易地让教育工作者跟踪和了解他们的需求、习惯和问题。从这一角度来看，这种空间局限性实际上是一个管理上的优势。另一方面，这种生活空间的局限性也可能带来一系列负面效应，如社交圈的狭窄、活动范围的限制以及身心健康方面的潜在问题。过度依赖宿舍内的网络购物、外卖等现代便利条件可能会减少学生参与户外活动和社交互动的机会，从而影响他们的身心健康和社交技能。正因如此，学生社区有责任并且需要采取措施，鼓励学生走出宿舍，参与更多的集体和户外活动。这不仅有助于他们的身心发展，也能提高他们的社交能力和团队合作精神。例如，组织各种文化、体育和社交活动并吸引学生参与，让他们在学习之外有机会发展其他方面的技能和兴趣。

（四）人际关系比中学阶段更复杂

进入高职教育阶段，学生面临的人际关系复杂度呈几何级数增长。与中学生活相比，这一阶段的学生经常会与来自不同文化和背景的人互动，这不仅带来了丰富的多样性，也带来了一系列挑战，包括与同学，尤其是室友之间在生活习惯、语言和价值观上的差异。这种新的多元环境要求学生具备更高级的社交和适应能力。由于他们远离家乡和熟悉的社会支持系统，很容易在新的人际关系网中产生摩擦或冲突。这种状况的出现，强调了学生社区在思想政治教育中扮演的重要角色。

具体而言，学生社区需要教育学生如何在多元和多变的环境中保持稳定的心态，培养他们的谦让和宽容精神。这不仅涉及对不同文化和习惯的尊重，也包括在面对不同观点和生活方式时心平气和以及在困难和压力面前展现坚韧和毅力。此外，社区还需要指导学生如何实现从他律到自律的转变，即从依赖外部规则和约束转向更多地依赖自我管理和自我约束。这一转变在此阶段尤为重要，因为学生往往面临更少的外部监督和更多的自由选择。

（五）学习活动具有独立性、探索性和社会性

在高职教育环境中，学生的学习活动呈现出显著的独立性、探索性和社会性，这些特质不仅丰富了学生的学习体验，也对教育管理提出了新的要求和挑战。

第一，独立性是高职教育的一大特点。与基础教育相比，学生需要更加主动和自发地参与学习活动。因为课程内容更加丰富和多样，教学节奏也更快，学生需要能自主管理时间，根据个人兴趣和职业规划来设定学习目标和路径。这种独立性不仅促进了个性化学习，也为学生的未来职业生涯培养了关键的自我管理能力。

第二，高职院校学习活动具有强烈的探索性。这一点主要体现在两个方面：一是教学模式通常将教学和科研相结合，提高了课程的实用性和综合性；二是学生自身对知识的好奇心和探究精神在这一阶段得到了充分的释放。因此，教育管理需要提供足够的自由和资源，以便学生能在学习和探索中找到个人的热情和方向。

第三，高职教育具有明确的社会目标。高职教育旨在为学生未来的社会和职业生涯作准备。这意味着学生在选择课程、参与实践活动或者进行职业规划时，都需要考虑其长期的社会和职业需求。教育管理因此需要不仅注重学术表现，也要关注学生的职业发展和社会适应能力。

（六）思想易受现实影响，具有不稳定性

高职学生群体的思想特性具有其独特的动态性和复杂性。由于他们大多数人处于涉世不深、经验不足的阶段，他们的世界观、人生观和价值观相对不成熟。这使得他们在接触新观点和社会现象时容易受到影响，也可能缺乏深入的理解和批判性思考能力。

高职院校学生对新事物和新观点具有高度的接受性。他们愿意以开放的心态，探索不同的思想和文化。然而，这种开放性有时会转变为易受影响和

易于偏激的心态，因为他们在辨别信息真伪和深度解析问题方面可能不够成熟。学生对社会现象有着敏锐的感知能力。他们对发生在社会各个角落的新事物和新变化都可能产生强烈的反应，这反过来也成为他们关注、讨论乃至模仿的焦点。然而，这种敏感性也可能让他们容易受到社会情绪的影响，从而导致过度或不成熟的反应。高职院校学生在思想上表现出一种激进和批判的倾向，他们常用尖锐的眼光观察社会，对社会不公和问题有着深刻的反感和想要改变的动机。然而，由于缺乏全面的理解和成熟的判断，他们的行动方式有时可能显得不够理智或过于冲动。由此可见，高职院校和社会应该更加注重培养学生的批判性思维能力和社会责任感，以帮助他们更全面、更成熟地理解和应对复杂多变的社会现象。

三、当前学生社区政治建设与管理的主要任务

随着信息技术的飞速发展和全球化的深入推进，高职学生接触到的信息和观念日益多样，他们的思想也变得更加活跃和开放，这既为学生社区的政治建设与管理带来了机遇，也带来了挑战。如何在这样的背景下，确保学生社区的政治建设与管理既与时俱进，又坚守底线，既尊重学生的个性和差异，又能引导他们树立正确的世界观、人生观和价值观，是每一个教育工作者和管理者都需要面对和思考的问题。当前学生社区政治建设与管理的主要任务包括以下几方面，如图 2–2 所示。

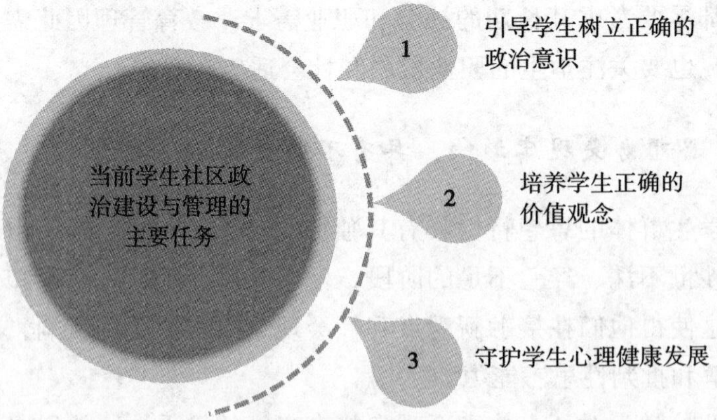

图 2–2　当前学生社区政治建设与管理的主要任务

（一）引导学生树立正确的政治意识

在当前高职院校的背景下，学生社区政治建设与管理面临多重挑战，其中较为关键的任务便是引导学生树立正确的思想政治意识。高职院校的学生大多处于十八到二十多岁的年龄段，这是一个人政治意识形成和稳固的重要时期。在这一时期，学生的思想特别容易受到多种因素的影响，包括社会舆论、网络信息甚至是身边人的言行。正确的政治意识不仅包括对国家和政治制度的基础认知，更重要的是，它涉及学生如何在复杂多变的社会环境中，作出符合国家利益和社会公益的判断和选择。这种政治意识的培养，是一个长期、复杂的教育过程，需要教育者具有高度的责任心和使命感。为了实现这一目标，高职院校学生社区应当首先从思想政治教育入手，确保每位学生都能系统地学习和理解社会主义核心价值观，明确个人发展与国家和社会发展的内在联系。而在日常管理中，应注重培养学生的社会责任感，鼓励他们参与到各种社会实践活动中去，如志愿服务、社会调查等，以提升他们的实践能力和社会责任感。

另外，对于网络环境下涌现出的各种社会观点和思潮，学生社区也应积极引导，确保学生能够明辨是非，做到理性批判，避免盲目跟风或极端化。其中尤其要重视对热点社会问题的讨论和引导，使学生能够站在正确的政治立场上，作出科学的分析和判断。

（二）培养学生正确的价值观念

在现代社会中，高职院校学生社区政治建设与管理的一个核心任务是培养学生正确的价值观念。这是因为价值观念不仅影响学生的个人发展，也决定了他们在社会中的角色和责任。一个健全的价值观可以为学生提供道德和伦理的指导，帮助他们更好地适应社会，实现个人和集体的和谐发展。

在高职院校这个特殊的教育环境中，学生正处于价值观念形成和确立的关键阶段。他们面临着职业选择、人际关系、生活方式等多方面的决策，这些决策往往会受到其价值观念的深刻影响。因此，培养正确的价值观念对他们来说具有特殊的重要性。基于此，高职院校学生社区应当将培养学生的正确价值观念作为政治建设与管理的一项主要任务。这包括但不限于培养学生的社会责任感、集体主义精神、道德伦理观念等。这样的价值观念不仅有助于学生在校园内部建立积极健康的人际关系，也有助于他们在毕业后更好地融入社会。此外，正确的价值观念也是现代公民身份的重要组成部分。在全球化、信息化的大背景下，个体所面临的社会问题和挑战越来越复杂。一个有正确价值观念的人更容易识别和解决这些问题，从而更有效地参与社会的建设和发展。

（三）守护学生心理健康发展

守护学生心理健康发展在高职院校学生社区政治建设与管理中占有非常重要的位置。心理健康不仅是个体福祉的重要组成部分，也是社会稳定和发展的基础。特别是在当前社会，信息爆炸和社会竞争加剧的背景下，学生面临着巨大的心理压力和挑战，这使得心理健康问题愈发凸显。心理健康与政治建设有着密切的关系。一个心理健康的学生更容易接受和理解正确的政治观念，也更容易形成积极的价值观和世界观。反之，心理不健康的学生更容易受到极端思想或不良行为的影响，这不仅对个人的成长和发展构成威胁，也可能对社会稳定和安全产生不良影响。

在高职院校这个特殊的环境中，学生不仅要面对学术压力，还要面对职业规划、人际关系等多重压力。这些压力如果处理不当，很容易引发一系列心理问题，如焦虑、抑郁、人际关系恶化等。因此，学生社区有责任并且需要采取相应的政治建设与管理措施，以守护学生的心理健康。首先，心理健康的重要性需要被全体学生广泛认识和接受，这本身就是一种政治教育，是培养学生全面发展和社会责任感的基础。通过各种渠道和方式，如课程、讲座、活动等，学生社区可以提高学生对心理健康重要性的认识，从而促进其自我管理和自我调适能力的提升。其次，心理健康也与学生的社会行为和社会适应性密切相关。一个心理健康的学生更容易建立健康的人际关系，更容易融入集体。这一点不仅有利于个人的长期发展，也有利于社会的和谐和进步。

四、当前学生社区政治建设与管理的基本路径

（一）适应新形势，完善学生社区政治工作组织形式和运行机制

在当代社会，高等教育和学生群体面临着一系列新的挑战和变化，包括信息技术的飞速发展、社会价值观的多样化以及全球化背景下的多重影响。这些变化对学生社区政治建设与管理提出了新的要求。具体来说，适应新形势、完善学生社区政治工作组织形式和运行机制显得尤为重要。

首先，信息技术的飞速发展给学生社区政治工作提供了更为广阔的平台和更为高效的工具。但同时，也出现了一系列新问题，例如，信息安全问题、网络极端主义等。因此，学生社区需要在组织形式和运行机制上进行相应的调整。一方面，可以充分利用数字技术来提高工作效率，如通过线上平台进行信息发布、反馈收集和数据分析等；另一方面，需要建立健全相应的网络安全制度和应急机制，以防范和应对各种网络风险。

其次，在全球化和社会价值观多样化的背景下，学生社区政治工作面临着前所未有的挑战。传统的组织形式和运行机制在这种情况下显然已经难以满足复杂多变的需求。这就要求学生社区不仅要有更加灵活和开放的组织形态，还需要树立更加包容和多样的价值观。具体来说，学生社区需要建立起一种跨文化、跨学科、跨领域的合作机制，以适应多元化的社会环境和国际背景。这样的合作机制不仅能更全面地了解和解决学生群体中存在的各种问题，也有助于提高学生的综合素质和培养学生的国际视野。例如，通过与不同文化背景、学科专业甚至不同国家的学生和教师进行交流和合作，可以促进学生全面发展，增强他们的社会责任感和国际竞争力。同时，这样的多元合作也有助于形成一种更加开放和包容的社会氛围，有助于培养学生正确的世界观和价值观，从而为未来的社会发展做好准备。因此，面对全球化和社会价值观多样化带来的挑战，学生社区政治工作需要进行相应的改革和创新，以更好地适应这一新的发展趋势。

最后，随着社会和经济的快速发展，学生群体变得越来越多元化，反映了包括性别、年龄、文化背景、社会经济地位在内的多种多样的特点。这样的多元化不仅展示了社会进步的一面，也为学生社区政治工作带来了新的

机会和挑战。这就意味着，在组织形式和运行机制上，学生社区必须进行灵活地调整和改革，以便更好地服务于这些不同群体的学生。例如，可以设立专门负责特定群体（如少数族裔、低收入家庭）学生的部门或职位，以便能更有针对性地解决这些群体所面临的特殊问题和需求。同时，在现有的组织结构和运行机制中也需要采取更为灵活和多元的工作方式，例如，通过线上和线下相结合的方式，或者通过与其他社会组织、专家、政府部门等进行合作，以扩大服务范围和提高工作效率。这样的改革不仅能够更好地满足各类学生的需求，也是适应和反映社会多元化趋势的必然选择。只有在做到这一点时，学生社区才能真正地发挥其在学生个人发展和社会整体进步中应有的作用。这不仅能提升学生社区自身的组织能力，也有助于为全体学生创造一个更加公平、包容和有益于个人成长的环境。

（二）增强主动性，引导和控制学生社区学生的集群行为

在当前的社会环境下，高职院校学生社区政治建设与管理面临着诸多挑战。其中，增强主动性，引导和控制学生社区学生的集群行为尤为关键。学生集群行为不仅影响个体学生的成长和发展，还在很大程度上影响着整个社区和学校的健康、安全和稳定。

集群行为是一种社会现象，它在学生社区中表现得尤为突出。这种行为可能是积极的，也可能是消极的。例如，学生通过集体活动或社交媒体平台进行知识分享，这是积极的集群行为；相反，如果学生群体中出现如霸凌、歧视或其他不良行为，那便是消极的集群行为。增强主动性意味着学生社区政治建设与管理需要采取前瞻性和主动性策略。具体来说，这可能包括密切观察学生行为，识别潜在的问题和机会以及主动介入，以塑造更健康、更积极的社区文化。例如，通过数据分析和学生调查，可以识别出某一特定群体学生可能面临的问题，然后通过相应的教育和培训活动来主动解决这些问题。

引导和控制学生集群行为需要多方面的努力。一方面，教育部门和管理者应该积极与学生进行沟通和交流，了解他们的需求和期望，从而更好地满足这些需求。另一方面，也需要建立一套完善的规章制度和奖惩机制，以便能够有效地引导和控制学生行为。这可能包括但不限于对不良行为的及时处

罚以及对积极行为的物质和精神奖励。在实践中，这可能涉及多个不同领域和层面的合作和协调，如教育部门、社会服务机构、心理健康专家以及法律专家等。通过跨领域和跨层面的合作，可以更有效地引导学生集群行为，从而促进学生社区的健康发展。

（三）把握规律性，提高学生社区政治工作的有效性和预见性

高职院校学生社区是一个充满活力和多样性的社会微观单元，它直接影响着学生的思想政治发展和价值观的形成。因此，把握规律性以提高学生社区政治工作的有效性和预见性是一项至关重要的任务。

所谓“把握规律性”，指的是理解和掌握学生社区内外部因素变动的一般规律以及这些变动如何影响学生的政治观念和行为模式。只有在深刻理解了这些规律之后，才能够采取针对性措施来提高工作的有效性。有效性涉及多个方面。首先，从政治教育的角度来看，有效性意味着能够实现预定的教育目标，如提升学生的社会责任感、培养正确的价值观等。其次，从管理的角度来看，有效性则要求能够妥善解决或缓解学生社区内存在的各种问题和矛盾，包括但不限于学术不端行为、心理健康问题、人际关系紧张等问题。预见性则是对未来可能出现的问题和机会的预测和准备。在高度变化和不确定性的环境下，预见性成为提高工作有效性的关键因素。这需要不断地收集和分析数据，以便及时地发现新的问题和趋势。然后，通过科学的决策和精心的规划，预先采取相应的措施来应对或利用这些问题和机会。

在实际操作中，提高学生社区政治工作的有效性和预见性需要综合运用多种方法和手段。这主要包括对学生进行定期的思想政治教育和心理健康教育，强化社区内的规章制度和监管机制以及与其他社会组织和专家学者等建立起多元化的合作关系。另外，还需要树立一种全面、开放和包容的工作理念。这不仅要求高职院校关注学生社区内部的情况，还需要注意到社区与外部环境，包括家庭、学校、社会等多方面的相互影响和相互作用。

第二节　学生社区社会建设与管理

一、学生社区社会建设与管理的内涵

学生社区不仅是学生的居住和学习场所，它还是一个综合性的社会单元，涵盖了社会、文化、心理等多个维度，这使得学生社区成为社会管理和治理的重要组成部分。① 尤其在高等教育机构中，有效管理和建设学生社区直接关系到学生的全面发展和高职院校的长期稳定。

首先，学生社区是学生信息交流、思想沟通的重要平台。在这里，学生不仅可以获取学术知识，还可以通过各种社交活动和文化交流来拓宽自己的视野，提高自己的社会适应能力。因此，加强学生社区的社会管理需要重视学生之间的互动和沟通，为其提供更多的机会和平台。其次，学生社区是一个重要的成长和成才阵地。除了学术教育，学生还需要在社区中学习如何与人相处、如何解决问题、如何合作与竞争等。这就需要社区管理者注重培养学生的社会责任感、团队精神和创新能力。再次，学生社区也是维护社会稳定的基础单位。学生是社会的未来，他们的思想观念、价值取向直接影响社会的未来发展方向。因此，加强学生社区的社会管理不仅要注重学生的个体发展，还要注意引导学生树立正确的社会观念和价值观。最后，学生社区是提供安全、整洁和温馨环境的基础平台。无论是物质环境还是心理环境，都直接影响学生的学习和生活质量。因此，社区管理者需要从多个层面出发，通过有效的管理手段和制度保障，为学生创造一个有利于其全面发展的环境。

二、高职院校学生社区社会建设与管理的相关要素解析

高职院校是一个富有活力和多样性的微观社会，学生社区作为其内部的一个重要组成部分，不仅是学生日常生活和学术活动的场所，更是其成长的重要平台。它是学校这一大社会微观单元的关键载体，兼具教育、生活、社

① 李芳，葛覃，魏志琼，等．社会工作参与“一站式”学生社区的路径探索[J]．新西部，2023(7)：183-186.

交和文化多重功能。理解学生社区作为一个社会共同体的多重属性，有助于更加精准地把握高职院校学生社区社会建设与管理的方向和重点。高职院校学生社区社会建设与管理的相关要素如图 2–3 所示。

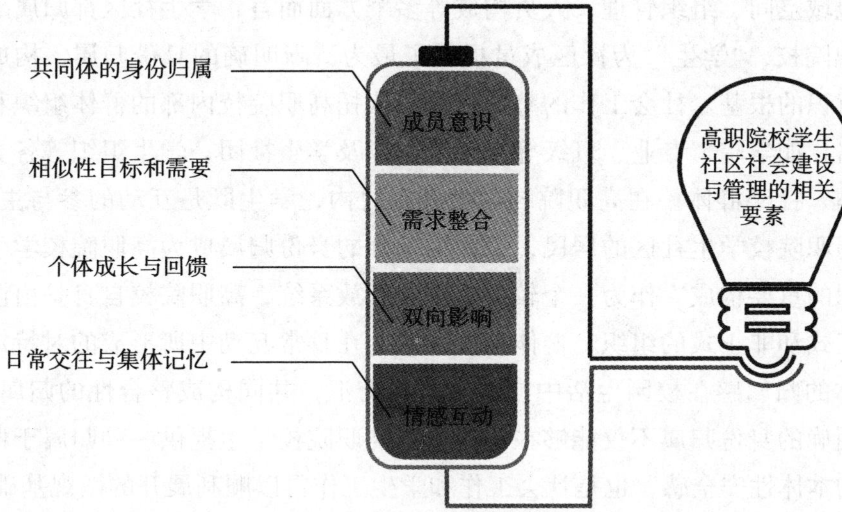

图 2–3　高职院校学生社区社会建设与管理的相关要素

（一）成员意识：共同体的身份归属

在高职院校中，学生社区不仅是一个学术交流和居住的空间，更是一个社会和文化的构成体。成员意识在这里起着至关重要的作用，它不仅有助于增强学生的身份认同感，也有助于营造一个更加和谐、积极和包容的社区环境。虽然每个学生都有自己的个性和需求，但在高职院校的环境中，“学生”这一共同身份为他们提供了基础的归属感。这种归属感是在多个层次和维度中建构的，包括但不限于学院、专业、班级等。这些不同的组织单元相互交织，形成了一个复杂但有序的关系网络，是学生成员意识形成和发展的重要基础。社会工作在高职院校学生社区的建设与管理中同样扮演着重要角色。它不仅关注学生的物质生活和基础需求，更侧重学生的心理健康、社交能力和文化素养等方面的全面发展。通过与学院、专业、班级等组织形式以及各类学生社团和社交群体的紧密合作，社会工作能更有效地进行整合性介入，有助于增强学生社区成员之间的凝聚力和归属感。

成员意识是指社区中的个体在身份认同方面建立归属感和安全感，这种感受是在社会化的过程中建构的。虽然高职院校学生社区与高职院校本身并不能直接等同，成员意识的强弱程度对于不同成员而言也存在个体性差异，但就地域空间、组织管理、人员构成等多个方面而言，学生社区都归属于所在高职院校，“学生”为社区成员提供了最为清晰明确的身份归属，构成了成员意识的根基。社会工作的整合介入，依托高职院校内部的群体组织和关系网络，如学院、专业、班级等学生单位以及学生社团、学生组织等各类趣缘群体、社交群体。在高职院校学生社区之内，学生既是互动的参与主体，也是高职院校学生社区的居民，以此为基础的身份归属成为高职院校学生成员意识的重要构成。作为一个较大范围的开放系统，高职院校自身是由内部各种正式和非正式的组织、群体构成，学生在日常互动中所形成的对特定组织群体的归属感在校园生活中与学生身份交汇，共同构成整合性的归属感。这种明确的身份归属不仅能够在心理上为高职院校学生提供一种归属于群体之中的本体性安全感，也是社会工作和学生工作得以顺利展开的微观基础。

（二）需求整合：相似性目标和需要

“需求整合”指的是个体需求能够在社区内得到满足。高职院校学生社区的居民有着共同的学生身份，虽然每个学生有不同的需求和兴趣，但他们基本的需求大多数都是围绕着学习和生活而展开的。高职院校学生的需求大致包括以下几类：第一，生活需求。生活需求主要涉及学生的日常起居，包括食宿、安全和基础设施等方面，这也是学生社区最基础的服务功能。第二，学习需求。学习需求是所有学生共有的核心目标。在这个方面，学生社区不仅提供了学习空间，还在信息工具和线上学习平台越来越普及的背景下，变得更加智能化。第三，社会化需求。社会化需求涉及学生在这个小型社会中与人互动、建立联系和发展社交技能。特别是对于那些首次离开家庭、开始独立生活的学生来说，学生社区提供了一个复杂但有结构的环境，有助于他们逐渐适应更广泛的社会环境。总体来说，在纷繁复杂的个体性需求之外，“生活”“学习”“社会化”构成了凝聚学生共性需要和相似性目标的主轴，是高职院校学生社区社会建设与管理的出发点和落脚点。高职院校学生社区的场域边界更是在空间上促进了这些需求和目标之间的凝聚，并为此提供服务与支持。

（三）双向影响：个体成长与回馈

“影响”包含双向影响力，一是社区对个体的影响，二是个体对社区的反馈。在高职院校学生社区中，个体与社区之间的双向影响尤为明显。一方面，学生社区通过其综合服务满足了学生在生活、学习和社会化方面的共性需求，从而为学生的个人发展和成长创造了有利的环境。这种环境通过提供各种服务和便利，提高了学生的学习成效，提升了生活质量，并有助于他们在社会交往中获得宝贵经验。另一方面，学生个体也会对社区造成一定的影响。他们的需求和反馈不仅可以指导社区更有效地提供服务，还可以促使社区进行适应性改变，以更好地满足学生的变化需求。学生活动和组织的兴起也会增强社区的活力和凝聚力，形成一种积极的社区文化。因此，高职院校学生社区不仅是一个多功能的空间，它还是一个动态的互动体系。这个体系不仅由学生社区对个体产生影响，也反过来回馈个体需求。这种双向的影响关系使得高职院校学生社区成为一个富有生命力的社会单元，既能满足学生多样化的需求，也能适应不断变化的环境，从而在满足个体需求与促进个人发展方面具有很高的灵活性和适应性。

（四）情感互动：日常交往与集体记忆

学生之间通过共享一些重要的时间和交往经历，会逐渐产生共同的观念和集体记忆，以联结彼此的情感，促进学生的心理健康与个人发展，这是高职院校学生社区社会建设与管理的重要资源。从高职院校学生社区来看，边界清晰的空间场域、归属明确的学生身份、共同享有的社区设施，这些因素相互交织，共同促成了高职院校学生之间相对稳定和持久的日常交往和活动。这些活动和交流不仅提供了多样的互动平台，还让学生在共享时间和经历中建立起共同的观念和集体记忆。这种情感联结不仅有助于形成更加紧密的社群，还能促进个体的心理健康和全面发展。正是这种日常互动和共同经历，使得社会工作在高职院校学生社区中更易于开展，并能够更有效地达到预设目标。

从时间上看，高职院校社区内学生个体的日常交往虽然具有某种周期性，但这并不妨碍群体联结和集体记忆的持久存在。首先，毕业并不等于与学生社区的全面断裂。在信息高度发达的今天，身份归属和集体记忆不仅局限于校园空间，还会持续影响学生的后续生活。这些在学生时代形成的社会关系和集体经历，往往会成为学生一生中难以替代的精神财富。其次，即便学生毕业离校，他们与后来的学生之间依然可能存在各种形式的联系和交流，特别是在相邻年级之间。如今，随着网络社交的普及，学生这种年级之间的互动不仅在频率上有所增加，同时在空间和时间上得到了拓展。这样的跨年级交往为群体联结和集体记忆的传承提供了更为宽广的平台。最后，与学生相比，教师和管理人员通常更为稳定地留在学校，他们主导的各种制度化活动为集体记忆的延续提供了稳固的支持。这不仅增强了社区内部的凝聚力，也为新一届学生的社会化和个人发展创造了有利条件。总体来说，高职院校社区内的时间周期性并不影响其在构建持久和有意义的群体联结和集体记忆方面的功能。

三、学生社区社会建设与管理的基本路径

（一）加强学生社区安全管理，提高学生社区社会治理的社会化水平

1.健全安全保卫工作机制，保障社区的安全稳定和维护学生权益

高职院校学生社区的安全维护是一个复杂而至关重要的任务，这些地区通常人员密集，因此更容易发生各种安全隐患，包括但不限于盗窃、诈骗和火灾。为确保学生的生命和财产安全，高职院校需要构建一个全面而有效的社区安全网络，这一网络应由多个部门共同参与并承担责任，以实现最大限度的安全覆盖。保卫处、警务室和学生处可以作为该网络的核心力量，负责规划、协调和采取各项安全措施。同时，校卫队、辅导员和宿舍管理人员作为第一线的执行力量，他们是安全信息和规定的直接传播者，也是日常安全问题的第一响应者。除了内部管理，与外界机构如当地派出所和街道办公室的合作也是必不可少的。这些机构能提供更多的资源和专业知识，共同营

造一个更为安全的周边环境。具体的安全问题，主要包括住宿安全、电力使用、火灾预防和防盗等，这些都需要详细规划和严格执行。

保卫部门一方面要定期进行安全检查，与警务室密切合作，深入学生宿舍进行全面的安全检查，以识别和消除潜在风险。一旦发生安全问题或犯罪事件，应立即进行调查和处理，确保社区的稳定和学生的人身安全。另一方面，通过系统化的安全教育课程以及多种形式的现场教学，如法制讲座、消防讲座、疏散演习和灭火演练，保卫部门要设法提高学生的安全意识和应对能力。这不仅能让学生了解如何防范风险，还能在紧急情况下帮助他们做出更加明智的决策。

2.引入青少年社会工作机制，指导学生调适心理适应环境

社会工作是以利他主义为指导，以科学的知识为基础，运用科学的方法进行助人服务的活动。学校社会工作是以学生为研究对象、工作对象的一门学科和一项社会事业，它基于社会工作的理论与方法，努力改善学习环境和条件，针对在生活和学习上遇到困难的学生并提升其适应能力，攻克学习障碍，从而更好地实现学校教育功能。高职院校学生的学习生活属于一种集体群居的方式，学生的问题因此有更多的机会在早期被识别和处理。相对社会其他领域的工作，学校有独特的优势，即能够提前识别并预防学生潜在的问题。这为学校社会工作提供了一个良好的平台，以未雨绸缪的方式进行干预和支持。因此，学校社会工作者和心理辅导员可以联手，采用一系列社会工作和心理咨询的专业方法。这可能包括个体案例分析、专业咨询服务和小组讨论等，以便为学生提供针对性、及时和有效的心理健康指导。高职院校社会工作机制可以与学生思想政治教育工作形成互补，为学生营造健康、活泼的社区氛围。

（二）充分应用现代信息技术，提高学生社区社会治理的智能化水平

1.建立智慧校园水电系统

建立智慧校园水电系统，不仅可以提高能源效率，降低运营成本，还可以进一步提升学生社区治理的智能化水平。从环境可持续的角度来看，智慧水电系统能够对能源使用进行实时监控，自动调整能源分配，从而减少不必

要的浪费。例如，当一个宿舍没有人使用时，系统可以自动关闭所有电器和灯光，以节约电能。这不仅减轻了环境压力，也符合当前全球可持续发展的趋势。从管理和维护的角度，智慧水电系统也有其独特的优点。传统的校园水电管理往往依赖人工检查，一旦出现问题，很可能会导致大规模的水电中断，影响正常的教学和生活。而通过实时的数据分析和远程控制，智慧水电系统能够在问题出现之前即时发出警报，甚至可以自动隔离问题区域，确保其他区域水电系统的正常运作。

2. 建立视频监控系统

在高职院校学生社区中，视频监控系统作为一种重要的信息技术应用，不仅有助于提高学生社区的安全性，还能促进更为高效和精细的社会治理。安全性是所有社区和教育机构最关心的问题。通过视频监控系统，学生社区管理人员能够实时了解校园内各个区域的状况，对任何异常行为或安全隐患进行及时干预。视频监控系统可以在紧急情况下提供有价值的信息，如火灾或其他突发事件，从而快速作出响应。除了安全性，视频监控系统也能有效提升社区治理的效率。举个例子，在一些大型活动或集会中，通过视频监控，工作人员可以更精准地了解人流动态，合理调配安保或医疗资源。同样地，在日常管理中，如垃圾分类、公共设施使用等方面，视频监控可以作为一种非常有效的监督手段。

3. 建立消防检测系统

在人口密集、活动频繁的学生社区和高职院校，一个健全、高效的消防检测系统不仅能降低火灾风险，也能在紧急情况下保证学生和教职员工的生命安全。消防检测系统的建立能实时监控各种可能导致火灾的因素，包括但不限于温度、电流、可燃气体等。一旦检测到异常，系统会立即启动警报系统，以便相关人员能迅速响应。这一点尤为重要，因为火灾的爆发通常是不可预测的，而一个有效的预警机制能显著提高应对速度，从而减小可能的损失。与传统的消防设备相比，现代消防检测系统更加智能和精准。例如，它可以通过大数据和机器学习来分析火灾风险，预测高风险区域，并相应地调整监控策略。现代消防检测系统还能与其他智能化设备（如智能疏散指示系统、自动灭火系统）联动，实现更为全面和高效的消防管理。当然，仅仅拥有先进的硬件设施是不够的。一个成功的消防检测系统还需要建立在严格的管理和操作规程之上，包括定期的设备检查、人员培训、应急演练等，以确保在实际应用中能发挥最大的作用。

（三）实现现代物业管理，提高学生社区社会治理的专业化水平

高职院校学生社区现代物业管理涉及多方面服务内容，主要包括对学生社区的供水供电、治安保卫、清洁保洁、绿化美化、维修维护、消防安全、商业网点等服务。现代物业管理以其科学和规范的方法确保了这些服务的高效开展，与此同时，这些物业管理活动也为学生提供了一个更加安全、舒适和便利的生活环境，从而有助于他们更好地集中精力于学习活动。

1. 明晰管理主体的责、权、利

首先，高职院校要树立教育管理的责任主体意识，增强工作主动性。高职院校需要与物业管理部门建立紧密的合作关系，明确各自在学生教育和管理中的角色和责任。这种合作不仅是行政性质的，也应包含具体的教育方针和策略。具体来说，学校应将学生公寓或宿舍的管理作为学生全面教育计划的一部分，而不仅仅是作为物业管理的一个方面来看待。这意味着在学生居住区域的管理中也要注入教育和培养的元素，从而形成一个综合的、多维度的教育环境。

其次，物业管理部门不是简单的“管理者”，而是“教育者”和“服务者”。对于物业管理部门来说，强化育人意识意味着需要在日常管理工作中融入教育元素。这不仅包括基础的安全教育、环境保护等，还应该体现在更广泛的层面上，如思想政治教育，与学生生活密切相关的教育主题进行整合。换句话说，物业管理部门需要在追求经济效益的同时，注重社会效益和教育效果，形成“管理育人、文化育人、服务育人”的综合格局。为了实现这一目标，高职院校需要对物业管理团队进行精心组建和培训。这意味着不仅要有具备高度专业能力的人员，还需要那些有出色政治素质、深厚教育背景和丰富管理经验的人才。一些先进的高职院校已经开始聘请来自经济学、管理学、心理学和政治教育领域的专家，以提供更全面、更高质量的学生管理服务。

2. 提高管理人员的素质

（1）积极引进高学历的专门化人才。把一批政治素质高、业务能力强、

懂教育和管理的优秀人才扩充到物业管理队伍中来。目前许多知名高职院校已聘请经济学和管理学的教授、心理专家、政治思想教育者，参与学生行为管理工作。

（2）强化业务培训。挑选一批能力较强、有责任心、乐于为学生服务的管理人员参加相关方面的培训，如消防知识教育、物业管理培训、食物中毒事故处理等。

（3）合理分流人员。对于一些文化程度较低但又多年从事后勤管理工作的人员，可采取分流的方式，让他们内退或做一些其他力所能及的工作，如清洁、门卫等工作。

3. 完善管理体系

在追求教育和服务质量的同时，物业管理部门还需要构建一个完善和高效的管理体系，这一体系不仅要保证基础服务的优质提供，还应注重提升学生的生活和学习体验。首先，建立一整套完善的管理制度。制度建设是管理体系的基石，这包括但不限于明确的人员架构和责任分工、全面的财务管理规范、合理的人事用工方案以及严格的安全防火措施和检查监督机制。制度化运营能够确保物业管理的规范性和严谨性，从而为整个学生社区提供一个安全、舒适和便利的生活环境。其次，完善物业基础设施中的配套服务。在公寓楼或学生宿舍内加强防火和防窃等安全系统的建设和维护，以减少潜在风险，提高学生的安全感。再次，疏通学生和物业管理部门之间的交流渠道。物业管理部门可以考虑定期设置“经理（或楼长）接待日”，以便直接与学生进行面对面的交流。这不仅能及时解决学生反映的问题，而且还能加强学生与物业管理之间的情感联结。通过这种双向互动，物业管理部门不仅能更准确地了解学生的需求和疑虑，还能更好地调整自己的服务策略和管理方案。

第三节　学生社区文化建设与管理

一、学生社区文化的相关概念

（一）文化的内涵

文化是一个多维度、多层次的概念，它既包括物质层面的遗产，也涵盖了精神和观念层面的丰富内涵。在广义上，文化可被视为人类通过与自然和社会的互动所创造的所有物质和非物质财富的总和。这种广泛的定义不仅包括长城、故宫这样的物质文化遗产，也包含各种社会制度、习俗。在狭义上，文化更多地指向精神和观念层面的内容，与经济和政治形成三位一体的社会要素。在这一层面上，文化主要体现为一系列有关思想、道德、艺术、教育和科学等方面的理论和实践。例如，“以和为贵”的中庸思想就是一种道德和哲学观念，它影响着人们在社会互动中的行为和态度。

不论是广义还是狭义，文化都是一种社会现象和人类活动的产物，是人类智慧和创造力的集中体现。它不仅在历史和地理空间上具有多样性，也在不断地演变和发展。因此，对文化的理解和研究需要一个全面和深入的视角，以揭示其在构成人的身份和塑造社会结构方面的复杂作用。

（二）社区文化的内涵

社区文化是一个地域和社会历史情境中特有的文化现象，它集中体现了该社区群体的精神和物质财富。与全局性或全民性文化相比，社区文化具有更明显的开放性、社会性和群体性特点。这种文化不但增强了社区成员的主体意识，而且在传承和发展民俗、维护社区内部人际关系方面具有至关重要的作用。社区文化不仅是一种地域性文化，它还反映了该社区的经济状况、生活水平和人口特性等多方面的信息，是一个由社区成员共同构建的文化体系，它旨在促进社区生活质量的提升，而这一目标在很大程度上是通过强化社区内人与人之间的关系来实现的。

《中国大百科全书（社会学卷）》中提出，社区文化是“在特定的社区范围内所产生的特定文化，具体由历史传统、风俗习惯、价值观以及地方特征所构成。除此之外，社区文化能够很好地反映出其经济、生活以及人口等方面的特征”[①]。因此，笔者认为社区文化是一种微观的、局部的文化形态，它在特定的社会和历史背景下由社区成员共同创建和维护。这种文化不仅有助于社区成员建立和巩固自己的身份认同，也有助于维护和促进社区内部的社会凝聚力，从而实现提高整个社区生活质量的目标。

（三）学生社区文化的内涵

学生社区文化主要集中在高职院校这一特定环境中，并由在校学生共同创造和维护。这种文化形态不仅是校园文化的一个重要组成部分，也是展示学生群体精神面貌的有力渠道。它包括学生的生活观念、价值观、兴趣爱好、知识结构、思维模式、审美偏好和行为方式等多个方面，体现了这一群体独特的群体意识。学生社区文化建设作为体现高职院校文化传承职能的元素，是校园文化的有机组成部分。[②] 学生社区不仅是学生学习生活的主要区域，更是学生修身立德、为人处世的社会环境依托，是高职院校开展思想政治教育的重要场域，学生社区文化建设的程度直接关系着学生思想品德、道德修养的高度。[③] 基于此，笔者认为学生社区文化从属于校园文化，它不仅反映了学生群体在主流社会观念和价值观下的定位，也是当代学生自我认知和社会参与的一个重要平台。在这一点上，学生社区文化实际上可以被视为社会文化的一个缩影，因为它揭示了年轻一代在面对复杂社会现象时的态度和反应。

学生社区文化大致可以分为四个互相关联的维度：环境文化、精神文化、行为文化与制度文化，如图 2-4 所示。首先，环境文化是学生社区文化的物质基础，它涉及校园的空间布局、建筑风格、基础设施等。这些元素不

① 中国大百科全书出版社编辑部．中国大百科全书（简明版）[M]．北京：中国大百科全书出版社，2004：367.

② 王明璇，齐皓爽．浅析高职院校学生社区文化建设的特色 [J]．高校后勤研究，2017（1）：16-19.

③ 贾森惠．思想政治教育视域下高职院校学生社区文化建设研究 [J]．高校后勤研究，2020（10）：67-69.

仅为学生提供了日常生活和学习的场所，也在无形中影响着他们的审美情趣和文化品位。简言之，一个优雅、和谐、功能齐全的环境会潜移默化地塑造学生的行为和思维方式。其次，精神文化是学生社区文化的灵魂。它包括一系列更为抽象的元素，如道德观念、价值取向、传统信仰和人际关系等。这些因素深刻地影响着学生对自己与社会的关系以及他们在社区中的角色和责任的理解。再次，行为文化是学生社区文化的具体表现，体现在学生的日常行为、文化活动和生活方式上。它与教育管理、公共服务和文化内涵紧密相连，是学生社区文化得以具体化和实践化的重要途径。最后，制度文化为学生社区文化提供了深厚支撑，包括各种规章制度、行为准则、评价机制和奖惩措施等。这些制度不仅规范了社区成员的行为，还有助于维护和传承社区的核心价值和文化传统。

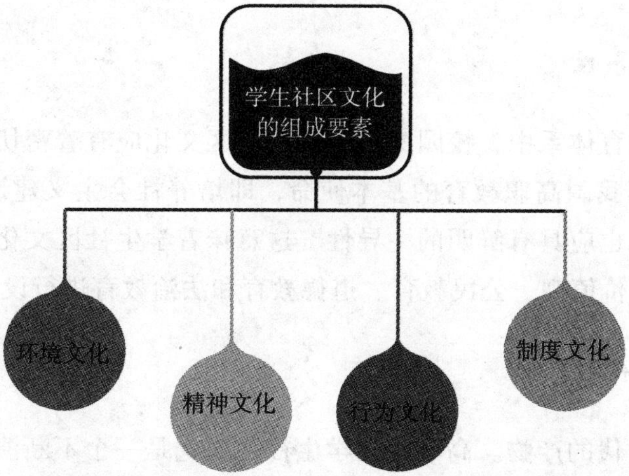

图 2-4　学生社区文化的组成要素

二、学生社区文化的特征

在高职院校中，学生社区文化具有多样性和复杂性，主要由学生、服务管理人员、教师和思政辅导员等多个角色共同构建。这些群体不仅是社区文化建设的推动者，也是其直接受益者，他们共同营造的社区文化有助于提升学生的文化素养，并具备主导性、开放性、流动性、多元性等特点，如图 2-5 所示。

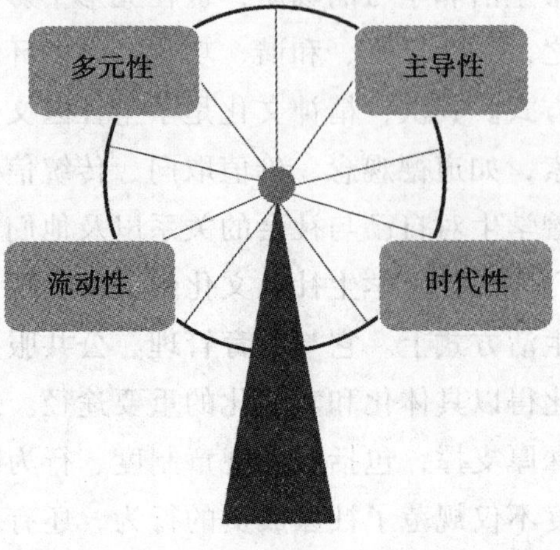

图 2-5　学生社区文化的特征

（一）主导性

在高职教育体系中，校园文化和学生社区文化应有着密切的联系和一致的导向。根据我国高职教育的基本使命，即培养社会主义建设者和接班人，学生社区文化也应具有鲜明的主导性。这意味着学生社区文化需要紧密围绕社会主义核心价值观、公民教育、道德教育和法治教育进行设计和实践。

（二）时代性

文化是时代的产物。高职院校学生社区文化是一个不断演变和适应时代变化的文化体系。特别是在计算机和互联网技术普及的背景下，它不仅在现实空间中存在，还逐渐扩展到虚拟社区。网络文化和流行语汇等现象很好地体现了这一文化体系的时代性。其中，学生社区文化的开放性成为一大显著特点。这种开放性不仅表现在文化内部的多样性上，还体现在与外部世界的交流和互动上。与课堂文化相比，这种社区文化不是一个封闭的体系。高职院校自身就是更广泛社会和文化环境的一部分，学生的社会价值观和行为方式不可避免地会受到这些更大环境的影响。在这样一个开放的系统中，学生能接触到来自不同层面和途径的信息和观点，从而使他们具有更全面和多元的视角。这一点特别重要，因为它不仅促使学生对多样性和复杂性有更深刻的认识，还帮助他们更好地适应快速变化的社会环境。

（三）流动性

学生社区文化具有显著的流动性特点，这主要体现在每年都有新生入学和老生毕业的周期性变动上。这样的流动性对社区稳定性和文化建设带来挑战，但同时为社区文化的持续发展提供了新的动力。流动性确实增加了社区管理的复杂性，因为每一届新生都会带来不同的文化、价值观和行为习惯。这意味着社区文化是一个不断调整和适应的过程，充满了不确定性。然而，这种不确定性并非全然负面的，它也为文化多样性和创新提供了空间。流动性也为社区文化的可持续发展创造了有利条件。新生的加入不仅带来新的思想和观念，还可以刷新和丰富现有的社区文化。与此同时，毕业生的离开并不意味着与社区文化的断裂，很多人在走出校园并在社会上取得一定成就后，会以不同的方式回馈母校，如资助、指导后来者等，从而为社区文化的长期发展做出贡献。

（四）多元性

学生社区文化在高职院校中呈现出丰富的多元性，这一多元性在文化形式、载体和规范度等多个维度中得到体现。从文化载体角度看，学生社区文化表达形式多样。这些表达形式涵盖物质空间如宿舍，各类社区活动如文化沙龙和辩论赛，各种制度安排如作息时间和住宿政策等。每一个载体都是社区文化多元性的一个侧面。从文化形态来看，学生社区文化可以划分为物质形态和精神形态。物质形态不仅是物质环境的塑造，如宿舍的布局或图书馆的设计，它还包括通过这些物质空间来创造特定的文化氛围或象征意义。精神形态则更侧重社区成员的内在品质，包括道德观念、精神风貌和学习氛围等。从文化规范度来看，学生社区文化既有正式的也有非正式的表现形式。正式的文化形式通常体现在明文规定的制度和规范中，如学生宿舍的使用规定。非正式文化则更多体现在日常生活和互动中，如学生之间的社交活动，或者更为随意的文化表达，如聚餐或闲聊。

三、学生社区文化建设与管理的内容

良好的学生社区文化在培养学生全面发展方面起到了关键作用，特别是在形成正确的世界观、人生观和价值观上。因此，在高职院校中，专注于打造健全的学生社区文化是非常重要的。从宏观上来看，学生社区文化建设与管理可以划分为四个层面，分别为物质文化建设与管理、制度文化建设与管理、行为文化与建设与管理、精神文化建设与管理。

（一）物质文化建设与管理

在高职院校的学生社区中，物质文化不仅是文化基础，也是其他文化形态存在和发展的前提。物质文化不只是基础设施，如建筑和宿舍，更进一步体现在社区整体的布局和环境设计中。它是学生社区文化的一个可见、直接的标志，在某种程度上反映了社区的价值观、审美和品位。良好的物质文化应超越仅仅提供基础设施的职责要求，而是要进一步满足学生的多样需求。除了需要明亮、整洁的宿舍和公寓，更重要的是创建多功能、人本化的共享空间。例如，配备现代化设施的阅览室，提供一个安静、专注的学习环境；活动室则提供了一个多功能的社交平台；公共绿地和小型运动场则能满足学生休闲和身体锻炼的需要。这些人性化和现代化的元素不仅提高了学生社区的物质文化层次，也为社区内的精神文化和社交活动提供了有力的支持。简而言之，一个高质量的物质文化环境能有效促进学生的全面发展，包括学术、社交和身体健康等多个方面，从而成为高职院校学生社区文化发展的基石。

（二）制度文化建设与管理

良好的制度对和谐社区文化的构建具有重要意义。制度文化主要包括一系列管理规章、行为准则和奖惩办法，为学生社区提供了一个明确的行为框架。它不仅约束和指导学生的行为，更进一步塑造了学生的心理态度和价值观。这一文化通过其有力的规范作用，确保了社区价值观的一致性和行为的标准化，从而起到了塑造学生美好品德和行为习惯的重要作用。

（三）行为文化建设与管理

行为文化主要通过各种活动来实践和体现社区文化，主要包括学术讨论、体育赛事、文艺表演等多种形式的社区活动。这些活动不仅为学生提供了互动和发展个人技能的平台，也在实践中教育和培养了学生，使他们能更好地理解和接纳社区文化的核心价值。

（四）精神文化建设与管理

精神文化是文化的核心和灵魂，涉及学生的价值观、道德观念、心理状态和人际交往等多个方面。与此同时，精神文化不仅是学生个体的心灵寄托，还关乎管理和教育工作者，因为他们共同参与和塑造这一文化环境。高职院校有责任和义务重视精神文化的建设，不仅要教授专业知识和实用技能，还需要关注学生的心理和道德发展。具体来说，学校应该鼓励学生培养独立思考的能力、对美的追求和对更高层次价值观的理解和尊重。

在构建一个健康和谐的学生社区文化中，物质文化、制度文化、行为文化和精神文化四个层面相互依存、相互影响，并共同塑造社区的整体环境和氛围。物质文化作为社区文化的基础，不仅涵盖了社区的基础设施和环境，也为社区文化的其他三个方面提供了必要的前提。一个安全、舒适和人性化的物质环境是所有社区活动和精神追求的起点。制度文化起到规范和引导的作用，它确保了物质文化的合理利用，同时为社区成员的行为和精神发展提供了框架和导向。这一层面包括了各种规章制度、社交准则以及奖惩机制，它们在物质基础之上，对行为文化和精神文化的落地和实现起到关键作用。行为文化是社区成员通过参与各类文化、学术和社交活动而形成的一系列习惯和规范，这些活动不仅丰富了学生的文化生活，还在实践中反过来塑造和完善了制度文化。精神文化作为学生社区文化的核心和灵魂，它涵盖了社区成员的共同价值观、道德观和心理状态。精神文化是物质文化和制度文化的最终目标，也是其他三者能够得以持续、健康发展的内在动力。

四、学生社区文化建设与管理的原则

学生社区文化建设与管理并不是一项随意的工作，而是需要遵循以下几点原则，如图 2-6 所示。

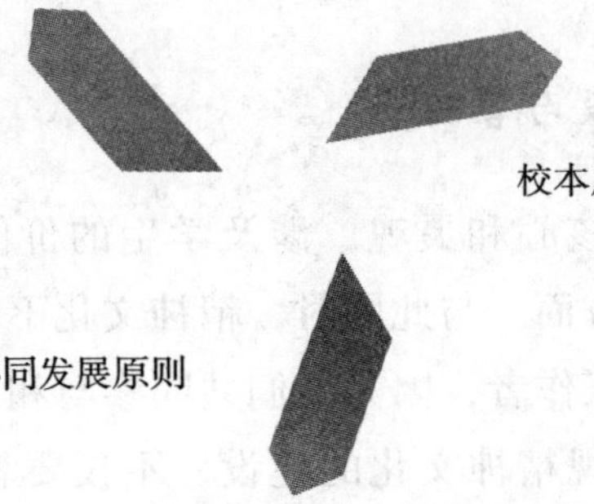

图 2-6　学生社区文化建设与管理的原则

（一）系统性原则

在推动高职院校学生社区文化建设与管理的过程中，应当坚持系统化原则。一是学生社区文化建设规划的系统性。学生社区文化不是一个孤立的个体，而是一个多元、多层次和全方位的系统。这一系统涵盖了环境文化、行为文化、制度文化和精神文化等多个方面，因此它的建设与管理必须是长期和持续的。为了达到这一目的，高职院校需要制订具体、可行的近期和长期规划，以确保社区文化建设不仅应对当前需求，而且具备长远发展潜能。二是学校各部门协同的系统性。社区文化建设是一个多方参与、综合性极强的项目。这不仅是学生事务部门的责任，也是社区内学生的事务。相反，这应当是一个包括教师、管理人员和学生在内的各方共同参与的过程。通过集体的努力，可以形成更为丰富和多元的社区文化。三是将社区文化与校园文化建设相融合。社区文化与更大范围的校园文化是密不可分的，随着学生社区文化的不断发展，它已经成为校园文化的一个重要组成部分。因此，社区文化的建设与管理也需要与整体的校园文化建设紧密结合，以确保两者能够相互促进、共同发展。

（二）校本原则

校本原则强调的是每个学校的独特性与特点。每所高职院校在其历史背景、定位、人才培养目标等方面都有自己的特色，这也影响着社区文化的构建。因此，任何社区文化的发展都不能割裂于学校自身的特性。这意味着除了需要考虑到学校当前的发展状况外，还应该根据学校所在的地理环境、学生群体的特点等多个因素进行综合性分析。此外，学校还可以借鉴其他高职院校在社区文化建设上的成功经验，以加速和优化自身的文化建设。

（三）协同发展原则

在高职院校的学生社区文化建设与管理中，协同发展原则指的是学生社区与更大范围内的城市社区应有机地相互影响、互惠互利。这一原则强调，学生社区不仅是一个封闭的学术环境，也是更广阔社会和城市生态的一个有活力的组成部分。高职院校学生社区在此框架下应承担起社会责任，如通过社会实践和志愿服务活动，为城市社区提供支持，注入新的活力。这样的互动不仅使学生能够更加全面地了解和参与社会事务，还有助于他们的个人成长和综合素质的提升。反过来，城市社区也能给学生社区带来积极的反馈。学生通过这些活动能更深刻地理解社会现实，收获成就感和自我价值，这些都会成为他们努力学习和成长的动力。长此以往，这种互动将有助于培养具有社会责任感和实践能力的全面发展的人才。

五、学生社区文化建设与管理的路径

如何有效地运用学生社区文化建设来达成教育目的，已经成为高职院校思政工作中的关键问题。高职院校学生社区文化建设要深刻把握学生社区文化的内涵，以物质文化建设为基础，以制度文化建设为保证，以精神文化建设为核心，深入挖掘和发挥学生社区的育人功能。

（一）加强学生社区的物质文化基础建设与管理

在构建学生社区文化环境时，物质文化建设起着基础但至关重要的作用。这不仅关于提供基础设施和设备，还包括如何将文化和艺术元素融入这些物质载体中，以提升整个社区环境的文化水平和审美品位。良好的社区环境包括社区建筑、文化宣传载体、文化活动场地与室内设施的配备，是营造社区浓厚的文化氛围和育人环境的前提。为此，一方面，加强基础设施建设。这主要包括学习和生活必需的基础配套，如自习室、专业指导室、学生空间、辅导员空间、心理空间和思政空间等。这些基础设施不仅能满足学生的基本需求，还能为他们提供更多的成长和发展机会。同时，社区的绿化和美化工作也不能忽视，一个美观、宜居的环境能极大地提升社区成员的生活品质。另一方面，加强环境建设，增强艺术感。整洁和美观的环境能催生更高质量的社区文化。因此，在基础设施建设的同时，高职院校应当注意各种细节的艺术处理。比如，道路和建筑设计应尽量融入地方特色和文化元素，社区内可以设置各种宣传橱窗和板报，用以展示社区文化和活动信息。进一步地，可以通过设置标志性的雕塑或者其他艺术作品，强化社区的文化内涵。

（二）加强学生社区的制度文化建设与管理

制度作为一个社区运行的基础框架，对于塑造成员的行为模式和价值观具有不可忽视的作用。在学生社区中，一个合理而有效的规章制度不仅有助于维护一个和谐、有序的环境，还能够充分发挥社区在教育和培养学生方面的功能。一方面，高职院校应严格遵循国家和地方的法律法规，确保学生社区的管理和活动都在合法合规的范围，这是保证学生社区长期稳定和合法运营的基础。另一方面，仅仅遵循国家法律是不够的。每个学生社区都有其特定的制度，因此高职院校还需要根据这些实际情况来建立和完善各种内部规章制度。例如，可以通过制定《大学生公寓管理条例》和《学生社区文化活动管理办法》等，针对性地解决各类管理问题。

（三）加强学生社区的行为文化建设与管理

1. 学习活动建设与管理

学习活动的有效建设与管理，不仅弥补了学校课堂教育的不足，还有助于营造鼓励自主学习和持续进步的社区文化氛围。学习活动的组织应以提升学生的自学能力和习惯为核心目标。这意味着除了传统的教育方式外，学生社区应积极推广和组织各种形式的学习活动和竞赛。例如，可以举办英语演讲和写作比赛，激发学生对语言学习的热情；组织散文、诗歌创作和朗诵比赛，以培养学生的文学修养和创造性。对于在这些活动中表现出色的学生，应给予物质和精神上的奖励。同时，通过广泛的宣传和分享成功案例，可以树立一批学习榜样或先锋，从而使整个社区的学习氛围更加浓厚。

2.学术活动建设与管理

在学生社区开展学术活动，不仅丰富了学生的学术生活，也有助于提升整个社区的文化水平和学术氛围。首先，周期性的主题活动，如学术科技月、文化月或创新周，能为学生提供一个系统性的学习和成长平台。通过这些主题活动，学生有机会在一个更宽泛、更深入的框架内探索各类知识和技能，从而有针对性地提升自己的综合素养。其次，建立专门的社区学生创新教育基金并利用这个基金组织各种比赛和活动，有助于培育学生的创新意识和实践能力。这不仅鼓励学生将课堂上所学的知识应用到实际生活中，还能激发他们的创业精神和团队协作能力。

3.体育活动建设与管理

体育活动不仅是学生身体健康的催化剂，也为社区增添了活力和凝聚力。社区可以通过组织各种楼层、楼栋或宿舍之间的体育比赛来激发学生的参与热情。这些比赛有助于增进社区成员之间的相互了解和团队合作，同时能提供一个合适的场所让学生释放压力和培育团队精神。另外，常态化的体育活动也是提升学生身体素质、增强体质的有效途径。这样不仅可以让学生在日常生活中更加关注自己的身体健康，还能鼓励他们积极参与到更多的社区活动中，从而营造一种活力四射、健康向上的社区氛围。

4.文艺活动建设与管理

文艺活动的举办，不仅使学生能够在课余时间里寻找归属感和社交机会，还有助于培养全面的个人素养和社群精神。社区应定期举办各种文艺活动，包括但不限于文艺晚会、音乐表演、书画和摄影比赛、朗诵和演讲比赛等。这些活动能够为学生提供一个展示自己才艺和兴趣的平台，也能丰富他们的课余生活和提升他们的文化素养。与此同时，社区应鼓励和支持学生自发组织各种社团活动。无论是科技创新、文艺表演还是体育活动，都能使学生能在集体环境中持续地发展自己的才能和兴趣。这些社团不仅有助于个人成长，还能强化社区的凝聚力和集体主义精神。

（四）加强学生社区的精神文化建设与管理

1.树立学生社区品牌文化理念

在当前复杂多变的社会环境中，正确的引导能让学生更好地适应社会，具备更强的责任感和使命感。为实现这一目标，高职院校应当以中国特色社会主义理论体系为指导，确保其社区文化建设始终沿着社会主义先进文化的正确路径前进。强调主流文化和价值观的同时，高职院校还应尽力展现其学校特色，以吸引和留住更多优秀的学生。通过这样全面而有深度的文化建设，高职院校不仅能满足学生越来越多样化和个性化的精神文化需求，还能在更高层次上构建学校的社会主义精神文明，最终形成一个既符合社会主义特点，又具有时代特色和学校特点的强大文化生态系统。这样的系统将极大地促进学生的全面发展，使他们成为更有价值、更有贡献能力的社会成员。

2.加强学生社区网络文化建设

在当前数字化时代，网络已成为学生社区内一种不容忽视的交流和学习平台。然而，网络的双刃剑效应也使得它既能成为学生精神的寄托，也可能成为消极文化传播的渠道。因此，高职院校在构建学生社区生态时，有必要特别关注网络文化建设。通过建立智慧学校和优秀网站，学校可以使社区网站成为学生的知心朋友和精神家园，提供一个既安全又富有内涵的网络空间。同时，这些平台可以作为传播主流价值观和正面思想的工具，在保证学生独立思考和自主选择权的基础上，与国家、社会以及学校的主流价值观保持一致。这样不仅能够强化学生的网络道德意识，还能在根本上减少消极文化的扩散和影响，从而有力地促进学生对积极价值观的追求。这种综合性的网络文化建设，不仅丰富了学生社区生态，也在更大程度上为学生提供了全面发展的有力支撑。

3.丰富学生社区课余文化

课余文化不仅能够弥补课堂教育的不足，更能在很大程度上影响和塑造学生的性格、兴趣和价值观。丰富的课余文化活动可以提供一个多元化的平台，让学生有机会发现自我、实现自我，同时有助于激发学生的创造性和社会责任感。课余时间是学生进行个人成长和自我探索的重要时段。通过各种课外活动，如艺术表演、体育竞赛、社团活动等，学生不仅能够在专业之外寻找到自己的兴趣和激情，还能在团队合作和社交交往中获得宝贵的人生经验。这些都有助于学生形成全面、多元的个性。课余文化活动也是传播社会主流价值观的有效途径。通过组织一些与社会热点、文化传承和公民责任有关的活动，学校能够在不经意间传递给学生正确的社会观念和价值取向。这不仅能增强学生的社会责任感，也有助于他们更好地融入社会。

第四节　学生社区生态建设与管理

一、学生社区生态建设与管理的内涵

生态文明和社区建设在多个层面上存在密切的联系，这一联系既是理论上的，也有实践操作的侧重点。广义上的生态文明构想是一个宏大的愿景，它期望在经济发展、社会进步与自然环境之间找到一个可持续和平衡的状态。狭义上的生态文明更注重日常行为和文明程度，这在社区层面上表现得尤为明显。社区作为一个微观的社会单位，是实现生态文明目标的有效载体。它不仅是人与人交往的场所，也是人与自然互动的空间。一个管理有序、环境优美的社区不仅能提供良好的居住和社交环境，还能推动生态文明理念的实践和普及。①

在学生社区建设过程中，重视生态文明意味着高职院校要在规划设计、设施建设以及管理服务等方面都秉持可持续和环境友好的原则。例如，社区的绿化程度、垃圾分类和回收状况、节能减排成果等都是检验一个社区是否真正践行生态文明理念的重要标准。从相反的角度来看，良好的社区建设也有助于推动生态文明的发展。在一个管理有序、服务完善的社区里，人们更容易形成环保、节约等良好习惯。社区活动和教育培训也可以成为推广生态文明理念的有效途径。

① 王雷华，任豪，闵敏．生态视域下高校“一站式”学生社区治理研究 [J]. 北京教育（德育），2022（Z1）：106-111.

二、学生社区生态建设与管理的组成要素

从宏观上来看，生态系统主要包括三个组成部分，分别为生态主体、生态环境、生态行为。生态主体是生态行为的发起者、承受者、参与者，但它们同时受到所处生态环境的影响。下面借鉴生态系统的架构来分析学生社区生态的组成要素。

（一）生态主体：生产者、分解者、消费者、保障者

在学生社区的生态构建中，四个核心角色（生产者、分解者、消费者和保障者）各有其不可或缺的功能和价值。与自然生态系统的生产者、分解者、消费者和保障者不同，学生社区生态中的这些角色分别代表了不同的育人力量和机制。

生产者在这里指的是为学生提供教育和成长资源的各方，如辅导员、班主任、专业教师、导师、党政干部、管理人员、优秀校友等，这些人员不仅传输知识和信息，还塑造人生观和价值观，他们是学生社区生态中不可或缺的元素。就像自然生态系统中的生产者通过光合作用为其他生物提供基础物质一样，学生社区中的生产者通过他们的专业能力和人文关怀，为学生提供必要的“营养”。

分解者，如党团组织和学生社团，在这个系统中起到了极其重要的作用。这些组织不仅起到了解构和重组育人资源的作用，还能直接与学生接触，确保这些资源能被更有效地利用。正如自然生态系统中分解者能将复杂有机物质分解为易于吸收和再利用的简单化合物，学生社区中的分解者通过各种项目和活动，将教育理念和资源具体化，以方便学生更好地吸收和利用。

作为消费者的学生在这个生态系统中具有双重性质。他们不仅是接受教育和指导的对象，也是这个系统的参与者和贡献者。学生不只是被动地消费教育资源，他们还通过自我教育和参与社区事务，活跃地构建和改善这个生态系统。与自然生态中的消费者只能依赖生产者不同，学生在社区生态中有更多的主动性和参与性。

保障者，如社区管理人员和学校的各职能部门，为整个生态系统提供了

稳健的基础。他们确保资源的持续供应，解决系统中出现的问题以及进行持续的优化和调整，以适应不断变化的需求和条件。

（二）生态环境：有形环境、无形环境

在学生社区生态系统中，环境因素分为两大类：有形环境和无形环境。两者共同构成了该系统的基础，并在各自的维度上影响系统内各成员的行为和发展方向。有形环境主要指的是学生社区的物理空间，这包括但不限于宿舍、图书馆、运动场等。这些空间需要设计得既实用又多功能，以满足学生多样化的需求。例如，学习空间应配备先进的学习工具和材料，休闲区域需要提供舒适的座椅和娱乐设施，以此为学生营造一个舒适、便利和开放的共享环境。有形环境的优化不仅能促进学生的身心健康，也能鼓励他们更积极地参与社区活动。无形环境更侧重社区内的文化和氛围。这包括社区成员的价值观、信仰、习惯等，也包括社区传统、规则和制度。优质的无形环境应当紧密联系学校的教育目标，形成明确且鲜明的育人理念。这样的文化环境应当充分体现在学生社区生活的方方面面，从最简单的社交礼仪到更复杂的组织结构和活动内容，都应当反映这种理念。无形环境的力量在于它能够润物无声、春风化雨、潜移默化地影响学生。

（三）生态行为：党建引领、学业支持、心理安全、通识教育、社区服务

在学生社区生态系统中，生态行为的目的是通过一系列的育人活动来贯彻落实立德树人的基本任务，以支持学生的全面发展。这些育人活动主要分为五大类：党建引领、学业支持、心理安全、通识教育和社区服务。

党建引领是学生社区生态活动的核心。学生社区生态需坚持以中国特色社会主义思想为指导，旨在培养学生对社会主义核心价值观的认同和拥护。通过深度与学生的实际需求结合，开展有针对性的思政教育，确保学生在思想、道德、文化等方面获得全面的发展。

学业支持是学生社区生态活动的关键。学生社区是学习活动的一个重要场域，这里不仅有传统课堂教育之外的第二课堂，还针对学生可能面临的学

业压力和心理问题提供专门的支持和解决方案。这包括但不限于学术答疑、个性化辅导以及针对学习压力的心理支持。

心理安全是学生社区生态活动的底线。学生社区生态不仅要提供专业的心理健康服务，还要确保这些服务能够充分渗透到学生社区的各个角落。通过这种方式，学生社区生态系统能在维护学生心理安全方面起到更加全面和深入的作用。

通识教育是学生社区生态活动的重点。教育不局限于学术知识，还包括道德素养、体育能力、审美观念和劳动技能等。通过充分利用社区内外的资源和优势，学生社区生态系统能够提供一个多元化、全方位的教育平台。

社区服务是学生社区生态活动的保障。学生社区生态通过推动线下综合服务大厅的建设和多部门的协同合作，确保学生从入学到毕业的整个过程都可以享受到“方便、快捷、高效”的全流程服务。

三、学生社区生态建设与管理的路径

学生社区不仅是学生学习、生活的场所，更是他们形成环保意识、培养绿色生活习惯的重要平台。如何在学生社区中推进生态建设，实现资源的高效利用，确保环境的可持续发展，成为当前高校管理者和学生共同关心的问题。学生社区生态的建设与管理可以从以下几方面入手，如图 2–7。

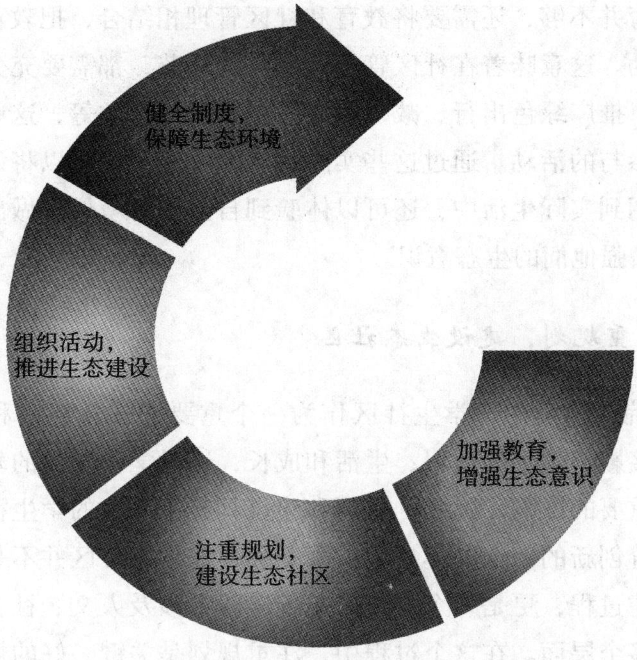

图 2-7　学生社区生态建设与管理的路径

（一）加强教育，增强生态意识

在当今社会，环境保护和可持续发展已经成为全球关注的焦点。然而，对于很多年轻学生来说，这些问题常常显得遥远和抽象。他们可能对即将到来的环境危机缺乏足够的认识和准备，这是因为他们或许没有得到足够的教育和引导。这正是高职院校需要解决的问题。高职院校不仅是知识的传播者，更是价值观的塑造者和行为习惯的培养者。因此，在学生社区生态建设与管理中，加强教育和增强学生的生态意识不仅是一项任务，更是一项重大的社会责任。具体来说，高职院校可以通过多种方式来实现这一目标。首先，可以在课程设置中加入更多与环境和生态有关的内容，使学生在系统学习的过程中自然而然地接触到这些问题，从而引发他们的思考和关注。其次，除了正式的课程学习，学校还可以通过举办各种讲座、活动来提供更多与生态环境有关的实践机会。这不仅能够加深学生的认识，还能让他们在实际操作中体验到生态保护的重要性，从而进一步增强其生态意识。

仅有教育并不够，还需要将教育和社区管理相结合，把教育的成果转化为具体的行动。这意味着在社区管理的每一个环节，都需要充分考虑到生态因素。例如，推广绿色出行、减少资源浪费和垃圾分类等，这些都是需要整个社区共同参与的活动。通过这些实际行动，学生不仅可以将课堂上学到的理论知识应用到实际生活中，还可以体验到自己为环境保护做出贡献的成就感，进一步增强他们的生态意识。

（二）注重规划，建设生态社区

在高职院校环境中，学生社区作为一个重要的教育载体和社会实践平台，不仅直接影响学生的学习、生活和成长，还对学校整体的教育品质和社会形象有着重要的影响。因此，规划和建设具有生态性的学生社区是高职院校发展和教育创新的一个关键环节。规划和建设生态社区并不是一个简单的物理空间构建过程，更是一个复杂的系统工程，涉及人文、社会、科技、环境和经济等多个层面。在这个过程中，注重规划是关键。好的规划能够确保学生社区的可持续发展，提高学生社区的生态效益以及促进学生全面、均衡和持久发展。

在规划阶段，学校首先要深入了解学生的各种需求和期望，主要包括学习、生活、娱乐、心理健康等多个层面，还需要详尽地评估现有的资源，如物质、人力、信息等以及现行管理制度和社区文化的状态。基于这些深入的研究和全面的评估，学校能够制订出一份既现实可行、又具有前瞻性和高度可操作性的社区建设方案。该方案不仅要明确空间布局和各种设施的功能，更要注重社区文化的培育和维护。除了硬件设施，软实力如社区文化、组织氛围也同样重要。这样的规划会鼓励社区成员更加积极地参与到社区的各项活动中来，从而形成一个富有活力、有机可持续发展的生态环境。这种全面和多层次的规划方法不仅能够更好地满足学生的多元化需求，也将极大地提升学生社区的整体功能和品质，实现学生、学校以及更广泛社会环境的和谐共赢。

（三）组织活动，推进生态建设

组织活动是推进生态建设的重要环节，有针对性的活动不仅能创造丰富的社区生活，还能有效地推动社区各方面的整体发展。一方面，活动能够直接响应学生的多元需求。例如，学术讲座和技能培训可以针对学业成长，体育比赛和文艺活动则有助于全面发展，而志愿服务和社会实践则能培养学生的社会责任感。这些活动不仅丰富了学生的课外生活，也在潜移默化中加强了他们对于社会和自我价值的认识。另一方面，活动可以作为社区管理的有力工具。通过对活动的规划和组织，管理者可以更直接地观察和了解学生的需求和反应，从而进行更精准和有效的管理。这不仅提高了社区管理的效率，也增强了其针对性和实用性。

（四）健全制度，保障生态环境

在高职院校学生社区生态建设与管理中，健全制度是为持续稳定运行提供保障的基石。无论是社区活动的规划、执行，还是社区成员的权益和责任，均需要一套完善的制度来明确。这样做不仅有助于避免出现混乱和矛盾，还有助于形成一个更加有序、高效和稳定的社区环境。

建立全面的制度体系涉及多个方面。首先是对育人力量的明确和激励。包括教育者和服务提供者的责任和权限以及他们与学生之间的关系。而针对学生，制度应明确他们在社区中的权利和责任，包括如何参与社区建设以及如何获得社区资源和服务。其次是对社区活动的规范。这不仅涉及活动的申请、审批和执行，也包括对活动质量的评价和反馈。通过设定明确的评价标准和执行细则，社区管理部门可以更有效地监督活动的进展，并确保它们达到预设目标。与此同时，对社区资源的分配和使用也需要明确的制度规范。这意味着所有物资和财务事务都应该公开透明，并受到严格的监管。同时，对社区资产的保护和维护也需要明确的责任和操作程序。最后是社区纠纷和问题解决机制的建立。设立专门的纠纷解决渠道和程序，不仅可以及时处理社区内部的问题和矛盾，还能减少对外部法律资源的依赖。

第三章　高职院校学生社区建设与管理的主要模式

第一节　学生自主建设管理模式

一、学生自主建设管理模式的理论基础

对于高职院校学生社区而言，学生自主建设管理模式不仅是一种具体的管理策略，还是一种教育思想和理念的体现。理解其理论基础有助于深入探究这一模式的实质、优势以及实施方法。

在学生自主建设管理模式中，重要的理论基础之一是建构主义学习理论。这一理论强调知识的构建过程是与环境和个人经验紧密相连的，而不仅仅是从教师或教科书中被动接受的。这一观点将学生从被动的知识接受者的角色中解放出来，使他们成为能够积极参与和贡献的社区成员。在这样的理论框架下，社区不仅是知识传播的场所，更是知识创造和应用的社会实践平台。因此，学生自主建设管理模式下的社区活动，如项目组织、实践活动或者社交合作等，都成为知识构建的有机部分。它们提供了丰富的情境，让学生可以将理论知识与实际问题相结合，通过实践来深化和拓展自己的认知和技能。

另一个重要的理论基础是自我决定理论。这一理论强调内在动机和自主性在促进个人全面发展过程中的不可或缺的作用。这一理论非常符合高职院校对学生个性和自主性的重视。在这一管理模式下，学生不是单纯地按照教师或者课程的要求去进行活动，而是更多地根据自己的兴趣、热情和长期目

标来选择和参与社区活动。这种以内在动机和自主性为驱动力的行为，不仅能更有效地促进学生的认知和技能发展，还能在很大程度上提高他们的情感投入度和社交参与度。因为当学生感觉到他们是基于自己的选择和愿望而参与社区活动时，他们通常会更加积极、更加主动，也更愿意为社区的建设和维护贡献自己的力量。

二、学生自主建设管理模式的优势与不足

在高职院校的学生社区建设与管理实践中，学生自主建设管理模式日益受到广泛关注和重视。这一模式有其独特的优势，但同样也面临着一些挑战，有一些发展上的不足，需要在实际应用中加以细致的考量和调整。

从优势来看，学生自主建设管理模式能够显著提升学生的自主性和参与度。在这一模式下，学生不是被动的接受者，更多地成为活跃的参与者和决策者。这种参与和决策不仅能够激发学生的内在动机，也有助于他们在组织、协调和沟通等方面的全面素质提升。更重要的是，这一模式强调的灵活性和适应性也使得学生能够根据自身的需求和兴趣以及不断变化的外部环境，来灵活地调整和创新社区的各项活动和管理方式。[①]

从不足来看，首先，随着学生自主性的提高，社区的管理难度也随之上升。在缺乏明确指导和规范的情况下，高度的自主性可能会导致社区管理变得相对低效。其次，这一模式下如何进行公平和高效的资源分配也是一个需要重点考虑的问题。由于该模式强调的是学生自主和参与，因此可能会导致社区内部出现资源和机会的不平衡分配。最后，由于这一模式的灵活性和多样性，对其效果的评估和量化往往也会变得更为复杂和困难。

三、学生自主建设管理模式的实施步骤

在高职院校学生社区建设与管理中，学生自主建设管理模式的实施不仅是一项理念上的改革，更是一种行动上的具体操作。下面将探讨这一模式的实施步骤，如图 3-1 所示。

① 张宝兵．“一站式”学生社区管理模式下的学生自治工作研究[J]. 科教导刊，2023（21）：143-145.

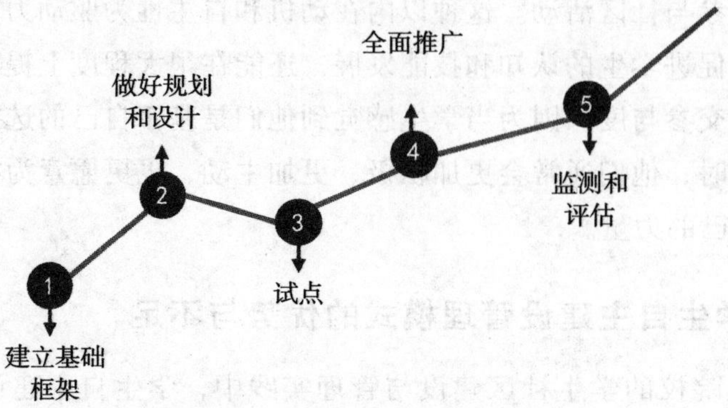

图 3-1　学生自主建设管理模式的实施步骤

第一步，建立基础框架。高职院校需要确立学生自主建设管理模式的基础框架，这一步非常关键，因为它的建立与否决定了整个模式能否顺利运行。学校需要在高层管理层面达成共识，认同学生自主管理的重要性，并把这一模式纳入学校长期发展计划和教学大纲中。

第二步，做好规划和设计。在这一阶段中，高职院校需要与教师、学生甚至家长等各方进行广泛的沟通和咨询，以确定最适合本校情况的学生自主建设管理模式。这里不仅要考虑教学和管理的方方面面，还需要充分考虑学生的个性、兴趣和长期发展需要。

第三步，试点。在一个或多个具体的学生社区内进行小规模的试验，以检验该模式的可行性和有效性。试点阶段通常会产生大量的数据和反馈意见，这些都是对模式进行微调和优化的宝贵资料。

第四步，全面推广。根据试点阶段的结果，全面推广学生自主建设管理模式。这一阶段需要更多的人力、物力和财力的投入，也需要对教师和学生进行全面而系统的培训。只有当各方都充分准备和配合，才能确保该模式在更大范围和更高层次上得到有效的实施。

第五步，监测和评估。任何模式都不是一劳永逸的，都需要不断地更新和完善。学校需要建立一套完善的监测和评估机制，定期对学生自主建设管理模式的运行情况进行全面的检查和分析，以便及时发现问题，进行必要的调整和改进。

第二节　教师引领建设管理模式

一、教师引领建设管理模式的理论基础

在高职院校学生社区建设与管理的多元模式中，教师引领建设管理模式具有显著的理论和实践价值。其理论基础主要来自教育心理学、教育管理学和社会学等多个学科，这些理论为这一模式的设计、实施和评估提供了综合性的理论支持。

从教育心理学的角度来看，教师引领模式认为教师不仅是知识的传播者，更是学生社交、情感和认知发展活动的重要促成者。教师通过有效的引领和指导，可以激发学生的内在动机，提高其参与度，进而促进其全面发展。在这一过程中，教师需要运用多种心理学原理和教学策略，如自我效能理论、社会认同理论等，以适应不同学生和情境的需要。

从教育管理学的视角来看，教师引领模式强调教师在学生社区建设与管理中的组织和协调作用。教师不仅要参与到社区活动的设计和执行中，还要与学校管理层、其他教师和学生家长等多方进行有效的沟通和合作。这一点要求教师具备一定的管理知识和能力，如项目管理、团队建设、冲突解决知识和能力等。

社会学为教师引领模式提供了宽广的社会文化背景。教师需要理解和尊重学生的社会文化背景，以促进其社会适应和社会参与。这一点在高职院校尤为重要，因为高职院校学生通常具有更为多元和复杂的社会文化背景。

综合以上多学科的理论支持，教师引领建设管理模式能够更全面和系统地解决和迎接高职院校学生社区建设与管理中的各种问题和挑战。教师的有效引领和管理，不仅可以提高学生的学术积极性和生活质量，还可以促进其社会责任感和公民素养的培养。这一模式也为高职院校教育改革和发展提供了新的视角和路径，有助于形成更为开放、多元和包容的教育环境。

二、教师在学生社区建设与管理中的角色定位

在高职院校学生社区建设与管理的诸多模式中，教师扮演着多重角色，其角色不仅涉及教育教学，更延伸至学生个人与社会发展的多个层面。

教师是学生社区建设与管理的重要组织者和协调者。在这个角色中，教师需要具备一定的管理和组织能力，以确保社区活动的顺利进行。他们可能需要与学校管理层、其他教师甚至是学生家长进行沟通，以落实各种资源和支持。这样的角色定位强调了教师在学生社区建设与管理中的中心地位，需要教师具备跨界合作与综合协调的能力。教师是学生社会化过程中的关键引导者和陪伴者。作为和高职学生比较亲近和受学生信任的成年人，教师能够通过个体或群体互动，引导学生明确社会角色、增强社会责任感和提升社会适应能力。这些都为学生未来的职业生涯和社会生活打下坚实的基础。教师是价值观和文化传播的重要载体。在学生社区建设与管理中，教师通过自身的行为和态度以及与学生的互动，传达一种文化和价值观念。这样的价值观和文化对形成学生的社会认同和文化认同有着至关重要的作用。教师也是创新和变革的推动者。在当前社会快速发展和信息化背景下，学生社区建设与管理模式也需要不断更新和创新。教师需要敏锐地捕捉到这些新的社会变化和学生需求，然后在社区建设与管理中进行相应的调整和更新。教师是学生个人发展的重要支持者和促进者。通过社区建设与管理活动，教师可以更好地了解学生的兴趣、特长和需要，进而提供更为个性化和针对性的教育支持和服务。

三、教师引领建设管理模式的优势与不足

在高职院校学生社区建设与管理的各种模式中，教师引领建设管理模式经常被视为一种有效的模式。这种模式利用教师的专业知识、经验和影响力，以推动学生社区的建设和管理，达到教育目标。然而，与所有管理模式一样，教师引领模式也有其优势和不足，这些因素影响了其在不同教育环境中的应用和效果。

一方面，教师作为知识和文化的传播者，在学校社区中具有无可替代的地位。他们不仅具备深厚的专业背景，还通常拥有丰富的教学经验，这些都

为他们在社区建设和管理中的工作提供了坚实的基础。教师可以准确判断哪些社区活动或项目更有可能促进学生的学术和个人成长，并据此进行有针对性的规划。与此同时，作为学校体系的一部分，教师能更容易地与学校管理层、其他教职员工以及外部合作伙伴沟通，更有效地整合各种教育资源。这种高度的专业性和资源整合能力是教师引领模式具有很大优势的主要原因之一。另一方面，教师和学生之间通常存在更密切的互动关系，这有助于建立和维护学生社区的内聚力和稳定性。通过与学生建立信任关系，教师可以更容易地了解和满足学生的个性化需求，从而提供更加精准和高效的教育服务。与学生建立的这种密切关系也有助于保持教育目标的一致性，确保社区建设和管理工作能够更好地支持学校的整体教育理念和目标。

即便具有如此多的优点，教师引领模式也有其局限性和挑战，比较突出的问题是教师工作负担较重。在参与学生社区建设和管理的同时，教师还需要承担日常教学和科研任务，这样的多重职责可能会影响他们在各个方面的工作质量，并容易进一步导致职业倦怠。此外，由于教师个体之间存在知识和经验的局限性，过度依赖教师引领可能导致社区活动和项目缺乏足够的创新性和多样性。还有一点值得注意的是，如果没有适当的权力制衡机制和学生参与，过于集中的权力可能会导致教师在社区管理中的单一决策，从而限制学生的自主性和创造性。

四、教师引领建设管理模式的实施步骤

在高职院校的学生社区建设与管理中，教师引领建设管理模式常被看作一种行之有效的途径。这种模式不仅倚重教师的专业知识和经验，还涉及一系列实施步骤，以确保社区建设与管理能够顺利进行并达成预设目标。在这个过程中，实施步骤的具体设计和执行是至关重要的，因为这决定了模式能否发挥其固有的优势以及能否避免或减轻其潜在不足。教师引领建设管理模式的实施主要包括以下几个步骤，如图 3–2 所示。

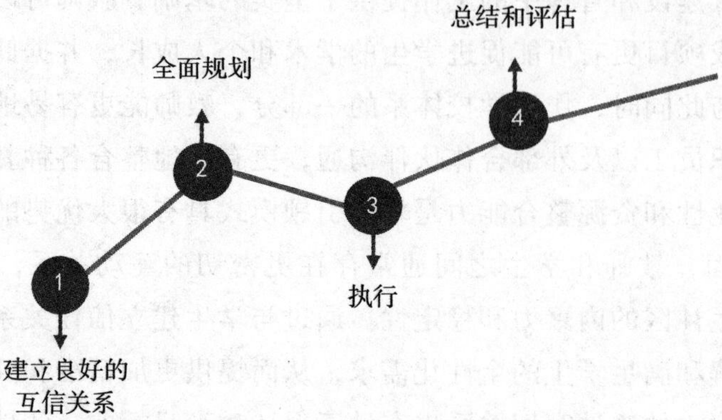

图 3-2　教师引领建设管理模式的实施步骤

第一步，建立良好的互信关系。实施这种模式的基础是教师和学生间建立起一种良好的互信关系。没有信任，任何社区建设和管理工作都可能面临很大的困难。因此，教师需要通过各种方式和手段，如个别咨询、小组讨论或社交活动等，来了解学生的需求和期望，从而与学生建立起相互尊重和信任的关系。

第二步，全面规划。教师需要对即将进行的社区建设和管理工作进行全面而细致的规划，包括确定具体的目标、任务、时间表和责任人以及搭建一个可行的组织结构和运作机制等。在规划阶段，教师应密切参与，确保所有的社区活动和项目都与学校的教育目标和学生的个性化需求紧密相连。

第三步，执行。一旦规划完成，接下来就是执行阶段，也就是将前期的规划逐一实现。在这个阶段，教师需要利用其专业能力和社交技巧，以确保每一项任务都能得到妥善执行。这不仅需要教师自身的努力，也需要学生、学校管理层和其他相关人员的密切合作。为了确保执行过程能够顺利，教师还需要做好持续监控和反馈，及时调整计划和策略，以应对可能出现的各种问题和挑战。

第四步，总结和评估。执行完所有任务后，教师需要进行总结和评估，以便了解整个社区建设和管理工作的效果和不足，从而为今后的工作提供宝贵的经验和参考。在这个过程中，教师可以通过各种方式，如问卷调查、面谈或座谈会等，来收集学生和其他参与者的反馈意见，从而全面评估实施效果。

第三节　多方合作建设管理模式

一、多方合作建设管理模式的理论基础

在高职院校的学生社区建设与管理中，多方合作建设管理模式并非仅依赖单一的教师或学生群体来完成社区的建设和管理，而是涉及学校管理层、教师、学生、社会机构以及其他相关利益方的密切合作和协同管理。① 该模式的理论基础主要来自多元主体参与理论、社会资本理论以及动态能力理论。

多元主体参与理论主张，一个成功的社区建设与管理过程应涉及多个参与者的共同努力。这不仅能确保学生社区获得更多的资源和支持，还能带来更加多样化和全面的观点与方案。这一理论为多方合作建设管理模式提供了坚实的理论依据，强调了不同利益方在社区建设和管理中的不可或缺的作用。社会资本理论从另一个角度强调了多方合作的重要性。根据这一理论，社会资本是一种嵌入社交关系中的有用资源，能有效地促进信息的流通、资源的配置和目标的实现。在多方合作建设管理模式下，各参与方通过建立和维护良好的社交关系，可以更有效地共享和利用各种社会资源，从而大大提高学生社区建设和管理的效率。动态能力理论主要强调多方合作中各参与方如何通过持续的学习和创新来应对不断变化的外部环境。在这个模式下，教师、学生、学校管理层和社会机构等不仅需要有能力完成各自的任务，还需要有能力适应和利用外部环境中的各种变化和机会。这要求各参与方不仅在技术和专业知识方面具备高度的竞争力，还需要在组织和管理方面具备足够的灵活性和创新性。

二、多方合作建设管理模式的优势与不足

在高职院校学生社区建设与管理的多方合作模式中，优势与不足并存。

① 樊永生．“三全育人”视域下高职院校“一站式”学生社区建设探究[J].广西教育，2023(18)：83-86.

从优势角度来看，首先，多方合作模式能够充分利用不同参与方的优势，实现资源的优化配置。当学校管理层、教师、学生和社会机构等多元主体共同参与到学生社区的建设与管理中时，各方面的专业知识和经验能够得到更全面的应用，从而提高整体的效率。其次，多方合作有助于提高社区建设与管理的灵活性和应变能力。面对复杂多变的外部环境，单一的管理模式往往难以应对各种突发和非预期的情况。而多方合作模式则能通过各参与方的相互协调和配合，迅速地作出有效的应对和调整。这一点在当前信息爆炸和社会变革的大背景下尤为重要。最后，多方合作模式还有助于促进学生社区的创新和发展。各参与方的共同努力，不仅可以推动更多新颖和高效的社区活动和项目得以实施，还可以在不断的实践和反思中找出更好的社区建设与管理方法和路径。这一点对高职院校学生社区的长远发展具有不可估量的价值。

多方合作模式也存在一些不足。首先是合作过程中可能出现利益冲突和各方目标不一致的情况。由于各参与方有着不同的需求和期望，如果没有一个明确和统一的社区建设与管理目标，很容易导致合作的低效和失败。其次是合作的复杂性和难度。多方合作意味着需要有一个高度复杂和精细的组织和协调机制，以确保各参与方能有效地共享信息和资源，同时避免重复和浪费。这无疑增加了社区建设与管理的难度和成本。最后，多方合作还面临着一定的社会和文化障碍。在一些传统或保守的社会和文化背景下，多方合作往往会被认为是不可行或不合适的。这不仅可能限制多方合作模式的普及和应用，还可能影响到社区建设与管理的效果和质量。因此，妥善地处理和解决这些不足和挑战，成为多方合作模式成功实施的关键因素。

三、多方合作建设管理模式的实施步骤

在高职院校学生社区建设与管理中，多方合作模式作为一种前沿的管理模式，涉及多个参与方，包括教育管理层、教师、学生和社会机构等。这种模式虽然复杂，但其实施步骤可以被设计得相当明确和具体，以便各方更好地进行协作。多方合作建设管理模式的实施主要包括以下几个步骤，如图3-3所示。

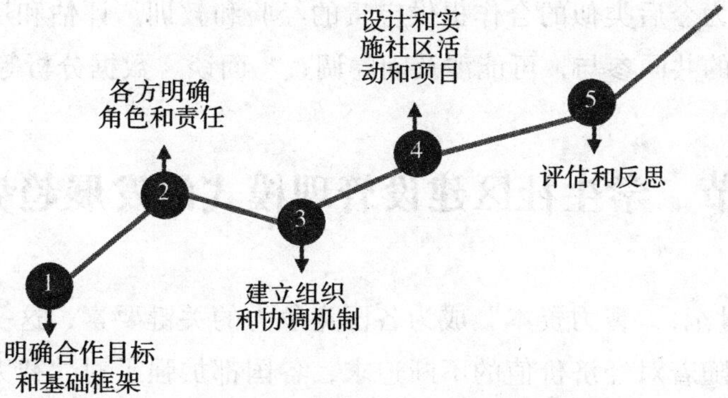

图 3-3　多方合作建设管理模式的实施步骤

第一步，明确合作目标和基础框架。实施多方合作建设管理模式的关键在于明确合作目标和基础框架。通常，这一步由学校管理层进行主导，并需要与教师、学生和其他可能的合作伙伴进行广泛的沟通。目标和框架的明确不仅能够减少后续步骤中的不必要冲突和混乱，还能为后续的资源分配和任务分工提供指导。

第二步，各方明确角色和责任。各参与方需要对自己在整个合作过程中的角色和责任进行明确，这通常需要一系列的讨论和协商，以确保各方能在明确自身责任的前提下进行合作。例如，教育管理层通常负责提供必要的资源支持和政策指导，教师负责完成具体的教学和指导任务，学生负责参与社区活动和项目的实施，社会机构则可能负责提供资金或其他形式的支持。

第三步，建立组织和协调机制。由于涉及多个不同的参与方，所以需要有一个有效的组织和协调机制来确保合作的顺利进行。这通常涉及信息共享、资源分配、时间安排等多个方面，可能需要专门设立一个协调小组或委员会来进行管理。

第四步，设计和实施社区活动和项目。这一阶段主要任务在于设计和实施具体的社区活动和项目，通常由教师和学生共同完成，但也需要管理层和社会机构等其他合作伙伴的支持和参与。在这一步中，各参与方需要根据明确的目标和框架以及各自的角色和责任，来共同确定具体的活动和项目内容、形式、时间、地点等。

第五步，评估和反思。这一步骤主要是对整个合作过程和结果需要进行评估和反思，主要目的在于帮助各参与方了解和总结自己在合作中的表现和收获，同时为今后类似的合作提供宝贵的经验和教训。评估和反思通常需要所有参与方的共同参与，可能涉及问卷调查、面谈、数据分析等多种方法。

第四节　学生社区建设管理模式的发展趋势展望

在 21 世纪，“智力资本”成为各国竞争力的关键要素，这一点已经成为全球共识。随着对经济价值的不断追求，各国都加强了对“智力资本”或人才的重视。但需要明确的是，人才不仅是一种智力优势的体现，更关乎全面的人格发展。这意味着，高职教育不仅需要提供优质的学术教育，还需在非学术方面，如学生管理等方面有着坚实的支撑。我国高职院校在这方面面临特殊的挑战，尤其是考虑到多校区的运营模式和培养全面发展人才的需求。不完善和落后的学生管理体系明显不能满足这些新的需求和发展趋势，因此对学生社区建设管理模式进行改革和优化，不仅能更好地培养符合 21 世纪需求的高素质人才，也是高校未来竞争力的关键所在。本节主要围绕高职院校学生社区管理未来的发展可能和发展趋势展开论述，如图 3-4 所示。

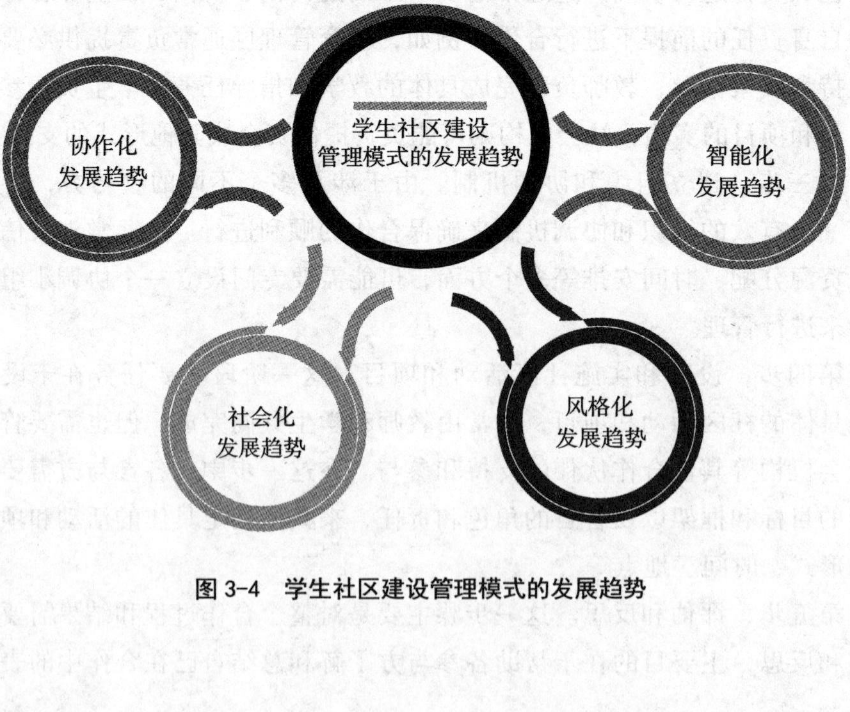

图 3-4　学生社区建设管理模式的发展趋势

一、协作化发展趋势

随着高职院校学生社区管理体系的完善以及学生主体意识的增强，学生参与管理的程度将进一步加深，学生社区管理主体将呈现多元化的趋势。在协同治理模式下，学生、学校和其他相关主体能在平等、协商的基础上共同参与决策，确保各方利益和需求得到充分考虑和平衡。这不仅强化了学生对自己社区管理的参与度，也使学校能更准确地把握和满足学生需求。这样的管理方式也更有利于解决或减少因缺乏有效沟通而产生的矛盾和问题。因此，未来高职院校的学生社区管理将更注重协同治理，以促进学校与学校之间、学校和学生之间的相互理解和尊重，从而更有效地满足学生的多样化需求。

对于多校区的高职院校而言，学生社区面临地理分散导致协作困难的问题，但通过社区协作化运行机制，这一难题有望解决。在这一大背景下，各个校区的学生社区不仅是大系统中的一个子系统，还与其他学生社区构建起复杂的交互网络。这允许各社区之间建立直接的一对一或一对多协作关系，而无须经过学校高级管理的复杂审批程序。这样的自下而上的沟通和协作方式大大提高了多校区间学生社区管理的效率和便捷性。随着这种协作关系的深化，不同社区中的学生也将更加紧密地联系在一起，形成一种守望相助的社群情感，从而促进整个社区的和谐与共荣。因此，通过这样的协作化管理，高职院校的学生社区将更加稳定和有序，进一步促进服务工作的有效进行。

二、社会化发展趋势

高职院校学生社区的社会化发展趋势表现在管理主体的社会化和管理模式的社会化。学生作为社会成员，不仅有社会化需求，还会通过与社会环境的互动和联系，逐渐发展成为具有社会属性的个体。这个过程不仅涉及文化的融合和心理的归属感，也追求人与自然、人与社会、人与人和人与自我之间的和谐统一。因此，未来的高职院校学生社区管理将不仅聚焦于管理和提供保护性服务，更将强调发展性服务。这种转变意味着学生社区的核心功能将包括整合学生间的人际和社会关系，使学生能够通过社区内的生活、学习、交往和活动，实现与更广泛社会环境的接轨，从而满足社会化的基本需求。

基于此，高职院校学生社区管理模式同样呈现出社会化的发展趋向。由于学生管理和服务领域在衣食住行方面有着多样化和高标准的需求，构建一个完整、舒适和智能的社区管理体系所需的资金，单一依赖国家财政拨款和学校运营收益已无法满足多个校区的需求，社会资本变得日益重要。因此，高职院校学生社区将更多地倾向于引入社会资本和资源作为管理和发展的来源。这种新模式不仅能为学生社区提供更多的资金和资源，还能促进社区与社会其他部分的更紧密连接，进一步丰富和拓展社区服务和管理能力。总体而言，这种社会化的管理模式将有助于高职院校学生社区构建更为灵活、多元和可持续发展的新型管理机制。

三、风格化发展趋势

为了使教育在全球范围内更具竞争力和影响力，我国不仅需要借鉴其他国家在学生管理方面的经验，还必须构建具有中国特色的学生社区管理模式。各国在教育管理中都有各自的优点，不同的管理风格在不同文化和教育体制下都有其合理性和优越性，但无法完全照搬到我国高职院校。对于学生管理，我国高职院校必须认识到管理风格和效能不仅影响人才培养的质量，也是提升国际竞争力和影响力的关键因素。这就要求管理者不仅要紧跟全球教育管理的最新趋势，还要深刻理解和把握高等教育体制和文化背景下的特殊需求和挑战。为了形成具有中国特色的高职院校学生社区管理模式，管理者不仅需要借鉴国外的先进经验，还需要进行本土化思考。这可能包括从中国的传统文化中汲取管理智慧，同时要考虑如何在现代化和全球化的大背景下进行创新和改进。这样，不仅可以提升管理效能，还能够确保管理模式与中国社会文化环境的高度契合，从而更好地满足学生和社会的需求。这也将有助于中国高职教育在全球范围内建立自己的品牌和特色，实现从追赶到领先的历史性跨越。

教育不仅是知识和技术的传承，更是文化传承的重要舞台。它反映了一个民族文化的深度和广度，也对国家的未来发展有着至关重要的影响。在这一背景下，中国的高职院校担负着特殊的责任。教育部于 2014 年 3 月 26 日发布了《完善中华优秀传统文化教育指导纲要》，强调了中华优秀传统文化教育的重要性。我国古代文化中的刚柔相济的管理理念对高职院校学生社区管理有借鉴意义，《论语·为政》中的“道之以德，齐之以礼，有耻且格”强调了道德教育和制度建设在管理中的平衡和相互补充。这不仅有助于营造和谐、健康的社区环境，也能在学生心中树立正确的价值观；中国古代文化比较明显的特征是讲求情义，倡导“见利思义”“义然后取”“兼相爱，交相利”，这些理念不仅有助于学生在社区中建立健康的人际关系，也有助于他们形成有担当和责任感的个人品格；孔子主张的“恭、宽、信、敏、惠”，也应成为高职院校学生社区培养人才的重要标准。这些传统的道德观念不仅有助于学生个人的全面发展，也有助于构建更和谐、更有凝聚力的社区环境。

四、智能化发展趋势

信息技术革命将人类带入“智能化”时代，与人类生活环境和质量相关的各种高科技概念正逐步进入日常生活。随着科技的快速发展，特别是信息技术的广泛应用，智能化和现代化的管理方式成为高职院校学生社区未来发展的关键。目前，尽管各高职院校都有各自的管理体系，但仍然可能存在信息孤岛、数据不一致和管理手段相对落后等问题。这些问题不仅影响了学生社区管理的效率，还制约了高职院校与时代的同步发展。智能化的管理模式能够通过精确的信息收集和数据分析，提供更为精细和高效的管理方案。例如，通过建立统一的数据库和信息系统，各校区和业务部门可以更有效地分享和使用数据，从而做出更准确的决策。网络化管理也为高职院校学生社区带来了新的可能。这不仅能够实现各校区间的有效交流和资源共享，还能通过数字化手段，如云计算和大数据分析，对学生基本信息进行快速、高效的处理和应用。

建立以信息技术为支撑、以网格化管理为手段的智能社区成为高校的发展方向。随着信息技术的不断进步，网格化和智能化管理逐渐成为高职院校学生社区管理的新趋势。学习城市社区管理的先进模式，未来的学生社区将更加注重高度集成和动态适应能力。在此背景下，每个区域或单元将成为一个独立的管理实体，这些实体将与相应的管理部门联动，以便快速响应和解决出现的问题。这一模式的优势在于，它能快速、高效地解决问题，同时保持各管理单元的独立性和灵活性。数据管理方式也将得到革新。学生的基础信息和其他关联数据将集中管理和实时更新，同时建立一个可查询的人事关系机制。这不仅有助于提高管理效率，还能更精确地满足学生的个性化需求。资源共享是主要的发展趋势。所有校区的社区资源将数字化处理，供全体师生方便地查找、预约和使用。这不仅能提高资源的使用效率，还能加强不同校区间的合作和资源整合。

第四章 高职院校学生社区建设的创新实践——“一站式”学生社区综合管理模式

第一节 “一站式”学生社区综合管理模式的内涵

一、“一站式”学生社区综合管理模式的相关定义

（一）“一站式”的定义

一站式指的是以互联网为依托，为客户提供丰富多样的产品及服务，让客户在家里就能实现一站式选购的一种经营模式，这种全新的经营模式为客户带来的是更多的实惠及便利。一站式可分为一站式购物或一站式服务。一站式服务作为一种商业模式，以客户为中心，通过一个集中的平台提供多样化和全方位的服务或商品，以满足客户多样化的需求，不仅方便了客户，也优化了企业运营效率。在传统的服务或购物模式下，客户可能需要跑多个地方或与多个服务提供商交互以满足他们的需求，这无疑加大了时间和精力的消耗，而一站式服务模式则有效地解决了这一问题。顾客只需要在一个平台或通过一个服务提供商就能得到所需的所有服务或商品，从而大大节省了时间和精力。一站式服务模式不仅能提高客户的满意度，还能增强客户的忠诚度。因为它提供了一种更简便、更高效的解决方案，使得客户更愿意长期与该服务提供商或平台建立合作关系。这不仅为客户带来便利，也为企业带来了更高的运营效率和更大的盈利空间。

一站式服务模式正在多个行业中崭露头角，无论是金融、旅游、教育，还是医疗和物流等领域，这种模式的核心优势在于其高度的集成性和便利性，以客户为中心提供全方位的服务，不仅提高了服务的效率和质量，还减少了客户的时间和精力消耗。以金融业为例，现代银行不再仅仅是储蓄和贷款的提供者，其通过一站式服务平台提供了包括信用卡、投资产品、保险等在内的全套金融解决方案，以满足客户多元化的金融需求，客户可以在同一个平台上进行多种金融活动，这种便利性显著提升了银行与客户间的互动质量；在线旅游平台通过提供机票、酒店、租车、旅游目的地信息等多方面的服务，将旅行的各个环节紧密地联系在一起，大大简化了预订和规划旅途的过程，客户不再需要分别去不同的网站或应用进行预订，一站式的解决方案可以让他们在一个平台上完成所有操作。

一站式服务模式的优势主要有三点：第一，高效率。一站式服务模式消除了与多个服务商互动的需要，从而降低了操作成本和复杂性。第二，极大地节省了客户的时间。通过一站式平台，客户可以迅速获得他们需要的所有服务，无须花费额外的时间和精力去查找或比较。第三，提供更为个性化的服务组合。服务提供商可以根据每个客户的具体需求，灵活地组合各种服务选项，从而获得更高的客户满意度。

（二）“一站式”学生社区综合管理模式的定义

“一站式”学生社区综合管理模式是一种以学生为中心，集成各方力量和资源，包括校院领导、服务部门、管理团队和思想政治教育等多个方面，以提供全面、高效和定制化的学生服务的管理模式。这种模式不仅关注学生的学术成长，更重视学生的全面发展，包括思想、道德、文化和生活等多个方面。它体现了现代教育中“立德树人”这一核心目标的具体应用，也是高职院校社区自治和多元化需求发展的必然产物。

该模式明确了高职院校的基本目标是“立德树人”，因此，德育成为“一站式”学生社区综合管理模式的核心。这要求学校不仅要为学生提供高质量的教育，还要注重培养学生的思想品德，增强其社会责任感和集体观念。“一站式”学生社区综合管理模式充分利用了学校内部的多元资源。校院领导部门在这一模式下起到了战略指导和资源整合的作用；服务部门主要负责为学生提供在校园内外生活、学习、娱乐等方面的服务；管理部门负责日常的社区管理和运营；思政部门负责学生的思想和道德教育。该模式着重强调了服务的全面性和高效性。高职院校通常有庞大的学生群体和复杂的服务需求。通过“一站式”模式，学生可以在一个统一的平台或场所得到他们需要的所有服务和支持，包括但不限于学术咨询、心理支持、生活服务、文化活动等。这种模式极大地促进了师生、生生之间的交流和互动。由于所有的服务和活动都集中在一个平台或场所，这自然为学生提供了丰富的交流和互动机会。这不仅有助于加强师生关系，还有助于学生之间的相互了解和合作。另外，这种模式注重与学生家长、社区居民和其他相关利益方的合作和交流。高职院校社区不仅是一个学术社区，也是一个生活社区，因此，与社区内外的其他利益方建立良好的关系，对于维护社区的和谐与安全、推动社区的持续发展有着重要的意义。

二、“一站式”学生社区综合管理模式的理论基础

“一站式”学生社区综合管理模式的理论基础主要包括以下几方面，如图 4-1 所示。

图 4-1 “一站式”学生社区综合管理模式的理论基础

（一）新公共管理理论

新公共管理理论自 20 世纪 70 年代末兴起，致力将市场机制和专业管理模式引入公共部门，以提升政府效率和服务质量。新公共管理理论的关键内

容和特征主要包括六个层面：第一，公共部门借鉴私营部门的成功经验，运用专业化的管理模式和工具，提升组织效能，逐步转向职业化；第二，公共部门通过设定明确、可衡量的考核目标，来实现资源的合理配置和利用；第三，关注结果和产出，而不仅仅是流程和输入；第四，分权成为新公共管理的一项重要原则，包括中央与地方政府之间的分权以及行政部门内部的分权，目标在于建立一个更加灵活、扁平的组织结构，以应对快速变化的外部环境；第五，引入竞争机制，激发组织内部的活力，从而推动服务质量的提升和成本的降低；第六，公共部门从私有部门借鉴有效的管理经验和模式，以提升公共服务的质量和效率。在这一理论基础上，更加完善的内部管理协调机制和规章制度被认为是提升公共管理效能的重要手段。这主要包括明确各级部门和个体的权责、制定全面而细致的操作流程和考核标准以及建立有效的激励和约束机制。

在新公共管理理论中，政府不再是一个单纯发布指令和制定规定的权威机构。相反，它变成了一个以人为本、以服务为导向的组织。这一转变标志着公共行政从以“管治行政”为主转向以“服务行政”为主，凸显了对公民或“客户”需求的尊重和满足。政府不再仅仅是一个决策和执行体，而是侧重策略规划和资源配置，为公众提供更加个性化和高效的服务。这涉及多方面的调整，如采用客户需求导向的服务模式，制定更为明确和可量化的绩效指标以及激励和奖励那些能够提供优质服务的个体和机构。公民在公共服务供应中不仅是服务的接受者，还是服务质量的评价者。政府在制定和执行政策时，需要更多地从公民的角度出发，真正做到以人为本，尊重公民的主权。在高职教育不断演进的背景下，传统的学生社区管理方式逐渐显得陈旧和低效，难以满足现代学生群体多样化和个性化的需求，缺乏有效的协同和整合，导致资源浪费和工作效率低下。这种局面迫切需要变革，而新公共管理理论为这一变革提供了有力的理论支持和实践方向。

（二）整体性治理理论

整体性治理理论是一种强调从全局角度出发来管理和解决问题的治理模式，它由英国学者佩里·希克斯（Perri Six）首先提出，强调在制定和执行政策时应注重整体性和一致性。这一理念逐渐成为解决多部门、多层级和多体系问题的一个重要方案。在这个理论框架下，政府和其他治理主体应重视公众的实际需求，以此为基础进行政策规划和资源配置。通过强调不同部门、层级和体系之间的资源整合，整体性治理理论旨在打破各个部门孤立自主、信息不流通的现象。这样的整合不仅限于政府内部，还应包括公私合作模式，以便更有效地提供公共服务。其中，信息技术作为一种关键的治理工具，有助于实现这种整合。信息系统不仅可以提高工作效率，还可以促进不同部门和层级之间的沟通，从而实现更为协调和高效的治理。

整体性治理理论和高职院校学生社区管理在多个方面存在内在的一致性。首先，两者都是在复杂的社会结构背景下应运而生。整体性治理理论旨在解决由多部门和多层次导致的治理问题，特别是那些跨越各种社会和政府边界的问题。同样，高职院校面临的学生社区管理问题也是一个多元化和跨部门的挑战，需要整合不同资源和服务以满足学生群体多样化的需求。其次，在解决这些问题时，整体性治理理论强调了跨部门、跨层级的协作和信息共享，以避免治理过程中的碎片化和信息孤岛现象，这与高职院校追求的“一站式”学生社区综合管理模式有着相似的目标。这种管理模式也力图通过整合学校内不同部门的服务和资源，以实现更高效和更人性化的学生服务。无论从理论应用的范畴还是该理论产生的问题背景上来看，整体性治理理论在高职院校学生社区综合管理模式中都具有很高的适用性。在对策建议上，高职院校可以建立专门的工作小组来系统性地推动“一站式”学生社区综合管理模式的改革，这不仅体现了整体性治理的核心思想，也实际应用了这一理论指导了战略规划和实际操作。在技术层面，整体性治理的一个核心要点是加强信息化建设，采用信息技术作为主要的治理工具。信息化不仅能通过数据共享打破各部门之间的界限，还能通过数据整合和分析提升整体的管理效率和科学性。在这个框架下，信息技术的成熟程度实际上直接影响着整体性治理的最终效果，这对高职院校的改革具有重要的指导价值。

（三）协同理论

自 19 世纪 70 年代开始，多个学科逐渐发展出协同理论，这一理论在系统科学领域具有显著影响。物理学家赫尔曼·哈肯（Hermann Haken）是该理论的创始人和重要推动者，他曾任教于德国斯图加特大学。协同理论首次于 1971 年被提出，并在 1976 年进行了全面的系统性解释。在治理方面，协同理论融合了市场经济的要素，旨在提供更多灵活性的选项给治理主体。这一理论支持合作和共谋，强调平等沟通，构建了一个更加高效和多样的治理体系。

基于协同理论的内容，其强调整个系统内各组成部分或子系统共同作用产生的结果是大于各部分单独效应之和的。在一个开放的、非线性和复杂的管理系统中，这种协同效应变得尤为重要和值得研究。当系统内的各个元素——人员、组织、环境等——都相互协作并朝着共同的目标努力时，就能产生所谓的“1+1>2”的协同效应。

协同理论为高职院校从分散管理模式转向“一站式”学生社区综合管理提供了理论支持。随着“以学生为本”的管理理念得到广泛认可，高职院校也越来越意识到协同管理的重要性。这一转变不仅加强了内部各部门和环节的紧密联系，也为满足学生社区需求设置了更高的标准。因此，在推进这一综合管理模式时，不仅要充分运用协同理论指导内部子系统的整合，还需要识别和解决系统内部的不足，吸纳更多外部力量，以更全面和有效地满足学生和社会的需求。在高职院校的“一站式”学生社区综合管理中，不仅学院和后勤部门有责任，学生本身也应被视为管理的主体之一。这样的管理模式涉及多方，每一方都有自己特定的目标和利益。然而，无论是哪一个管理主体，其核心目标都是提高管理质量和效率、降低成本以及促进现代化治理。在这一体系内，各个部门和功能区都应通过资源整合和协同工作，不仅要应对常规管理任务，还要能灵活处理特殊或紧急情况。通过这种方式，高职院校能更有效地推进以学生为中心的服务和管理工作。

第二节　“一站式”学生社区综合管理模式的特点

高职院校“一站式”学生社区综合管理模式的出现，不仅是对传统学生社区管理方式的一种挑战和突破，更是对现代教育环境下学生需求变化的积极响应。下面将详细探讨这一模式的各种特点，如图 4-2 所示，以期为教育工作者和管理者提供更为深入的参考。

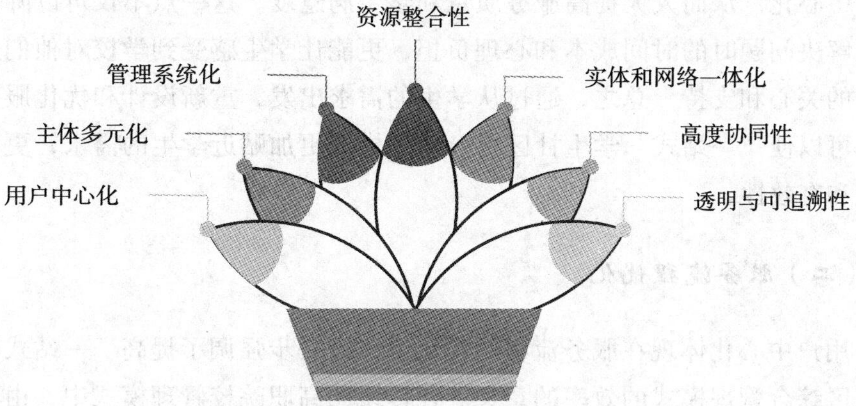

图 4-2 “一站式”学生社区综合管理模式的特点

一、用户中心化

所谓用户中心化，就是始终把满足学生的需求和体验作为工作的核心。与传统的以部门或行政单位为中心的管理模式不同，用户中心化强调的是从服务对象（学生）的角度出发，去思考、设计和执行各种管理活动和服务活动。用户中心化的特点主要表现在以下几方面。

（一）服务内容设计

在高职院校“一站式”学生社区综合管理模式中，用户中心化体现在服务内容设计上。用户中心化不仅是把各种服务汇聚到一个窗口或平台，更为关键的是每个服务的设计都符合学生的实际需求。这一出发点的转变是重要的，因为它改变了以往“以制度为中心”或“以管理为中心”的旧观念，将注意力集中在“以学生为中心”上。当每一个服务、每一个程序都是为了解决学生具体面临的问题而设置时，其服务通常会更为有效和实用。例如，如果学生在课程注册、住宿申请或者就业咨询等方面有困难，那么管理模式应该考虑在这些方面提供即时、有效的支持。同样地，在这种模式下，所有流程和环节都应该以为学生提供最便捷、最有效的解决方案为目标。这包括但不限于服务流程的简化、信息的透明化以及与学生进行持续的、有效的沟通。只有这样，高职院校的“一站式”学生社区综合管理模式才能真正实现用户中心化，从而大大提高服务质量和学生满意度。这一点不仅可以降低学生在解决问题时的时间成本和心理负担，更能让学生感受到学校对他们全面发展的关心和支持。总之，通过从学生的需求出发，重新设计和优化服务内容，可以使“一站式”学生社区综合管理模式更加贴近学生的需求，更具实用性和有效性。

（二）服务流程优化

用户中心化体现在服务流程的优化上，进一步强调了提高“一站式”学生社区综合管理模式的效率的意义。在传统的高职院校管理模式中，由于各种服务分散在多个部门和窗口，学生通常需要花费大量的时间和精力去不同的地方办理各种事务。这不仅增加了学生的负担，也降低了整体的服务效率。而用户中心化模式通过流程优化解决了这一问题。具体来说，该模式力求减少学生办事时的步骤，简化相关流程，并整合各部门资源，从而在单一的“一站式”平台上提供全面服务。

在这种优化后的流程中，学生可以更方便地完成从课程注册到住宿申请再到咨询服务等一系列活动，而无须在多个窗口或部门之间来回奔波。这不仅大大节省了学生的时间，也降低了因复杂程序而产生工作失误的可能性。流程的简化和高度整合进一步提高了服务的效率和质量，也更符合现代教育管理的需求。这样的优化不仅体现了学校管理者对优化学生体验的重视，也为学校提供了高效运作的可能性。

（三）个性化服务

用户中心化还体现在个性化服务上，它不仅关注学生在教育和生活方面的基础需求，更进一步考虑到学生的个体差异和特殊需求。这一管理模式旨在通过提供职业规划、心理健康和科研活动等个性化服务，全方位地支持学生的发展，实现教育的个性化和人性化。

在职业规划方面，学校可能会提供特殊的咨询服务，为学生提供行业分析、职业路径规划和实习机会等，以帮助他们更加明确未来的职业方向。这不仅可以提高学生的就业竞争力，也有助于他们在学术和职业生涯中做出更加明智的选择。在心理健康方面，学校可能会提供专业的心理咨询服务和组织各种心理健康活动，以帮助学生更好地应对学习和生活中的压力和挑战。通过这种个性化的心理支持，学生可以在面对困难和压力时获得更多的心理资源和应对策略。在科研活动方面，特别是针对那些对科研有浓厚兴趣的学生，学校可以提供更多的资源和平台，如实验室、科研项目和学术会议等，以满足他们在科研方面的个性化需求。这不仅可以激发学生的学术兴趣，还有助于他们更早地参与到实际的科研活动中，从而更好地挖掘和发挥自己的学术潜能。

二、主体多元化

主体多元化是高职院校“一站式”学生社区综合管理模式的显著特点之一，它强调不仅仅是教学和管理人员应参与学生社区的建设和管理，学生和其他利益相关者也应作为主体积极参与其中。这一特点在以下几个方面得到了体现。

（一）决策制定方面

在高职院校“一站式”学生社区综合管理模式下，主体多元化在决策制定方面的体现具有多方面的意义和影响。传统上，学校的决策体系往往由管理层和教师团队主导，这种模式在一定程度上可能忽视学生、家长和其他社会利益相关者的需要和期望。然而，在主体多元化的框架下，决策过程变得更为开放和包容，允许不同的利益相关者——学生、家长、后勤人员和社会机构等参与进来。首先，这样的决策模式更加民主和公平，因为它不仅听取了各方的声音，还让各方有机会对决策结果产生影响。这大大提高了整体决策的正确性，从而也提高了决策的执行力。其次，这种决策模式也更容易捕捉到多元、复杂的需求和问题，从而使解决方案更加精准和有效。例如后勤人员和社会机构的参与有助于学校更全面地考虑资源配置和社会责任等问题。

更重要的是，多元主体的参与不仅能够准确反映出各方的需求和利益，还能在某种程度上促进各方的共识和合作。当各方都有机会参与决策，并了解其他人的需求和担忧时，更容易找到有利于所有人的解决方案。这样的决策环境不仅提高了决策质量，还有助于构建一个更和谐、更高效的学生社区。总体而言，主体多元化无疑让高职院校的“一站式”管理模式更加完善和高效。

（二）服务提供方面

在“一站式”学生社区综合管理模式下，服务提供方面的主体多元化体现得尤为明显。与传统的由单一学校部门负责提供服务的模式不同，这一模式鼓励跨部门甚至跨机构的合作，以提供更高效和全面的服务。这种合作方式不仅涵盖了教务处、学生事务办公室、后勤部门等学校内部多个部门，也延伸到了学校外部，包括与当地医疗、心理健康、职业规划等专业机构的合作。

这样的主体多元化有几个显著的优点。首先，它能确保服务更加全面和多元，从而满足学生日益多样化和复杂化的需求。例如，学校与当地医疗和心理健康机构的合作，可以在校园内提供更专业的医疗和心理健康服务。其次，多元主体参与能够产生更高的效率。当多个部门和机构合作时，资源和信息的共享会更加顺畅，决策和执行也会更加迅速。这意味着学生可以在更短的时间内得到他们需要的服务，从而提高了整体服务质量和学生满意度。最后，这种多元主体的合作可以带来更多的创新机会。不同部门和机构都有自己的专长和资源，当它们合作时，就能产生许多原本不可能实现的新服务和解决方案。这不仅能更好地满足学生的需求，也能为整个社区带来更多的价值。

（三）管理优化方面

由于涉及多个部门、机构甚至个体（如学生、家长和社会组织）的参与，“一站式”学生社区综合管理模式集聚了各方面的专业知识、经验和观点。这种多样性不仅提供了更丰富的资源，也为持续改进和创新创建了一个有力的环境。

多元的主体可以识别出现有服务和管理模式中可能忽视的问题和不足，实现管理模式的优化。例如，学生和家长可能会从使用者的角度指出某个服务流程的缺点，而后勤人员或教务人员则可能从操作的角度提出改进建议。

当地医疗和心理健康机构可以提供更专业的意见，以提升学校内部医疗服务的质量，而学生自己也可能因为对自己需求了解得更透彻，而提出更贴近实际需求的改进建议。当多个主体都认为自己是改进和创新的一部分时，他们更可能积极地投入资源和精力，以确保新方案或改进措施的成功实施。

主体多元化的学生社区管理模式为学生提供了丰富和多样的服务，但同时给学生社区的管理带来了一些挑战。不同的主体有着不同的利益和诉求，如何协调这些不同的利益和诉求，确保学生社区的和谐和稳定，成为学校管理部门的一大问题。例如，学生组织可能希望在社区中开展更多的活动，而企业和社会组织则可能希望在社区中进行宣传和招聘，这些不同的需求和诉求需要学校进行综合考虑和平衡。

三、管理系统化

在高职院校的“一站式”学生社区综合管理模式中，将管理系统化，有助于实现更加有序、高效和个性化的管理。这里的系统化不仅是指各项服务和管理功能的集成，更重要的是如何将这些功能有机连接，形成一个相互支持、逐渐完善的整体系统。

（一）生活和学习的全过程管理

在高职院校的“一站式”学生社区综合管理模式中，系统化管理的重要性表现得尤为明显，这种管理方式全面涵盖了学生从入学到毕业的整个周期。这种全程管理不仅提供了标准化的流程，还根据学生在不同阶段面临的特定需求，有针对性地进行了丰富和拓展。例如，在新生入学阶段，除了传统的学籍管理和教学安排，还特别为学生提供了适应性培训和心理健康指导。这些培训和指导课程是基于对新生心理和生活适应性的深刻理解，目的是帮助他们更快地融入新的学习和生活环境。进入学习阶段后，系统化管理除了涵盖常规的教学和课程安排外，还包括多元的课外活动和职业规划。这些都是为了确保学生在专业技能和个人素质方面得到全面发展。例如，学校会定期举办各种职业发展研讨会和工作坊，邀请业界专家举办讲座，与企业合作，为学生提供实习机会。而在临近毕业的阶段，管理焦点会更多地转向就业指导和生涯规划，包括但不限于简历指导、面试技巧训练以及与潜在雇主的匹配服务。这样的全程覆盖不仅确保了每一位学生在校期间能得到全方位、多层次的支持和指导，还让学生明白教育并非孤立的阶段，而是一个连贯、整体的成长过程。这无疑极大地增强了教育的针对性和有效性，也让学生在享受高质量教育服务的同时，更加明确自己的成长路径。

（二）学生社区的可持续发展

开放和不断演进的系统设计使得管理模式能够自我调整和优化，以适应不同阶段和不同背景学生的多样化需求，这不仅是对教学方法和内容的调整，还涵盖了服务、活动和资源分配等多个方面。例如，对于非传统年龄段或有不同文化背景的学生，学校可能会提供更为个性化的心理咨询和职业规划服务。对于那些有特定职业目标或是在校兼职工作的学生，学校也会在课程设置、实习机会和时间安排等方面提供更为灵活的选项。这种高度自适应的系统化管理方式不仅有助于学生更好地实现个人目标，也使得教育资源得到更为高效和公平的分配。

另外，这种可持续发展也体现在对新兴需求和挑战的快速响应上。随着社会和技术的快速变化，学生的需求和问题也会不断地变化和更新。一个能够自我调整和演进的系统化管理模式意味着学校能够更快地识别这些新需求，然后相应地调整或扩充服务内容和方式，以更充分地满足学生的需求。这种敏捷性不仅增强了学生对高职院校教育体系的信任和满意度，也为学校提供了一个不断学习和改进的机会，从而实现教育目标的持续优化。

四、资源整合性

高职院校“一站式”学生社区综合管理模式中，不同部门、学科甚至外部组织之间的资源都能被有机地集成到一起，为学生提供多元而全面的服务。这样的集成不仅包括物质资源，如实验室或图书馆，也包括非物质资源，如教师的专业知识、学生事务的服务经验，或是与外部组织如企业、非营利组织的合作关系。

（一）对内部资源的整合

通过优化内部资源配置，整合内部资源高职院校能带来更广泛和深入的教育影响。这种整合不仅是把各个部门或学科的资源汇集到一起，而是在一个更高的战略层面进行协调，以实现教育目标和优化学生体验。在这样的环境中，资源不再是孤立和独立的，而是成为一个有机的整体，彼此互为补充。例如，商学院的学生能接触到工程系的先进设备和技术，这不仅能扩充他们的知识库，还可能激发他们对产品设计或制造的兴趣，这在今天多学科交叉的职场环境中是非常宝贵的。反之，工程学院的学生通过参与商学院的活动，不仅能学习到商业模型和市场分析知识，也能锻炼他们的团队合作和沟通能力。

对于学生来说，对内部资源的整合实际上是一种隐形的课程拓展和能力培养。除了标准的教学大纲和课程设置，他们能从其他专业和部门获取更多的实践经验和专业知识。这样做不仅丰富了他们的学习经历，也让他们在未来的职业生涯中更有竞争力。当他们进入职场或进行进一步的学术研究时，这种多学科和多领域的综合能力会成为他们的一大优势。同时，这种整合方式也有助于学校内部的管理和运营，通过消除资源隔离和提高利用效率，学校能更好地达到其教育和发展目标。另外，这样的模式也有助于吸引更多优质的教育资源，包括优秀的教师、先进的教学设备和丰富的研究资金，从而进一步提升学校的综合实力和社会影响力。

（二）对外部资源的整合

外部资源整合不仅为学生带来更多实践机会，还能大大加深他们对于行业和专业发展趋势的认识。这种合作模式让学生能够提前适应未来职场环境的需求和挑战，同时可以培养他们在实际工作中解决问题的能力。与当地医疗机构的合作是一个典型的例子，这不仅让医学专业的学生有机会更深入地了解医疗实践步骤，还可能让他们参与医学研究，甚至在学术界发表自己的研究成果。外部资源整合可以加强学校与社会的联系，使教育更具针对性和实用性。通过与企业或政府部门的合作，学校能更准确地了解行业需求，从而调整课程设置和教学方法。例如，与信息技术企业的合作可能会推动学校增加更多关于人工智能或大数据的课程内容。这不仅提高了教育质量，也使学生更具市场竞争力。更重要的是，这样的资源整合模式也有助于促进社会整体发展。通过学校和外部组织的合作，可以更好地解决社会问题，如环境保护、公共健康等。学生参与这些实践活动，不仅能增长自己的知识和经验，也在为社会做出实质性的贡献，这无疑是一种双赢。

（三）减少资源重复和浪费

在统一的平台上整合所有资源，学校不仅能更精确地监控资源使用情况，还能为学生提供更智能和个性化的服务。这种集中管理方式利用高度数据分析能力，能够准确地记录各种资源的使用效率，如宿舍的入住率、公共空间的使用情况等。因此，学校能够及时地进行调整，如重新分配宿舍资源或调整公共区域的开放时间，以满足不同学生群体的需求。同样地，通过数据分析，学校还可以更精确地了解学生的居住需求和偏好，从而提供更个性化的住宿服务和设施配置，如调整宿舍人员、增设特定功能区域等，以提高学生的居住满意度和生活质量。

资源整合有助于提高教育质量和学生满意度。因为资源是集中管理和分配的，教师和学生都能更方便地访问和使用这些资源。这不仅使学习和教学过程更加流畅，也优化了教育的整体效果。例如，通过统一的在线平台，学生可以更方便地提交作业、参与在线讨论和查阅课程资料，而教师则可以更容易地追踪学生的学习进度和成绩。除此之外，集中式的资源管理还能为学校带来更多战略合作的机会。所有的资源和信息都是集中在一个平台上，这为学校与外部组织，如企业、政府或其他教育机构的合作提供了更便捷的途径。这种合作不仅能带来额外的资金和支持，还能进一步扩大学校的影响力和知名度。总体来说，通过有效地整合内部和外部的资源，学校能够提供更高效、更贴近实际需要的教育服务，减少资源重复和浪费，从而实现可持续发展。

五、实体和网络一体化

实体和网络一体化是高职院校“一站式”学生社区综合管理模式中一个非常突出的特点，它体现了现代教育管理对空间和技术的综合应用。在这种模式下，实体服务如图书馆、实验室等与数字化平台如学校官网、移动应用、在线课堂等紧密相连，形成一个高度互联的服务体系。

（一）打破传统管理局限

实体和网络一体化不仅让教育管理更为灵活和便捷，也体现了教育的开放性和包容性。它使得高职院校能够打破传统管理局限，更好地适应当代社会的快速发展和不断变化的教育需求。通过这种一体化模式，学校能轻松地与其他教育机构或企业建立合作关系，例如，在线课程、远程实验室或者数字图书馆等，从而提供更为丰富和多元化的学习资源和实践机会。

这种模式也非常有助于增强学生的自主性和责任感。因为学生可以随时随地访问学校的网络平台，他们有更多的机会自主选择学习内容和参与各种活动。这不仅有助于培养学生的学习兴趣和动力，也更容易让他们认识到自己行为的后果，从而在日常生活和学习中更加负责任。同时，这种一体化模式还为学校提供了一种有效的监控和管理方式。通过集成各种实体和数字资源，学校能更准确地跟踪学生的学习和活动状态，从而更有效地进行个性化教育和精细化管理。例如，教师可以通过分析在线平台上的数据来了解学生在课堂上的表现，进而给予更为针对性的指导和支持。

（二）有效收集和分析数据

实体和网络一体化实现了学校在一个集中的平台上实时监控和分析各种数据，包括学生的学术表现、出勤率、社交互动，甚至是心理健康状况等多维度的信息。这样的全面性和实时性使得学校能更快速、更准确地识别出可能存在的问题，从而能更为精准地提供相应的教学或服务支持。比如，如果数据显示某个课程的平均分数较低或学生评价不佳，教务处就可以及时与教师和学科专家进行沟通，以找出问题的根本原因并采取改进措施。同样地，如果数据显示某些学生出现连续的缺勤或心理测试结果异常等情况，学校就可以立即启动相应的支持机制，如心理咨询或家庭访问，以防止更严重的问题发生。

另外，通过对学生社区内的各种数据进行实时采集和分析，学校能够迅速发现并应对各种安全风险。例如，通过对学生的上网行为、社交媒体活动和校园监控视频的分析，学校可以及时发现校园欺凌或其他可能威胁学生安全的行为，并采取相应的措施进行干预。这种管理模式还为学校提供了一个全面的安全管理平台，集成了各种安全工具和资源，如校园警卫、医疗救护和心理咨询等，确保了对学生的全方位关怀和保护。学校还可以通过这个平台，与家长、警方和其他相关机构进行实时沟通和协作，共同保护学生的安全。

然而，这种一体化的管理模式也给学生社区管理带来了不少挑战。首先，技术的更新和维护成为一个持续的问题。随着技术的不断进步，学生社区的网络系统需要不断地进行更新和升级，以满足学生的新需求和应对新的安全威胁。这不仅需要学校投入大量的资金，还需要有专业的技术团队进行维护和管理。任何一个技术故障或安全漏洞都可能影响到学生社区的正常运营，甚至可能导致学生的个人信息泄露。其次，实体管理和网络管理的融合也带来了管理的复杂性。在传统的实体管理中，学校可以通过直接的人员管理和物理控制手段来维持学生社区的秩序。但在网络环境下，学生的行为和活动变得更为难以控制和管理。例如，学生可能在社区的网络平台上发布不当言论或进行网络欺凌，这些行为很难被及时发现和制止，给学生社区的管理带来了很大的挑战。最后，实体和网络一体化也对学校的管理人员提出了更高的要求。他们不仅需要具备传统的管理经验和技能，还需要掌握现代的网络技术和工具。这意味着学校需要对管理人员进行更为全面和深入的培训，确保他们能够胜任这种新的管理模式。

六、高度协同性

在高职院校的“一站式”学生社区综合管理模式中，协同性不仅是指部门之间的合作，更是指一种跨学科、跨领域甚至跨机构的综合合作模式。其核心是通过各方的紧密合作和信息共享，达到优化资源、提高效率、提高服务质量的目的。

（一）跨越专业和学科界限

在教学方面，高度协同性不仅使得同一学科内的教师能更有效地交流和合作，还能轻松地跨越专业和学科界限，实现课程内容和教学方法的整合。教师在这样的工作环境中，更容易共享教学资源、研究成果和教学经验，形成一种富有创造性和创新性的教学文化。这种管理模式进一步促进了教学质量和效率的提升，也更容易适应不断变化的社会和职场需求。

在这种高度协同的教学环境中，学生也会获得更多利益。例如，商学与工程两个看似毫不相关的专业通过高度协同可以共同开发一门关于“可持续发展和企业战略”的课程。这不仅能拓宽学生的知识范围，还能提供一个全面认识和解决问题的视角。此外，由于各学科和专业都在积极地参与到这种协同教学模式中，学生能更方便地接触到来自不同领域的专家和先进的教学资源，从而更全面地提高自己的综合素质和职业技能。

这样的高度协同性不仅激发了学生的学习兴趣，更重要的是，它帮助学生建立了一个更加全面和系统的知识体系，更好地连接了理论与实践。这种连接不仅体现在学术上，也体现在学生对未来职业生涯的准备中。通过跨学科的学习和实践，学生能更快地适应职场的多样化需求，更容易在未来的工作中实现多元化和综合性的发展。这一切都充分体现了高度协同性在教学方面的重要价值和意义。

（二）共享信息和资源

高度协同性在学生服务方面表现为一个无缝对接和高效运转的综合性服务体系。各个服务部门不仅在信息和资源层面实现了共享，还在工作流程和服务模式上进行了优化和整合。这样做的结果是获得了一个更加灵活和响应迅速的服务体系，能够更好地满足学生多样化和个性化的需求。例如，当一个学生在心理健康中心表达了学业压力大的情绪时，心理健康中心能够迅速与教务处和专业导师进行沟通，共同为学生制订一个更合理的学习计划或心理辅导方案。

这种高度协同的服务模式还进一步提升了学校对学生需求和问题的预测和解决能力。通过集中和分析来自各个部门的数据，学校能更准确地识别学生面临的主要问题和挑战，从而更有针对性地调整服务资源和优化服务流程。这不仅使得学校能够更快速和有效地解决学生的具体问题，还有助于学校形成一种更为人性化和关怀备至的服务文化。这种文化不仅能增强学生对学校的归属感和满意度，还能在更广泛的层面上提升学校的教育质量和社会声誉。

七、透明与可追溯性

透明与可追溯性是高职院校“一站式”学生社区综合管理模式的特点之一，它不仅是提升管理质量的核心因素，也是强化学校和学生关系的关键环节。透明度高和具备可追溯性意味着学校的各项决策、政策和服务内容都对学生和教职员工公开，可供全面和详细审查。这种透明性确保了每一个相关人员都能充分了解和参与学校的管理和运营事务，从而有助于提高管理的合理性和效率。透明度和可追溯性紧密联系着教学、服务和管理三大方面。

（一）教学方面

在教学方面，高度透明的课程设置和评分机制使得学生能更明确自己的学习目标和成长路径，由此，学生不仅能更有针对性地安排自己的学习进度，还能根据自己的长期职业和学术目标进行规划。评分标准和教学进度的透明性有助于减少学生的焦虑和不确定性。当学生清楚知道哪些因素会影响他们的成绩以及每个任务或考试的相对权重时，他们更容易集中精力去掌握那些真正重要的技能和知识。这不仅能提升学生的学术表现，还有助于他们探索更好的学习策略和培养时间管理能力。此外，透明度还实现了学生对教学质量进行更精确的量化评估，从而有助于学校内部的持续改进。它也为学生提供了一个渠道，通过这个渠道，他们可以更为有效地提出自己的意见和建议，这对于教学质量的进一步提升是非常有价值的。总体而言，高度透明的教学模式不仅促进了学生的个人发展，也为学校提供了一个更为公平、有效和可持续发展的管理和教学环境。

（二）学生服务方面

在学生服务方面，透明与可追溯性意味着从选课、宿舍分配到各种补助和奖学金等，所有信息都是公开和可查的，确保了信息公平地被所有学生所获取并加强了学校管理的公正性。

例如，在选课环节，一个透明的系统会详细列出课程的时间、教师、内容摘要以及课程要求等，让学生能够做出更加明智和适合自己的选择。在宿舍分配方面，透明的标准和过程能有效减少学生之间的不满和矛盾，确保所有学生都得到公平对待。关于奖学金和补助，透明和可追溯的制度会列明所有的申请要求、评审标准和申请截止日期，甚至是评审委员会的构成情况。这样，每一位学生都可以在明确的规则下进行申请，同时可以查询到自己的申请状态和结果，明白为何会有这样的评定结果。这不仅有助于培养学生对系统的信任感，还能激励他们更加努力和积极地参与各种校园活动和学术研究。这种透明性还有助于预防和减少腐败或不当行为，因为所有的信息都可以被追溯和审查。它还强化了学校与学生之间的互动，使学校能更快速、更准确地理解和响应学生的需求和反馈。总体而言，透明与可追溯性不仅提升了学生服务的质量和效率，也在更广泛的层面上促进了学校社群内部的公平、公正与和谐。

（三）管理方面

在管理方面，透明与可追溯性有助于提高学校内部的工作效率和协调性。通过明确每一个决策和操作的背后的逻辑、数据和相关人员，学校可以确保管理活动既符合规定也适应学生需求。这样的环境鼓励开放的沟通和责任明确制度，从而提升团队的工作效率和协调性。当决策逻辑和操作步骤都能被全员查阅和理解时，这不仅加强了各部门和层级之间的信任和合作，也有助于消除由于信息不对称而导致的误解和冲突。

透明与可追溯性为“一站式”学生社区综合管理的质量控制和持续改进提供了有力工具。具体来说，通过收集和分析与管理决策和执行相关的数据，学校可以更准确地评估其效果和影响，从而进行有针对性的改进或优化。对于管理人员而言，透明的制度和流程也意味着他们的表现和贡献能够被更为公正和全面地评价。在预防和应对不当行为方面，透明与可追溯性的管理系统作为一种自然的防范机制，能有效地降低不正当行为的发生概率。任何偏离标准或规定的行为都会被立即检测到，并可以迅速定位到具体的环节和责任人，从而促使全体教职员工遵守规则，维护学校的整体信誉和品质。总体而言，透明与可追溯性不仅能提高学校内部管理的效率，也有助于构建一个更公平、更有效、更具信任感的教育环境。

第三节 “一站式”学生社区综合管理的具体内容

高职院校“一站式”学生社区管理工作的开展，一是取决于高职院校原有的管理部门所发挥的职能，二是取决于学生实际生活所提出的客观需求。高职院校要通过学生社区管理为高职院校学生提供系统、全面的个性化服务。“一站式”学生社区管理主要包括以下四项核心内容，如图 4-3 所示。

图 4-3 “一站式”学生社区综合管理的具体内容

一、咨询服务

（一）学术咨询

在高职院校中，学术咨询作为“一站式”学生社区综合管理的重要组成部分，不仅解答了学生在课程选择、学分转换、毕业要求等方面的问题，还涉及更深层次的个人发展和学术规划。具体来说，学术咨询主要围绕以下几个核心方面进行。

课程选择与规划是学术咨询中非常关键的一环。很多新生在刚进入学校时，往往会感到不知所措，不清楚自己应该选择哪些课程或是如何制订一个合理的学习计划。在这种情况下，学术咨询能提供专业的指导，例如，根据学生的兴趣和未来职业规划，推荐合适的课程，或是在学生面临课程冲突时，提供解决方案。

学分转换与毕业要求是热点问题之一。不少学生在接受高职教育期间或许会转学、换专业，或是需要了解哪些课程可以免修或转学分。这时，学术咨询服务能提供明确、准确的信息，帮助学生做出知情决策。同时，对于即将毕业的学生，如何满足毕业要求、如何计算剩余必修学分等问题，是学术咨询经常需要处理的问题。

学术咨询涉及学术道德和学术规范的教育。如何避免抄袭、如何正确引用他人的研究成果、如何遵守学术诚信等，这些都是每一个学生必须了解和遵循的基本规则。学术咨询在这方面通常会有专门的教育和培训，以确保学生在学术上能够合规行事。

随着科技的快速发展和社会需求的多样化，学术咨询服务也逐渐拓宽了服务范围，包括但不限于研究指导、学术竞赛、国际交流等多个方面。例如，学术咨询可能会提供关于如何参与学术研究的指导，或是如何准备各种学术竞赛的专业建议。

（二）职业规划与就业咨询

职业规划与就业咨询在高职院校"一站式"学生社区综合管理中占有重要地位，因为它不仅关乎学生的即时需求，也深刻影响着他们未来的生活轨迹。与一般的学术咨询相比，这一方面的咨询更注重实用性和操作性，目标是帮助学生明确职业目标、了解就业市场以及掌握求职技能。

在高职院校中，许多学生在刚刚进入学校时还没有明确的职业规划，甚至对未来的职业方向感到迷茫。这时候，职业规划与就业咨询的作用便体现出来。通过一系列的评估和指导，如兴趣测试、职业倾向分析等，咨询师能够帮助学生认识自己，明确自己的兴趣和强项，从而作出更符合个人特点的职业选择。除了帮助学生制订职业规划，这类咨询服务还提供大量关于就业市场的信息。这包括哪些行业正在崭露头角、哪些职业更适应未来的社会发展以及在不同行业中什么样的技能和资质更受欢迎等信息。通过这些信息，学生可以更有针对性地准备自己的求职过程，如选修相关课程或获得必要的职业证书。

当然，有了职业规划和行业信息还不够，真正进入职场还需要一系列求职技能，这也是职业规划与就业咨询重要的一环。从制作出色的简历和求职信，到如何在面试中表现得更加自信和专业，这些“软技能”通常是学校课程中不会教授的内容，但对求职却至关重要。咨询服务通常会通过模拟面试、个案分析等方式，提供实用的求职技巧。另外，随着全球化的趋势，越来越多的学生选择出国工作或进一步学习。这就需要职业规划与就业咨询能提供更为全球化的信息，包括国际就业市场的动态、不同国家文化和就业习俗的差异等。

（三）心理健康咨询

在高职院校的“一站式”学生社区综合管理体系中，心理健康咨询不仅是一项辅助性服务，更是关系到学生身心发展、学习成绩和未来生活质量的重要组成部分。在当代社会，心理健康问题越来越受到重视，但由于社会和文化因素，一些人仍然对心理健康存在误解或忽视。因此，高职院校有责任为学生提供专业、全面和便捷的心理健康咨询服务。

高职学生正在经历人生中非常关键的转折点，如选择专业、职业规划、人际关系的建立以及面对家庭、财务等多方面压力。这些压力如果不得到妥善缓解，很容易导致焦虑、抑郁、学习障碍甚至更严重的心理问题。这种情况下，心理健康咨询的重要性就显而易见了。心理健康咨询能够为学生提供一个安全、保密的环境，让他们能够自由地表达情感，从而得到专业的指导和帮助。心理咨询通常由专业的心理医生或心理咨询师进行，他们能够准确诊断学生的心理状况，然后提供相应的心理干预措施，如认知行为疗法、压力管理训练等。除了一对一的咨询服务外，心理健康咨询还包括各种心理健康教育和推广活动。例如，通过讲座、工作坊、线上课程等形式，深化学生对心理健康重要性的认识，教会他们一些基础的自我调适方法，如冥想、正念、时间管理等。这些活动不仅有助于预防心理健康问题的发生，还能促进学生个人成长和提高生活质量。

值得注意的是，心理健康咨询不仅是解决问题的手段，更是一种持续的维护心理健康的方法。因此，一些高级的心理健康咨询服务还可能包括长期的心理健康跟踪和评估以及针对特定人群（如国际学生、少数族裔学生等）的个性化服务。

（四）奖学金与财务援助咨询

在高职院校的"一站式"学生社区综合管理中，奖学金与财务援助咨询占有非常重要的位置。这是因为教育经费和个人财务状况往往直接影响到学生的学习和生活质量。对于很多学生，尤其是来自经济困难家庭的学生来说，奖学金和财务援助不仅能减轻他们的经济负担，还能提供更多的学习和发展机会。奖学金与财务援助咨询的主要目的是为学生提供详尽准确的资金来源信息，并指导他们有效申请和管理这些资金。由于奖学金和财务援助的种类繁多，包括但不限于学校奖学金、政府补助、社会捐赠、学费减免等，因此需要有专业的咨询人员来为学生解答疑问，指导申请流程。

通过咨询服务，学生可以更准确地了解到各种奖学金和财务援助的申请条件、申请时间以及所需材料。这样不仅可以节省学生寻找信息的时间和精力，还能提高申请的成功率。许多奖学金和财务援助都有非常严格的申请条件和截止日期，稍有不慎就可能失去申请机会，因此专业的咨询服务在这里显得尤为重要。除了基础的申请信息外，奖学金与财务援助咨询还常常涉及一些复杂的财务规划和管理问题。例如，如何合理规划个人或家庭财务以满足奖学金的申请条件，如何在获得多种财务援助的情况下进行合理分配和使用以及如何避免因财务问题而影响学业等。

同时，这种咨询服务还常常需要与其他部门或机构紧密合作。例如，与学校财务部门合作，了解和解释学费、住宿费等相关费用的具体构成；与学校学术部门或职业规划部门合作，了解哪些专业或课程有相关的奖学金或补助；与政府或社会组织合作，了解并推广各种公益性财务援助项目。

（五）基本医疗服务和健康咨询

在高职院校的"一站式"学生社区综合管理中，基本医疗服务和健康咨询是一个不可或缺的组成部分。学生身体健康直接影响他们的学习效率、心理状态和生活质量，因此为学生提供合格的医疗服务和健康咨询服务是院校责任和使命的一部分。基本医疗服务和健康咨询通常包括一系列日常医疗护理，如感冒、轻度伤口处理、常见疾病诊断等，也包括一系列健康教育和推广活动。由于高职学生多为年轻人，相对而言身体健康状况较好，但仍然不能忽视一些常见的或潜在的健康问题。

对于日常医疗护理而言，其目的不仅是解决学生短期内的健康问题，更是一个长期监控和维护学生健康的过程。因此，除了基础的医疗服务外，健康咨询也扮演着至关重要的角色。健康咨询通常由资质完备的医护人员或专业医师进行，内容可能包括但不限于营养、运动、心理健康、性健康等方面。

基本医疗服务和健康咨询的另一个重要方面是健康教育和推广。很多健康问题，如肥胖、高血压、糖尿病等，都是可以通过生活方式的调整来预防的。因此，通过各种途径，如讲座、工作坊、网络资源等，对学生进行健康教育，是非常必要的。这不仅能帮助学生了解自己的身体状况，还能教会他们如何通过合理饮食、规律作息、适量运动等方式，维护和保持自己的健康。

除此之外，这项服务还需要与其他咨询服务，如心理健康咨询、职业规划咨询等进行密切配合。比如，身体健康与心理健康是密不可分的，健康的饮食和适量的运动不仅有益于身体健康，也有助于改善心理状态。同样，良好的身体和心理健康也是就业成功和职业发展的基础。

（六）校园设施与资源咨询

在高职院校的“一站式”学生社区综合管理体系中，校园设施与资源咨询也是一项关键的服务。校园中的各种设施和资源不仅对学生的学习、研究、生活有直接影响，也是他们全面发展的重要支持。这一服务的主要目标是确保学生能够充分了解和合理利用学校提供的各种设施和资源，从而提高他们的学习和生活质量。

首先，对于任何新入学的或是已经在校的学生来说，对校园设施有一个全面和准确的了解是非常必要的。这包括实验室、图书馆、体育设施、宿舍等。通过咨询服务，学生可以了解到这些设施的具体位置、使用时间、使用规则以及预约方式等信息。这些信息不仅能帮助学生更有效地规划自己的学习和生活，也能避免因信息不准确或不完全而造成的各种不便。

其次，校园资源不仅限于物理设施，还包括各种学术资源、社团组织、学生服务等。例如，通过校园设施与资源咨询，学生可以了解到如何借用图书馆的电子资源、如何加入各种社团和组织、如何申请各种学生服务等。这些信息和资源对于学生的个人发展和职业规划有着不可估量的价值。

最后，校园设施与资源咨询还包括一些更为复杂和专业的问题，例如，实验室设备的使用培训、专业软件的授权和使用等。这些通常需要专门的咨询人员或是与相关部门密切合作才能提供。这些复杂和专业的资源通常是高职教育特有的，对于学生的专业发展有着重要的支持作用。

随着教育信息化和智能化的发展，越来越多的高职院校开始使用各种信息系统和平台来管理和提供校园设施与资源。这些系统和平台通常具有很高的复杂性，因此也需要专门的咨询服务来帮助学生熟悉和使用。例如，学生可以咨询如何使用在线教学平台、如何预约实验室、如何使用电子图书等。

二、信息发布

（一）学术活动与讲座信息发布

在高职院校的“一站式”学生社区综合管理中，学术活动与讲座信息发布不仅可以拓宽学生的学术视野，还能提供与学术研究相关的多种机会，从而提高学生的整体素质和能力。

学术活动与讲座通常涵盖多个学科和领域，主要包括工程技术、自然科学、社会科学、人文科学等。这些活动可能由学校内部的教授、研究人员主持，也可能邀请外部的知名学者、专家组织开展。通过这些活动，学生不仅能了解到各学科最前沿的研究成果和发展趋势，还能与业内专家进行面对面的交流，从而获得更多的启发和灵感。然而，仅仅举办这些活动是不够的，更重要的是确保这些信息能够准确、及时地传达给学生。因此，信息发布系统应当具备高效、灵活和用户友好等特点。例如，信息可以通过学校的官方网站、社交媒体、电子邮件以及其他线上和线下渠道进行发布。此外，信息发布还应包括活动的主题、时间、地点、主讲人、参与方式等具体细节，以方便学生做好相应的准备。除了一般性的学术讲座和活动，信息发布还应包括其他形式，如研讨会、工作坊、海报展示等。这些不同形式的学术活动通常有各自特定的目标和要求，例如，研讨会通常更侧重深入的学术讨论和合作，而工作坊则更多的是一种实践和操作性强的活动。

对于高职院校而言，学术活动与讲座信息的发布还有一个重要的功能，那就是与企业和行业的连接。高职教育通常更注重职业技能和实践能力的培养，因此，通过举办与企业和行业相关的学术活动，学生不仅能了解到相关领域的最新动态，还能直接与潜在的雇主进行交流和互动。

（二）课程与考试安排信息发布

在高职院校的“一站式”学生社区综合管理模式中，课程与考试安排信息的发布占有重要的地位。这一方面的管理不仅对学生的学术规划和个人时间管理有直接影响，还关系到高职院校内部的高效运作。因此，准确、及时和完整的信息发布是至关重要的。

首先，课程安排信息是学生日常学习生活中最为核心的一部分。这里不仅包括每学期或学年的课程表，还包括选课时间、选课方式、选课限制、补选与退选的流程等多个方面的内容。对于高职院校来说，课程设置往往更为灵活，以适应各类工程或技术性专业的需要，因此，课程信息的发布往往要更为复杂和多样。如果学生不能准确掌握这些信息，他们可能会错过重要的选课时机，或者选择了与自己专业或兴趣不符的课程，从而影响整体的学习进度和质量。其次，考试安排信息对于学生而言同样具有极高的重要性。不仅是期末考试，很多专业还会有期中考试、实验考核、实习评价等多个评价环节，而这些都需要通过信息发布系统进行通知。准确的考试时间、地点、座位分布以及考试要求等信息的及时发布，可以提醒学生更好地进行复习和准备，同时能减少不必要的心理压力和紧张感。

除了常规的课程和考试信息，还有一些特殊情况也需要通过信息发布系统进行通知。例如，因突发情况导致的课程更改或考试延期，或是由于节假日、活动等导致的时间调整等内容。这些特殊情况往往需要快速、准确地传达信息，以降低对学生和教学安排的影响。

高职院校的课程和考试通常与各种实际操作和实习安排紧密相连，这就意味着，除了一般的教室和考场，很多课程和考试还需要使用到实验室、工作坊、实习基地等特殊场所。这些场所往往有使用限制和安全规定，因此，相关的信息发布也会涉及如何预约这些场所、如何遵守相关规定等内容。

（三）社团活动与学生组织信息发布

在高职院校的“一站式”学生社区综合管理系统中，社团活动与学生组织信息的发布不仅有助于学生全面发展、提升社交能力，还能丰富校园文化生活，增强学生对学校的归属感和满意度。

社团活动与学生组织在高职院校中有着特殊的地位，因为高职教育注重学生实践能力的培养。参与社团活动和学生组织的工作能让学生将所学的专业知识和技能应用到实际的组织管理和活动组织中。这一点对于即将走入职场的高职学生来说尤为重要。为了确保社团活动与学生组织信息的有效传播，首先需要一个合适的发布平台。这个平台应该是易于访问和使用的，同时能兼容各种设备，包括手机、平板和电脑等。信息发布的内容应包括活动或组织的名称、时间、地点、目的、预期的效果、参与方式以及联系人等，以便学生能够全面了解并参与其中。除了基础的活动信息，一些特殊的要求或提醒也应当纳入信息发布的内容中。例如，如果某个活动需要特殊的设备或服装，或者有安全方面的特别注意事项，这些都应当在信息发布时明确指出。这不仅有助于活动的顺利进行，还能在一定程度上避免安全隐患。

信息发布不应是一个单向的传播过程，更应当是一个互动和反馈的机制。在信息发布后，应设置专门的渠道或平台，以收集学生对于活动或组织的反馈和建议。这些反馈和建议不仅能用于改进未来的活动，还能作为评价活动开办成功与否的重要依据。在某些特殊情况下，信息发布还需考虑到紧急性和时效性。例如，在出现突发事件或重大变化的情况下，信息的及时更新和发布就显得尤为重要。这就要求信息发布系统具有高度的灵活性和即时性，以便能快速应对各种未预见的情况。

（四）校园安全与紧急通知信息发布

校园安全与紧急通知信息的发布在高职院校的“一站式”学生社区综合管理中扮演着极为关键的角色。这不仅是因为它关乎每一个在校人员的生命安全和身体健康，还因为在处理突发事件或紧急情况时，准确和及时的信息发布能有效地降低潜在的风险，维护校园的稳定和秩序。

在多数情况下，校园安全信息主要涉及日常的预防措施和安全规定，如消防安全、电器使用、实验室操作规范等。这些信息需要长期、持续地向在校人员进行普及。通过各种渠道，如电子邮件、公告板、学校网站和社交媒体，这些重要信息应广泛地传播出去，以确保每个人都能充分地了解和遵循相应的安全规定。与这些日常信息相比，紧急通知信息则更需要得到高度重视。紧急通知通常涉及突发事件，如火灾、地震、暴力事件或其他需要立即行动的情况。在这些情况下，信息发布系统必须具有高度的灵活性和即时性，以便能在第一时间向全校或特定群体发送准确的信息和指导。

紧急情况下，信息的准确性至关重要。发布模糊或错误的信息不仅无助于解决问题，反而可能引发更大的恐慌或混乱。因此，在发布紧急通知之前，必须通过可靠的渠道验证所有的信息，并由权威的人员或部门进行发布。同样重要的是，紧急通知应当是易于理解和执行的。在紧急情况下，人们往往会感到紧张或恐慌，这时复杂或含糊不清的指示只会增加混乱。因此，所有的通知和指导都应当用简单、明了的语言进行表达，并在可能的情况下，通过多种语言进行发布，以覆盖不同文化和语言背景的在校人员。

信息发布的渠道也是一个需要考虑的重要因素。除了常规的电子邮件和学校网站，紧急情况下还应考虑使用短信、电话或专门的紧急通知应用等更直接、更快速的方式进行信息传播。同时，应确保这些渠道能够覆盖到所有可能受影响的人员，包括师生、工作人员以及访客。

（五）职业发展与就业信息发布

在高职院校的“一站式”学生社区综合管理体系中，职业发展与就业信息的发布不可或缺，这类信息的发布不仅有助于学生更好地规划个人未来职业生涯，还为企业和各类雇主提供了一个与潜在员工接触的平台。在当前就业市场竞争激烈的情境下，准确、及时、全面的职业与就业信息变得尤为关键。

对于大多数高职学生而言，职业发展和就业是其接受教育的主要动力之一。而学校作为教育和就业的桥梁，有责任和义务为学生提供相关的信息和服务。这包括但不仅限于实习机会、就业岗位、职业规划研讨会、职业技能培训、企业招聘会等多元化的职业发展活动和资源。这些信息需要通过多种渠道进行广泛发布，以确保其能覆盖到校园内外的各个角落。这些渠道包括学校的官方网站、电子邮件、社交媒体、公告板甚至是传统的纸质通知等。为了增强信息的影响力和吸引力，一些高效的信息发布方法如视频介绍、在线研讨会或是与企业联合举办的线上线下活动等也应采用。

与其他类型的信息发布相比，职业发展与就业信息需要更为细致和具体的内容规划。例如，一个企业招聘会，仅仅提供时间、地点和参与企业的名称是远远不够的。更多的信息，如企业背景、招聘职位、薪资范围、面试流程等都应被明确和详细地列出。这不仅能让学生更全面地了解招聘会的内容，还能帮助他们提前做好准备，获得更多成功的机会。

在信息发布的过程中，及时性和准确性也是不可或缺的。这意味着所有的信息需要经过严格的审核和确认，并在确认无误后尽快发布。特别是一些与时间紧密相关的信息，如临近截止日期的实习申请或紧急招聘信息，更需要快速而准确地传达给学生。除了发布信息，收集和分析学生的反馈意见也是信息发布工作中不可忽视的一环。这些反馈可以帮助学校了解信息发布的效果，了解学生对不同类型职业发展活动和资源的需求，进而优化和调整未来的信息发布策略。

三、业务办理

（一）学籍管理与证明办理

在高职院校“一站式”学生社区综合管理系统中，学籍管理与证明办理是至关重要的一环，它涉及学生身份的合法性、权益保障以及学习活动的正常进行。这项业务办理不仅确保学生能够顺利地完成学业，还影响着学生在校园生活中所能享受的各种福利和服务。

第一，学生入学时的各种登记手续。这通常是学生与高职院校建立正式关系的起点。在这一阶段，高职院校需要严格地核查学生的基本信息，如身份证明、学历证明、录取通知书等，以确认学生具备入学资格。除此之外，还需要对学生的个人信息进行电子化录入，以便将来能更高效地进行管理和服务。第二，在学期间的学籍变更管理。这主要包括专业转换、学期挂科、休学、复学、转校等业务。每一种变更都有其特定的程序和要求，需要学生和学校共同遵守。例如，如果学生出于个人原因需要休学，那么除了提交书面申请外，还需要通过与导员、学院管理层以及教务处的多次沟通，最终得到批准。这些程序不仅确保了学生的合法权益，也确保了高职院校的教育质量和管理规范的维护。第三，毕业、就业以及学位授予。在这些环节中，学校需要与多个外部机构如地方政府、企业、行业协会等进行合作和数据共享。只有当所有程序都得到妥善处理，学生才能顺利地完成学业，进入社会或继续深造。第四，证明办理。这一环节主要包括为学生提供各种与学籍、学历、成绩等相关的官方文档和证明，这些证明不仅是学生个人能力和资格的重要体现，还常常用于应聘工作、申请奖学金、租房、贷款等多个情境。由于这些证明通常具有法律效应，因此必须确保其真实性和准确性。

高职院校通常设有专门的窗口或在线平台来办理上述业务，以便学生能更方便地获取所需的服务。但无论是哪种形式，都必须确保数据的安全性和隐私性。这不仅需要高度专业化的技术支持，还需要严格的管理制度。

（二）财务与缴费事务

在高职院校的“一站式”学生社区综合管理中，财务与缴费事务是一个不可忽视的组成部分，因为它直接影响到学生在校的经济活动和学校运营的资金流动情况。这个环节不仅需要有高度的透明度和准确性，还要求操作简便、高效，以适应大规模学生群体的多样需求。

首先，学费是每一个高职院校学生都必须面对的经济问题。从入学开始，学校就会明确告知学生每学期或每学年需要缴纳的学费金额以及具体的缴费时间和方式。这个信息通常会在学生手册、学校网站或者专门的财务通知中进行公示。有时，为了方便学生和家长，学校还会提供分期付款方式或者优惠政策。除了学费，学生还可能需要缴纳各种其他费用，包括但不限于图书馆费、实验室费、校车费、住宿费等。这些费用通常会在每个学期开始时或者在使用相关服务时进行收取。对于那些经济困难的学生，高职院校通常会提供一系列的财务援助，包括奖学金、助学金、减免住宿费等。所有这些缴费活动都需要一个高效、准确和安全的管理系统。高职院校通常会使用电子支付系统来完成工作，该系统不仅可以自动记录每一笔交易，还可以与学籍管理系统和其他业务系统进行数据整合，以便进行更全面的学生管理。

除此之外，高职院校还需考虑到可能出现的异常情况，如逾期未缴费、缴费错误等，并为此设置相应的管理流程和应急措施。例如，对于逾期未缴费的学生，学校会先发送催款通知，然后可能会进行限制性措施，如暂停学生的某些校园服务，或者在极端情况下，进行学籍暂停处理。对于缴费错误的情况，如多缴或少缴，学校也会有专门的纠错机制，以确保每一笔交易的准确性。不得不提的是，考虑到财务信息的敏感性，高职院校还需要对财务与缴费事务进行严格的安全管理。这包括对财务数据的加密存储、对财务操作的权限控制以及对财务交易的审计追踪等。

（三）宿舍与住宿管理

在高职院校的“一站式”学生社区综合管理体系中，宿舍与住宿管理是一个至关重要的环节，因为这直接关系到学生的日常生活品质和学习环境。不同于一般的住房市场，校园宿舍通常具有更为严格的管理规定和服务标准，以适应大规模的学生需求和特殊的教育目标。

第一，宿舍分配。这是大多数新生较为关心的问题之一。学校通常会在暑假期间或者新学期开始前进行宿舍分配，分配依据通常包括学生的年级、性别、专业和地理位置等。一些学校还会提供特殊的住宿安排，如国际学生宿舍、无障碍宿舍等，以适应不同学生群体的需求。第二，宿舍的基础设施和服务。为了保证学生的生活品质，高职院校的宿舍通常会提供基本的家具、网络、电力和水供应以及清洁、安全和紧急救援等服务。这些设施和服务不仅需要定期进行维护和更新，还需要适应不断变化的学生需求和技术的发展。

在日常管理方面，宿舍通常会有专职或兼职的管理员负责日常事务的处理，包括但不限于报修、丢失物品查询、安全检查等。同时，学校还会定期进行宿舍检查，以确保学生遵守相关的生活和安全规定，如禁烟、限制访客时间等。宿舍与住宿管理还涉及对特殊情况的处理，如学生换宿、退宿、疾病隔离等。这些情况通常需要更为复杂的手续和更高的服务标准，因此学校需要有专门的流程和人员来进行管理。考虑到宿舍生活也是教育的一部分，高职院校还会通过各种宿舍活动和培训来促进学生的个人成长和社会适应。这包括组织各种社交、体育活动以及进行心理健康、性教育、消防安全等方面的培训。另外，随着科技的发展，越来越多的高职院校开始使用数字化和智能化的手段来提升宿舍与住宿管理的效率和质量。这包括使用电子门禁、视频监控、在线报修、智能电表等现代化设备和系统。

（四）图书与教材借阅服务

在高职院校“一站式”学生社区综合管理体系中，图书与教材借阅服务直接关联学生的学习质量、研究能力以及终身学习的习惯培养，因此，它常常被看作教育过程中非常重要的一环。

对于图书与教材借阅服务，首先要考虑的是图书馆的基础设施建设。一个优秀的图书馆不仅需要有丰富的藏书，还要有适宜的阅读环境，如安静的阅览室、舒适的座椅、高速的网络连接等。这些基础设施必须定期进行维护和升级，以适应学生需求的变化和技术的进步。除了图书馆的物理环境，数字资源也日益成为图书与教材借阅服务的重要组成部分。这包括各类在线数据库、电子书、学术论文等，它们为学生提供了更为方便和高效的学习方式。由于数字资源通常需要购买版权或者订阅服务，因此图书馆需要有一套合理的预算和采购流程，以确保所提供的资源既全面又高质量。

在图书与教材借阅服务中，图书馆通常需要有一套完善的管理制度和操作流程。这包括图书的分类、编码、入库、借出、归还、维护等各个环节，所有这些环节都需要精细化和规范化的管理。同时，图书馆需要有一套完善的服务标准和评价机制，以监控服务质量并持续改进。另外，图书与教材借阅服务还涉及一系列与学生密切相关的事务，如借阅证的申请、挂失、更新等以及图书的预约、续借、丢失罚款等。这些事务通常需要与学校的其他管理系统（如学籍管理、财务管理等）进行接口和数据共享，因此，图书馆需要有一套先进的信息管理系统来支持这些复杂的操作。

随着科技的进步，图书与教材借阅服务也在不断地进行创新和优化。例如，一些学校的图书馆开始使用人脸识别或者指纹识别技术来简化借阅流程，也有的图书馆提供移动应用或者在线平台，让学生可以随时随地进行图书查询、预约和续借。

（五）学生福利与特殊需求服务

学生福利与特殊需求服务在高职院校的“一站式”学生社区综合管理体系中是一个至关重要的环节，关乎学生的整体生活品质和学习成长环境。这一服务领域涵盖了多个方面，包括但不限于学生的生活保障、健康与安全、心理健康以及对具有特殊需求的学生群体（如残疾学生、国际学生、贫困学生等）的专门支持。

首先，为学生提供一个安全、舒适、便利的学习和生活环境。这不仅意味着学校需要提供足够的住宿和餐饮设施，还需要关注学生的日常出行和娱乐活动。例如，学校可以通过与当地交通部门和企业合作，为学生提供特价的公交或地铁卡，以降低其出行成本；同时，学校可以设立各种体育和文化活动场所，如体育馆、图书馆、艺术中心等，以丰富学生的课余生活。其次，保证学生的健康与安全。为此，学校需要提供一系列相关的服务和措施，如校医院或卫生室、急救培训、防火演习等。这些服务和措施不仅可以解决学生在校期间可能遇到的各种健康和安全问题，还可以提高他们在这些方面的自我保护意识和能力。最后，保证学生心理健康。尤其是在当前社会竞争日益激烈的背景下，为了促进学生心理健康发展，学校可以设立专门的心理健康中心或咨询室，并聘请资深的心理咨询师和社会工作者，为学生提供个性化的心理支持和干预。除此之外，学校还可以通过各种形式的活动和教育，如心理健康讲座、心理自助工具箱、心理健康日等，来普及心理健康知识，以提高学生的心理健康水平。

对于具有特殊需求的学生群体，学校更需要提供一系列专门和细致的服务。例如，对于残疾学生，学校可以提供无障碍设施和专用教学器材，以保证他们能够平等地参与学习和生活；对于国际学生，学校则需要提供语言和文化适应的支持，如语言课程、多元文化活动等；对于贫困学生，学校可以提供奖学金、助学金、兼职工作等多种资助方式，以减轻其经济压力。

四、活动组织

学生社区应为学生提供自习室、师生交流室、心理咨询室、中小型学生课外活动的场地以及相关管理制度和服务，保障大学生课外活动的有效开展。

（一）学术性活动的组织与推广

学术性活动在高职院校“一站式”学生社区综合管理体系中占有不可或缺的位置，因为它们不仅能够推动学术研究和学科发展，也为学生提供了一个与教师和同学共同交流、探讨学术问题的平台。在“一站式”学生社区综合管理体系中，如何有效地组织与推广学术性活动是一个重要问题。

组织学术性活动应始于需求调查。通过问卷、面谈等方式，了解学生对不同类型学术活动的需求和兴趣，这样有助于确保活动的针对性和实用性。例如，工程专业的学生，可能更关注实验室技术和应用研究，而商学院的学生则可能更加注重市场调研或者模拟商战。确定了活动的主题和方向，接下来是活动的策划与执行。通常，这一阶段需要与学校的相关部门，如教务处、图书馆进行紧密合作。他们不仅能提供场地和设备支持，还可以在专业方面给出宝贵建议。此外，也可通过与企业或研究机构合作，引入更多的资源和观点，丰富活动的内容。

为了使更多的学生参与到学术活动中，有效推广也是非常关键的。除了传统的海报和公告，社交媒体、学校网站和电子邮件等也是非常有用的推广工具。特别是在当下这个信息化、网络化的时代，有效地利用网络平台不仅能扩大活动的影响力，还能在活动结束后，通过在线问卷或讨论等方式，收集学生的反馈，以便对未来的活动进行改进。

（二）文化与艺术活动的策划与执行

文化与艺术活动在高职院校“一站式”学生社区综合管理体系中扮演着至关重要的角色。这些活动不仅丰富了学生的校园生活，更是促进个人全面发展、拓宽视野和提升综合素质的有效途径。在“一站式”学生社区综合管理模式下，文化与艺术活动的策划与执行成为一个关键环节。

成功的文化与艺术活动首先需要明确目标和内容。由于高职院校中学生的专业背景、兴趣和需求多种多样，因此在策划阶段就需要综合考虑这些因素，以确保活动既具有普遍吸引力，也能满足特定群体的需求。这可能涉及丰富多彩的活动形式，如艺术展览、音乐会、戏剧表演、文学朗诵等，也可能需要针对不同文化背景和审美趣味进行活动。策划完成后，下一步便是活动的具体执行。这一阶段通常需要多个部门或团体的合作，如与学校的文化与艺术学院、学生会以及外部组织或企业进行合作，共同提供所需的资源和支持。执行过程中，细节管理至关重要，这包括但不限于场地布置、设备调试、人员培训以及应急方案的制定等，所有这些都需要在活动开始之前得到妥善安排。

随着社会和文化的不断变迁，文化与艺术活动也应当具有开放性和包容性，以适应不断变化的需求和趋势。这就要求学校在策划与执行活动的同时，也要关注其在更大社会和文化背景下的意义和价值，力求使其不仅能满足当下的需求，更能具有长远的影响和价值。

（三）自习与研究空间的设立与管理

自习与研究空间在高职院校“一站式”学生社区综合管理体系中起到了至关重要的作用，它们不仅是学生学术成长的重要场所，也是个人成长和团队合作能力培养的有效平台。因此，在“一站式”学生社区综合管理体系中，自习与研究空间的设立与管理成为一项重要的职责。

自习与研究空间具有多功能性。这些空间不仅是用于学习的地方，也可能用于团队讨论、小组活动、教师辅导等多种活动。因此，在设立这些空间时，高职院校应考虑其灵活性和可适应性，确保它们可以满足学生多样化的需求。在设计方面，应该提供适当的设施，如充足的座椅、合适的照明、电源插座、网络接入端口等，以便学生能够在一个舒适和高效的环境中学习。空间的布局也应当充分考虑学生的隐私和集中度，如通过合理地设置隔板或是安静区和讨论区，以满足不同学生的学习习惯和需求。在管理方面，应确保自习与研究空间的安全、整洁和有效利用。这可能需要定期的巡查、清洁和维护工作，也可能涉及某些使用规则的制定和执行，如禁止在空间内吸烟或大声喧哗等。对于高峰期可能出现的座位不足问题，学校还可以通过预约制度或是实时座位信息发布等方式，来帮助学生更有效地利用这些空间。除了日常管理，也应该考虑到自习与研究空间在特殊情况下的应用，如期末考试时，学校可能需要延长开放时间，或是提供额外的学习资源和服务。在假期或是非学习高峰期，学校则可以考虑将这些空间用于展览、讲座、工作坊等活动。

第五章　高职院校“一站式”学生社区建设的基础

第一节　“一站式”学生社区建设的重要性

一、“一站式”学生社区建设的内生价值

“一站式”学生社区是伴随着中国特色社会主义市场经济深入发展和公共行政改革理念的深化而出现的。在追求简政放权、提高效率和优化服务的背景下，高职院校开始转变其服务模式，纷纷建立起学生事务中心、学生社区等一系列多样化的“一站式”学生服务机构。这一转变不仅反映了现实社会和制度环境的变化，也是对新时代大学生思想政治教育要求的一种响应。同时，高职院校教育教学改革，如“学分制”“宽口径培养”，也在不同程度上影响着传统的教育服务体系。这些改革相对削弱了班级、党（团）支部、年级等传统组织载体的作用，但也为更全面、更高效的服务提供了可能。新时代学生思想政治教育是全方位的，它需要更紧密地围绕学生，更全面地关照学生和服务学生。因此，“一站式”学生社区不仅具有深刻的时代背景和现实基础，更是一种符合时代发展和教育需求的创新。这样的转变旨在更有效地整合资源，提供更贴近学生需求的多元服务，同时体现了高职院校在新时代下的使命和责任，即更好地适应社会发展，提供更优质、更高效的教育服务。总体来说，“一站式”学生社区建设的内生价值主要包括几下几方面，如图 5-1 所示。

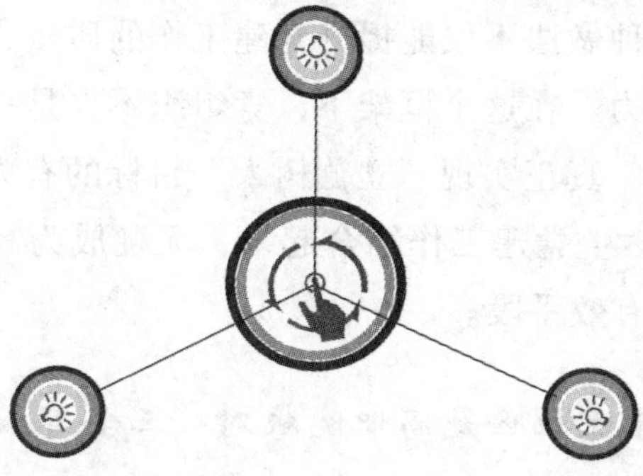

图 5-1　“一站式”学生社区建设的内生价值

（一）“一站式”学生社区是高职院校加强学生党建工作的重要抓手

学生党建在高职院校中占据着不可或缺的位置，它不仅是加强党对教育系统全面领导的有效手段，也是全面贯彻党的教育方针和落实“立德树人”根本任务的关键环节。2017 年教育部党组发布的《普通高等学校学生党建工作标准》进一步强调了学生党建工作的核心地位，为高职院校提供了具体的操作框架。与此同时，作为高职院校新型组织形态的“一站式”学生社区正在成为高职院校学生生活和学习的重要平台。这种组织形态不仅集成了多样的服务和资源，为学生提供了方便快捷的生活和学习环境，也因此成为影响学生思想观念和价值观养成的重要场所。[①]

依托“一站式”学生社区进行学生党建工作具有多重优势和深远意义。首先，这种模式能使党组织更好地充当在学生社群中的战斗堡垒角色，因为它直接嵌入学生的生活和学习环境中。通过多样的组织引导和队伍协同，党建工作能更深入地渗透学生的日常生活，形成与学生更紧密的互动和联系。

① 吴林桂．高校“一站式”学生社区的价值意蕴、现实困境和建设路径探究 [J]. 绍兴文理学院学报（教育版），2023，43（6）：34-39.

其次，这种模式也为机制创新提供了广阔的空间。例如，可以通过社区内的各种活动和资源配置来推动党建工作的多元化和个性化，从而更有效地服务和影响学生。最后，这种做法不仅能提升党建工作的质量，更能增强基层党组织的政治功能和组织力。在这个框架下，党组织不仅是一个行政组织，更是一个能深入学生生活、真正实现“立德树人”目标的有力工具。因此，将“一站式”学生社区与学生党建工作结合起来，无疑成为高职院校强化学生党建的一个重要途径和有效手段。

（二）“一站式”学生社区是高职院校对“三全育人”的深化探索

学生社区依托空间建构，通过育人资源、育人力量的多主体联动，为凝聚全员育人合力、打通全过程育人链条、完善全方位育人体系提供了平台。

一方面，学生社区为教师队伍这一育人主体提供空间支持。学生社区作为多主体联动的育人平台，汇集了辅导员、班主任、专业导师和心理健康教育教师等多个育人主体，这些教育工作者在学生社区内拥有专属的办公空间或工作室，在固定和专业的场所来进行各方面的教育和指导。这样的设置确保了从学生入学到毕业的全过程能得到全方位的关注和支持，涵盖学业、心理和就业等各个方面。这不仅强化了教师队伍在育人过程中的作用，还通过物理空间的优化形成了一个协同协作、同向同行、互联互通的育人氛围。这种综合性的支持系统的建设，进一步凝聚了全员育人的合力，打通了全过程育人的链条，并完善了全方位育人体系，从而使学生社区成为一个高效和全面的育人平台。

另一方面，学生社区为管理部门、服务部门等育人主体进驻社区提供空间保障。这促使校院领导能定期走访社区，更直接地了解和满足学生的实际需求。同时，管理和服务各单位因此得以进驻学生社区，打破了部门之间传统的业务壁垒，推动了全方位联动育人体系的形成。这样的环境不仅优化了高职院校的育人资源，包括队伍、渠道、载体和环境，还促进了管理服务与学生工作之间的协同育人机制的完善，为学生的全面成长提供了有力的支持。更重要的是，这一系列的联动和整合在空间建构的支持下变得更加高效，推动了办学治校、人才培养和教育教学等各个环节的育人主体实现全面联动。这不仅构建了一个“三全育人”新局面，即全员、全过程、全方位的育人，确保了学生成长路径上没有遗漏和盲点。这样的设计和实践使学生社区成为一个全面而高效的育人平台，对学生的全面发展起到了关键性的作用。

（三）“一站式”学生社区是高职院校对“以学生为中心”理念的创新践行

“以学生为中心”是实现“办好人民满意的教育”的重要指导理念，也是党的“以人民为中心”的发展思想在高职院校领域中的具体应用与体现。“一站式”学生社区是这一教育理念在新形势下的创新实践，该模式主张管理干部、专业导师、辅导员和班主任等多方育人力量持续并深入地与学生互动，及时了解学生“关心什么、思考什么、需要什么”，以便更好地为学生解决思想困惑和“急难愁盼”的实际问题，从而更全面地满足学生的个人和职业发展需求。不仅如此，“一站式”学生社区还鼓励学生积极参与社区事务，从而转变为一个多功能的平台，支持学生的自我管理、自我服务、自我教育和自我监督。这样，学生不仅是教育过程的接受者，还是教育过程的参与者和共创者，这无疑进一步强化了“以学生为中心”的教育模式，使之更加符合现代教育的多元和全面发展需求。总体来说，通过这样的创新实践，“一站式”学生社区成为一个能全方位满足学生成长和发展需求的有效平台。

二、“一站式”学生社区建设的现实意义

“一站式”学生社区通过育人空间的建构，推动育人资源和育人力量整合、联动、下沉、延伸，这样的配置不仅提升了高职院校教育管理服务的效率和实用性，还增强了“第一课堂”与“第二课堂”之间的协同性和互补性。“一站式”学生社区建设的现实意义主要体现在以下几方面，如图 5–2 所示。

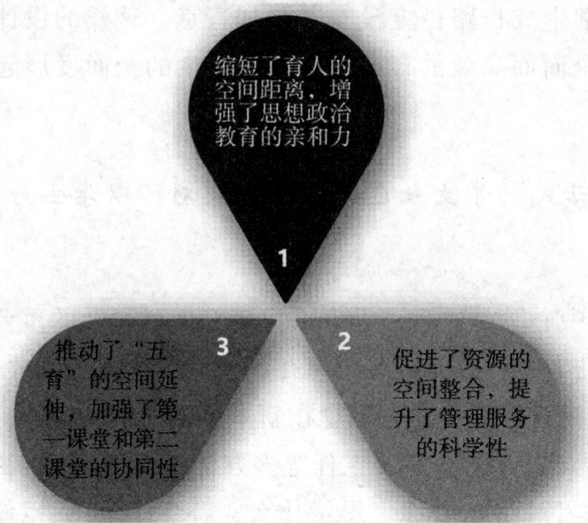

图 5-2 “一站式”学生社区建设的现实意义

（一）“一站式”学生社区缩短了育人的空间距离，增强了思想政治教育的亲和力

高职院校的学生社区是一个以学生发展为核心的多功能空间，它不仅缩短了师生之间的物理和心理距离，还提供了一个理想的环境，使学生与教师在多个层面上融合和互动。这样的设置创建了一个全新的思想政治教育平台，这里不仅是学生日常交流最频繁、最稳定的场所，也是课堂教学以外重要的育人领域。学生社区通过精心地空间布局和环境营造，鼓励面对面的师生互动，如研讨、分享和辩论等。这样的设置使教育工作者能更贴近学生的实际需求和感受，用身教言传的方式进行有效教育。学生社区因此成为一个可以共学、共事、共乐的多维空间，这种模式非常符合新时代高职学生的特点和需求。它不仅增强了教育的实效性和全面性，还提供了一个促进师生共同成长和互相影响的平台，具有重要的教育价值。

学生社区提供多种办公空间，通过为辅导员和思想政治教育教师提供多功能的办公空间，社区成为一个能深入学生生活、解决他们各种问题和困惑的重要场所。这样的设计不仅方便了教育工作者与学生的实时互动，还有助于开展更为个性化和精准化的教育。这种“浸润式”的教育方法特别适应学生发展的多样性和个性化需求，能够在他们成长的关键阶段提供有针对性的指导和支持。另外，这样的社区环境有助于拉近师生之间的情感距离，让他们在共同的价值观和情感体验基础上建立更紧密的联系。因此，“一站式”学生社区不仅是一个物理空间，更是一个促进师生共同成长、实现教育目标的综合平台。它体现了教育工作的“仁爱”精神，通过对空间和服务的优化，强化了思想政治教育的实效性和亲和力。这不仅满足了学生多元化的成长需求，还提升了整个教育系统的教育质量和效果。

（二）“一站式”学生社区促进了资源的空间整合，提升了管理服务的科学性

通过线上和线下的双重布局，学生社区实现了管理和服务资源的有效下沉和整合，不仅提高了校园公共空间的使用效率，还优化了其在育人方面的功能。一方面，学生社区用系统化的思维和方法将各种教育和管理资源整合到一个“一站式”平台上。不同类型、层次和区域的资源都得到了合理的组织和利用，这样不仅提升了资源使用的效率，也促进了各个部门和单位之间的协作，形成了一种多方参与、共同推进的育人模式。另一方面，通过组织结构的优化和流程的改进，学院或部门能够更有效地集中和利用身边的育人资源，为构建一个更加高效和全面的育人共同体打下坚实的基础，提升了管理服务的科学性。特别是通过功能分区，社区能够吸引更多的管理和服务人员进驻，进一步加强了学生工作与管理服务之间的协同效应。

除此之外，运用信息技术赋能，搭建网络服务空间，使得育人工作不再局限于线下，而是在线上找到了更广泛的应用和延伸。这样的技术赋能有助于实现事务处理的标准化、规范化和协同化，从而让学生在学习和生活方面获得更加便捷和高效的支持。这种整合和优化不仅提升了管理服务的科学性，还推动了制度和流程的创新。这样的改进与高职院校治理体系和治理能力现代化的要求是完全一致的。简而言之，通过物理和数字空间的综合布局，“一站式”学生社区为高职院校提供了一个更加高效、科学和人性化的管理和育人平台，这不仅符合现代教育理念，也满足了现代治理需求。

（三）“一站式”学生社区推动了“五育”的空间延伸，加强了第一课堂和第二课堂的协同性

1.“五育”的内涵

立德树人是教育的根本任务，是学校的立身之本。“五育并举”融合策略不仅有助于落实立德树人的教育理念，还可以积极推进“三全育人”模式，即全方位、全过程、全员育人。“五育并举”这一举措体现了中国教育教学现代化的重要方向，满足了人的全面发展和现代化的内在需求。在“五育并举”过程中，学校教育改革和人才培养紧密结合，旨在通过德智体美劳等多方面的教育，促进学生提高自我教育能力和自我提升。这不仅强化了学生的道德素养，也促进了知识、体能、审美和劳动技能的全面发展，为学生的终身发展和社会适应能力奠定了坚实基础，体现了现代教育的深远意义和价值追求。

“德育”在“五育并举”育人体系中居首要位置，“德育”旨在培养学生的道德品质和社会责任感，确保他们成为既有道德又有才华的人才。通过德育，学校致力塑造学生的人生观和价值观，引导他们形成正确的世界观。这种教育不仅涵盖传统的道德规范和公民责任，还包括对学生进行自我管理、公正、诚信、尊重他人等方面的教育。通过课程教学、校园文化、社会实践等多种形式，让学生在实际行动中学习和体验道德的力量，从而将其内化为个人的行为准则。“智育”在“五育并举”育人体系中起着基础性作用，智育是德育的认知基础，学校要在智育中融入德育，以智厚德。智育扮演着基础性角色，它不仅是学生学习知识、掌握技能的过程，更是德育实施的认知基础。智育与德育相辅相成，通过智育深化德育，实现“以智厚德”的教育目标，反映了教育的全面性和深度。学校在进行智育的同时，注重德育的融入，通过课堂教学、实践活动等多种方式，可以引导学生理解和领悟道德规范和价值观，培养学生的道德判断和道德实践能力。“体育”旨在通过体育活动增强学生的体质，传授健身知识与运动技能，为学生的全面发展提供必要的身体条件。学校在进行体育教育时，不仅要聚焦培养学生的兴趣和爱好，更要加强体育的育人功能，认识到体育活动在孕育学生品德、培养团队精神、增强自我控制能力等方面的重要作用。通过体育活动，学生能够在遵

守规则、尊重对手、合作与竞争中学习到人生哲学，实现“以体成德”的教育目标。“美育”是美学教育，旨在培育学生对美的追求和欣赏，塑造美好的情操和品格以及高雅的美学素养。通过美育，学生能够培养出对美好世界的想象力和创造力，形成正确的审美观，学习如何感受美、鉴赏美并具备创造美的能力。学校在实施美育时，强调文化传承的重要性，通过不同的艺术形式和文化活动，引导学生理解和传承民族文化，同时树立良好的美学观念。以美润德的教育方式，不仅丰富了学生的精神世界，还为学生的全面发展和个性化成长提供了宝贵的养分，体现了美育在培养有修养、有责任、有创造力的现代人才中的独特价值和作用。“劳育”通过教育与生产劳动的紧密结合，促使学生实现脑力与体力劳动的有机统一以及理论学习与实践应用的结合。这种教育不仅培养了学生的劳动意识和基本劳动技能，更通过手脑并用的方式促进了学生身心素质的全面发展。通过参与各种劳动实践，学生学会了服务他人、奉献社会，并培育了报效祖国的崇高情怀。学校通过加强劳动教育，不仅教会学生劳动技能，更重要的是，通过劳动塑造学生的品德，培养他们的责任感和集体主义精神。

2. 落实“五育”的重要意义

（1）有助于构建新时代德智体美劳全面发展的培育新体系。随着中国特色社会主义进入新时代，追求平衡和充分发展成为这一时期的主要标志，这体现在我国主要社会矛盾的转变上。过去，主要矛盾是人们日益增长的物质和文化需求与落后的社会生产之间的矛盾；而今，这一矛盾已转变为人们日益增长的美好生活需要和不平衡不充分的发展之间的矛盾。在这样的背景下，教育追求的是均衡与全面发展，核心在于坚持立德树人的根本任务，同时构建一个培养德、智、体、美、劳全面发展的新型教育体系。在人类社会教育的发展历程中，“五育”全面发展不仅是对个体基本素质的全方位要求，更是教育追求的终极目标。德、智、体、美、劳融合的“五育并举”，构成了一个不可分割的有机整体，它们之间相互融合、相辅相成，共同促进个人的全面成长和发展。实现这一教育目标，是对“立德树人”根本任务的深化和推进，确保了教育工作的深度和广度同步扩展。随着时代的发展，对于全面发展的理解和要求也在不断深化和拓展。从最初的德、智、体“三育”，扩展到德、智、体、美的“四育”，再进一步发展为今天的“五育并举”，教育的内涵和功能逐步丰富，从而形成了一个更加完善的教育体系。这一体系不仅追求知识的传授和智力的发展（真、善），还强调美育、体育和劳动教育（美、健、实），从而全面涵盖了人的发展需要。

（2）有助于培养全面发展的高质量人才。教育的首要问题是“培育什么样的人”，这个问题在不同的时代背景下、不同国家的教育体系中以及各学术流派之间，都有着各自的解读和应答，这种多样性不仅引发了广泛的讨论和争议，同时促成了一些基本的共识。尽管不同背景的教育体系对于应培养何种类型的人存在多种观点，但大多数教育者同意教育的目标应当与社会的需求相匹配，具体而言，就是培养社会发展、知识积累、文化传承、国家存续、制度运行所要求的人。

事实证明，我国的政治制度也决定了我国需要培育的是社会主义建设者和接班人。培养德智体美劳全面发展的社会主义建设者和接班人是新时代中国特色社会主义教育的主要目的。它主要包括两个部分：一是培养社会主义的建设者和接班人。教育不仅要培养学生的政治觉悟，更要让学生理解并拥护社会主义制度和中国共产党的领导，确保培育出具有“红色基因”的人才，不仅要在政治上可靠，还需在各自领域内具有专业精神和能力，体现出德才兼备的教育理念。二是新时代人才培育的质量结构的普通要求是需要学生在德智体美劳上全面发展。教育不仅要关注学生的知识学习和智力开发，还要重视对学生道德修养、身体健康、审美能力和劳动技能的培养，旨在培养出能够适应新时代社会发展需求的全面发展人才。以上两个方面是相互关联和统一的，它们共同构建了一个和谐统一的教育体系，旨在实现社会价值和教育功能的协调发展。

（3）有助于推进幸福社会的建设。为中华民族谋复兴和为中国人民谋幸福是中国共产党的初心和使命。在这一伟大使命的指引下，教育扮演着至关重要的角色，特别是通过推进新时代幸福教育来实现这一目标。新时代幸福教育的核心在于培养能够为社会、为人民、为后代带来长久福祉的人才，从而为构建幸福人生、幸福社会乃至幸福中国打下坚实的基础。新时代幸福教育不仅关注学生的学术成就，也注重其全面发展，包括知识、价值观、行为、习惯、能力和体验的系统性培养。这种教育理念认为，幸福既是一种个体的主观感受，也是可以通过教育塑造和提升的多维度能力。因此，新时代幸福教育旨在培育学生成为具有社会责任感、个人幸福感和国家认同感的全面发展的人才。在新时代背景下，人民的幸福生活离不开高质量的教育体系。教育的使命在于通过“五育并举、立德树人”的全面育人模式，满足人民对美好生活的向往，并促进社会的平衡与充分发展，从而增强人民的幸福感和满意度。一个全面发展的教育体系是构建幸福社会的基石，它通过德、智、体、美、劳的综合培养，为人民提供了实现幸福生活的必要条件和本领。德育在培养公民基本道德规范和社会责任感方面发挥关键作用，是和谐社会的基础。智育通过提高人民的知识水平和思维能力，为建设一个科技发达的社会打下基础。体育不仅增强体质，还普及健康知识，为建立一个健康持续发展的社会提供支撑。美育通过提高人民的审美素养，促进美丽社会的形成。劳育强调对动手能力和实践技能的培养，为社会发展贡献实用人才。

3.“一站式”学生社区对“五育”的影响

高职院校学生社区以灵动多样的育人空间支撑“五育”内涵延伸、融入社区建设中，不断完善“五育并举”的社区育人体系，成为学生成长重要的第二课堂平台。以社会主义核心价值观为核心，深入实施“五育并举”（德、智、体、美、劳）的育人策略。通过设定明确的育人目标和理念，学生社区不仅开展了一系列理想信念、爱国主义和中华优秀传统文化教育活动，还依托多功能房间和活动空间，构建了一个多部门联动、因材施教的全方位育人体系。这种综合性的教育模式不仅促进了学生在德智体美劳各方面的全面发展，也为教育改革和人才培养提供了有力的支持，特别是在满足新时代高职院校教育改革要求，如强基计划、拔尖计划、大类招生等方面，体现出其积极和务实的价值。这样的全方位、多维度的教育方式不仅丰富了高职教育的内涵，也为社会主义现代化建设培养了更多全面发展的高素质人才。

学生社区通过一系列具体的活动和设施，如宿舍文化建设、社区美化、实践平台搭建以及体育项目，让学生能够在日常生活和学习中全面发展。例如，通过参与社区环境的美化和公共空间管理，学生不仅能体验到劳动的价值，还能在实践中感受到美育的内涵。同样，体育锻炼不仅增强了学生的体质，也让他们明白健康和运动对个人全面发展的重要性。这使得学生社区成为一个理论与实践、显性与隐性教育相结合的育人场所。它将“五育”有机地融入学生的社区生活中，从而让教育不仅仅停留在课堂，而是深入学生的日常生活和实践活动中。这种教育模式不仅促成了第一课堂（专业教育）和第二课堂（课外活动）的联动，还促进了学生在德、智、体、美、劳各方面的全面发展。综合来看，这样的学生社区为学生提供了一个全方位、多层次的育人环境，成为他们成长和发展的重要支撑。

第二节 “一站式”学生社区建设目标指向

一、“一站式”学生社区建设的基础性目标

（一）建设集成化的信息管理系统，确保数据的准确性和透明度

在高职院校的教育生态系统中，准确、透明数据的重要性不仅体现在管理层面，还深入教学、学术研究、社会服务乃至整个学生社区的健康运转层面。集成的信息管理系统在这一过程中起到至关重要的作用。

信息管理系统作为一个信息汇聚的平台，可以确保数据的准确性。在教育场景中，准确的数据是所有决策的基础，拥有准确的数据就可以更准确地评估教学质量、学生满意度、设施利用率等，从而进行更有针对性的改进。只有数据准确，才能让管理层、教职员工、学生以及其他相关方有清晰、真实的了解，这样才能有针对性地解决问题和满足需求。与此同时，保证信息的透明度尤为重要。在一个开放和透明的环境中，所有的信息都应该是可查的，这样不仅能够增强学生、教职工和管理层之间的信任关系，还能大大提高信息的可用性和有效性。透明度不仅可以预防误解和冲突，还可以促进多方共同参与和合作，使得整个系统更加公平、高效。透明度也有助于培养学生的责任感和社会参与感，使他们更愿意在一个开放、公平的环境中学习和成长。

对于学生而言，准确和透明的信息可以使学生更加明确自己的权利和责任，而这一切都是高职教育追求全面发展、培养社会公民的重要组成部分。在这种氛围下，学生更容易发挥主动性和创造性，更愿意参与到社区建设中来，进一步促进了学生社区的民主参与，这无疑是每所学校都愿意看到的。

除此之外，信息的准确性和透明度还直接影响着学校和社区文化的建设。一个好的信息系统可以促进文化交流，加强多元文化的互鉴。这对于学生社区具有非常重要的意义。

（二）完善学校基础设施，满足学生基本需求

基础设施的完善是高职院校“一站式”学生社区建设的基础性目标之一，其在高职教育中的必要性几乎无须多言。优化住宿、图书馆等基础设施不仅关乎学生的日常生活品质，更直接影响到学生的学习效果和身心健康。在教育环境中，基础设施并不是一堆砖瓦和物品，而是对学生综合素质提升的有力支持。

第一，对于大多数离家求学的学生来说，住宿条件是其关注的重点。舒适的住宿环境不仅能够让学生更好地休息，从而更加专心于学习，也有助于减轻学生的心理压力。住宿环境直接关系到学生的生活质量，一个良好的生活环境能够让学生更愿意将精力集中在学习上。因此，高职院校应当视住宿条件的优化为非常重要的一环。第二，图书馆能更直接地影响学生的学术表现。一个现代化、设施完善的图书馆能为学生提供丰富的学术资源，满足他们对知识的渴望。而且，图书馆通常是学生集中学习的好去处，一个安静、舒适的环境能大大提高学生的学习效率。

完善学校基础设施的必要性不仅因为它们直接影响学生的学习和生活，还因为这些基础设施是学生身心健康、社会适应能力甚至未来职业发展的间接或直接影响因素。如果学校忽视了这些基础性的问题，可能会让学生在学术研究上或心理上产生障碍。这就需要学校提供更加全面和个性化的基础设施服务，以满足不同学生群体的需求。同时，随着现代教育理念和技术的不断发展，基础设施需要与时俱进，以支持更加多元化和个性化的教学活动。

（三）建立健全安全机制，保障学生的生命财产安全

在高职院校“一站式”学生社区建设的多个层面中，安全保障无疑是基础、关键的一个环节。在当前的社会环境中，安全问题不仅关乎学生的身体

健康、财产安全，还可能影响到学校整体的声誉。因此，建立全面的安全机制，包括紧急响应和预防措施，是每一所高职院校都必须重视的问题。

首先，安全问题是涉及生命安全的问题，没有安全就没有一切。想象一下，如果学生在学校内不得安宁，又怎能安心学习和生活？安全不仅是学生正常学习和发展的基础，还是家长和社会对高职院校最基本的期待。因此，安全保障的必要性不仅是出于教育和人道的考虑，更是学校存在和发展的前提。其次，高职院校往往拥有大量的实验室、工坊、实训基地等设施，这些地方的安全管理是一个不小的挑战。高职学生更多地接触到各种实际操作设施，如果没有良好的安全保障机制，一旦发生事故，后果将不堪设想。从这一点上看，安全保障不仅是保护学生身体健康的手段，也是教学质量的重要保证。再次，社会的复杂性使得现代高职院校面临着越来越多的安全风险，包括但不限于校园暴力、性骚扰、网络安全、心理健康等方面。因此，安全保障机制需要具有全面性和预见性，不仅要应对已经出现的问题，还要有能力预防潜在的风险。这就需要学校在制定安全策略时，不仅要有针对性，还要有前瞻性，尽可能降低未来可能出现的各种风险。最后，良好的安全保障机制还能有效提升学校的整体形象。特别是在信息高度透明的今天，一旦学校出现重大安全事故，不仅会影响学校自身的声誉，还可能引发社会的广泛关注，产生负面影响。因此，从长远看，建立全面的安全保障机制不仅是维护学生权益的必要手段，也是提升学校整体品质和竞争力的重要举措。

（四）扩大学校服务的辐射范围，提高学生的满意度、幸福感

在高职院校这个相对封闭的小社会里，所有学生应当享有平等的教育和服务机会，无论他们来自哪里，家庭背景如何。特别是对于来自偏远地区或者家庭条件较差的学生，扩大学校服务的辐射范围更是学生享受高质量教育和服务的关键。这一点不仅体现了社会的进步和公平，也是提升学校整体教育水平的必要措施。服务的可访问性直接影响到学生的身心健康和学习成效。以医疗服务为例，如果医疗服务不具备良好的可访问性，学生在生病或受伤时可能会因为种种障碍而不能及时得到有效治疗，这无疑会对他们的身心健康造成长远的影响。再如，教育和咨询服务，如果这些服务不容易获

取，学生在面对学习困难或心理压力时可能就会缺乏足够的支持和帮助，从而影响到他们的学习和成长。

在“一站式”学生社区里，各种服务和资源应当高度集中和互联，这样不仅能够为学生提供更为便捷和高效的服务，也能极大地提高学校管理和运营的效率。例如，通过建立完善的信息系统，学校可以实时地了解各种服务的使用情况和学生需求，从而更加精确和及时地进行资源分配和调整。另外，学校服务的辐射范围是学校竞争力的重要体现。在当今这个信息高度透明和流动性极强的时代，一所学校的声誉和影响力往往不仅取决于它的教学质量和科研水平，更取决于它能否为学生提供辐射范围广、高质量的服务。因此，从长远发展的角度来看，高度的服务可访问性不仅有助于提升学校的社会声誉，也有助于吸引更多优秀的学生和教职员工。

（五）制定和执行学生社区管理的基础规章制度，确保学生社区的高效和谐运营

在高职院校“一站式”学生社区建设中，制定和执行学生社区管理的基础规章制度不仅是一项基础性目标，更是确保社区可持续、高效和和谐运营的关键。这一目标有着多方面的重要性和必要性，从社区的内部管理到与外界的互动，从维护个体权益到推动集体进步，都有其不可或缺的作用。

首先，一个有序、规范的社区环境是基础设施、信息管理、安全保障以及各种服务流程得以高效运作的前提。没有明确和执行力强的规章制度，即使有再完善的硬件设施和服务资源，也难以达到预期的使用效果。例如，如果没有明确的住宿和图书借阅规则，学生宿舍和图书馆就可能会陷入混乱，影响学生的生活质量和学习效果。其次，清晰明确的规章制度有助于维护学生的基本权益和公平正义。一个健全的制度环境能确保每个学生在享受社区资源和服务时都受到平等和公正的对待，从而消除或减少因身份、地域、性别等因素导致的不公平现象。这不仅有利于构建和谐的校园文化，也是社会公平和正义的具体体现。再次，有力的规章制度是推动社区内部和集体行为规范化、合规化的有效手段。在一个多元、开放的高职院校环境里，学生有不同的文化和社会背景，可能有着不同的价值观和行为习惯。因此，明确的规章制度不仅能规范个体行为，更能统一集体行为，为构建和谐、包容、共

融的社区文化提供有力的制度保障。最后，制度是社区与外部环境进行有效互动和合作的桥梁和纽带。随着高职院校与社会、企业、政府等外部组织的合作日益增多，一个完善的社区管理制度不仅能为这些合作提供明确的操作和评价标准，也能确保学校在复杂多变的外部环境中稳健、高效地运作。

二、“一站式”学生社区建设的深层次目标

（一）鼓励学生在社区和社会层面上做贡献，培养社会责任感

在当今这个信息化、全球化和多元化日益加剧的时代背景下，高职院校不仅要为培养学生的专业技能和知识，更需要在人文素养和社会责任感方面给予深入的培育。鼓励学生在社区和社会层面上做出贡献、培养社会责任感，就成为高职院校“一站式”学生社区建设的深层次目标之一。

社会责任感是现代人必备的核心素养之一，一个具有社会责任感的人不仅会积极投身社会实践，对社会的可持续发展做出贡献，更能在面对困难和挑战时展现出不屈不挠的精神和乐观进取的态度。这样的素养对于高职学生来说，不仅是他们未来职业发展的重要支撑，也是他们成为社会有用之才、全面发展的现代人的基础。鼓励学生在社区和社会层面上做出贡献，有助于提高他们的团队协作能力和人际交往能力。通过参与社区建设和社会服务，学生需要与他人合作解决问题，这不仅能锻炼他们的组织协调能力，还能帮助他们在与人交往的过程中，了解不同人的需要和期望，学会尊重和理解他人。

这一深层次目标有助于提高学生的自我认知和自我价值感。通过参与社区和社会活动，学生可以更加明确自己的兴趣和特长，认识到自己的价值和社会地位。这种自我认知和自我价值感的提高，有助于学生在未来的学习和职业生涯中，做出更加明智和合适的选择。此外，培养学生的社会责任感也是高职院校实现其教育目标、提升其教育质量的重要途径。一个具有社会责任感的学生，更可能成为一个终身学习者，一个有能力解决复杂问题和应对未来挑战的人。

（二）促进文化多样性与包容性，营造多元和包容的社区环境

促进文化多样性与包容性并营造多元和包容的社区环境是高职院校“一站式”学生社区建设的深层次目标之一。这一目标不仅是高职院校教育的自我要求，更是培养全球化人才的必然要求。

实现这一深层次目标的必要性主要体现在以下几方面：一方面，高职院校通常有不同背景、不同文化和不同信仰的学生群体。在这样一个多元化的环境中，如何确保每一个学生都能感到被尊重、被接纳，成为社区和教育管理中一个重要的议题。如果不加强对学生文化多样性和包容性的培育，将很容易导致种族、性别、宗教或文化等方面的歧视和偏见，这不仅会影响学生的个人成长，还可能对整个社区的和谐稳定造成威胁。另一方面，实现文化多样性与包容性的目标有助于学生的全面发展。通过与不同文化、不同背景的人交往和合作，学生能够开阔自己的眼界，丰富自己的人生经验。这不仅能增强他们的社会适应能力，还能提升他们在未来职场和生活中处理复杂问题的能力。同时，一个多元和包容的社区环境也有助于激发学生的创造力和创新精神，因为只有在一个开放、包容的环境中，人们才更容易跳出固有的思维模式，去尝试和接受新的事物。再一方面，促进文化多样性与包容性是提升高职院校教育质量和社会影响力的有效途径。一个能够尊重文化多样性的学生社区将更容易吸引优秀的师资和学生，这不仅能提升学校的教育质量，还能增加学校在社会上的影响力和认可度。

从全球化的趋势来看，文化多样性和包容性也是现代社会发展的必然要求。随着信息技术和交通工具的发展，世界各地的人们接触和交流的机会越来越多，文化交融和融合也成为不可逆转的趋势。在这样的背景下，如何培养具有全球视野、能够适应多元文化环境的人才，成为每一个高职院校都需要面对和解决的问题。

（三）关注与支持学生心理健康，设置心理健康支持系统和福利机制

在快速发展和高度竞争的现代社会背景下，学生面临着各种压力和挑战，主要包括学术压力、职业规划、人际关系和自我认知等。这些压力和挑

战不仅会影响学生的学术表现，还可能导致各种心理健康问题，如焦虑、抑郁和自卑等。鉴于此，关注与支持学生心理健康、设置心理健康支持系统和相应的福利机制，是高职院校“一站式”学生社区建设的深层次目标中一个尤为重要的内容。

随着心理健康问题在全球范围内日趋严重，越来越多的国家和组织开始重视心理健康问题的预防和治疗。在这样的背景下，高职院校作为人才培养的重要场所，有责任和义务关注和支持学生心理健康，以适应社会发展的需要。对于学生而言，心理健康不仅是其身体健康的重要组成部分，也是学生全面发展的重要基础。一个心理健康的学生更容易形成积极的生活态度和掌握高效的学习方法，也更容易在人际交往和社会适应方面表现出优势。反之，心理健康问题不仅会影响学生的学术表现，还可能为其未来的职业和生活带来不利影响。从社区整体的角度来看，关注与支持学生心理健康是增强社区凝聚力和稳定性的有效手段。一个有健康心理状态的学生群体更容易共同促成积极、健康、和谐的社区文化，这不仅有助于提高社区内部的互助和合作，还能有效减少各种社会问题的发生，如暴力、欺凌和各种不良行为等。对于高职院校而言，关注学生心理健康是提升教育质量和社会责任感的重要途径。通过建立完善的心理健康支持系统和相应的福利机制，高职院校不仅能有效提升学生的学习和生活质量，还能在一定程度上提升自身的社会影响力和公信力。

（四）集成创新和科技元素，提升社区管理的效率和精确性

在高职院校“一站式”学生社区建设中，将创新和科技元素集成到社区管理和学生活动中至关重要，因为它能显著提升社区管理的效率和精确性。现代科技，特别是信息技术和人工智能，已经在多个领域展示了其潜力。在学生社区管理中，利用科技手段如大数据分析、云计算和自动化工具，可以大大加速决策过程，同时减少因人为错误而导致的问题。这意味着管理者能更快地响应学生的需求和问题，学生则能在一个更加高效和安全的环境中学习和生活。

从教育质量和学生发展的角度来看，集成创新和科技元素具有重大意义。高职院校的主要任务之一是培养掌握实用技能和具有创新能力的高素质

人才。通过在社区管理和学生活动中融入科技和创新元素，学校不仅能为学生提供一个更加现代化和高效的学习环境，还能激发学生的创新思维和实践能力。例如，通过参与科技驱动的社区项目或活动，学生可以亲身体验创新和科技在实际问题中的应用，从而培养他们的实践能力和创新意识。从社会发展趋势来看，面对日趋复杂和多元化的社会环境，高职院校有责任培养学生具备适应未来发展所需要的各种素质和能力。这包括但不限于数字素养、信息素养和创新能力等。通过在社区管理和学生活动中集成创新和科技元素，学校可以为学生提供一个全面的、多元的学习平台，帮助他们更好地适应未来社会的各种挑战。从社会和经济的角度来看，实现这一目标是提升高职院校社会责任和竞争力的有效手段。在信息化和数字化日益普及的今天，科技和创新已成为推动社会和经济发展的重要驱动力。高职院校作为人才培养和知识创新的重要基地，有责任和义务跟进这一发展趋势，并将其融入教育和管理工作中。

三、“一站式”学生社区建设的终极性目标

（一）培养社会主义建设者和接班人

在当今社会，高职院校不仅是传授知识和技能的场所，更是世界观、人生观和价值观培养的重要平台。高职院校承担着培养社会主义建设者和接班人的重要责任。实现这一深层次目标，对于高职院校“一站式”学生社区建设具有至关重要的意义。

社会主义不仅是一种政治制度或经济模式，更是一种全面的社会文化现象，涵盖了政治、经济、社会、文化等多个方面。这就意味着社会主义建设者和接班人需要具备全面的素质和能力，包括但不限于思想政治觉悟、专业技能、人际交往能力等。高职院校的学生社区作为学生日常生活和社会实践的重要平台，正是实现这一目标的有力工具。通过各种社会实践活动、课程设计、社团组织等，学生社区可以有效地培养学生的社会责任感、团队合作精神和实践能力，从而为社会主义培养合格的建设者和接班人。与传统的课堂教学相比，学生社区具有更为灵活和多元的教育资源和形式，这为高职院校提供了一个绝佳的机会，通过多种多样的教育手段和活动，全面而有效地

培养社会主义建设者和接班人。例如，学生社区可以组织各种与社会主义核心价值观相关的讲座、研讨会和实践活动，以深化对学生的思想政治教育，也可以通过社会服务和志愿活动，培养学生的社会责任感和集体主义精神。高职院校作为社会主义现代化建设的重要力量，有责任和义务为社会主义建设提供科技和人才支持，这就要求高职院校不仅要培养学生的专业技能和知识，还需要注重其思想政治和人文素养。只有这样，才能确保培养出的人才是全面发展的社会主义建设者和接班人，而不仅仅是某一方面的专家或技术人员。

从国家和社会的长远发展来看，培养社会主义建设者和接班人是一项具有战略意义的任务。特别是在当今世界政治经济格局发生快速变化的背景下，社会主义建设面临着诸多新的挑战和机遇。因此，高职院校有责任通过其“一站式”学生社区建设，为社会主义培养一批具有全面素质和国际视野的年轻建设者和接班人。

（二）落实全面素质教育，使学生社区成为全面素质教育的实践平台

实现全面素质教育的终极目标并非一个教育层面上的问题，而是一个涵盖社会、文化和个人成长多个方面的综合议题。在这个背景下，高职院校“一站式”学生社区建设提供了一个有利于落实全面素质教育的实践平台。全面素质教育是对人的全面发展、全面进步和全面解放的教育，它不仅包括知识和技能的培养，还包括审美、道德、体育和其他各方面能力的培养。传统的课堂教学往往重视知识传授和技能训练，但在情感、态度、价值观等方面的教育却相对薄弱。学生社区作为学生日常生活和社交的重要场所，正是对这些“软素质”进行培养的好机会。

首先，学生社区本身就是一个小型的社会，涵盖了从居住、休闲到学习、工作等多个方面。在这里，学生不仅可以学习专业知识，还可以通过参与各种社区活动，如志愿服务、社团活动、文体竞赛等，来培养自己的社会责任感、团队精神和组织协调能力，这些“软素质”在今后的学习和工作中都是非常重要的。其次，学生社区的管理和运营本身也是一个复杂的系统工程，涉及战略规划、项目管理、人力资源等多个方面。通过参与社区的建设

和管理，学生可以获得宝贵的实践经验，培养自己的创新意识和问题解决能力。这对他们未来的职业发展是非常有益的。最后，全面素质教育注重对人的心理健康和情感需求的关注。在现代社会，心理健康问题越来越受到重视，但很多高职院校在这方面还存在不足。学生社区可以通过设置心理咨询室、举办心理健康讲座等方式，为学生提供心理支持。这不仅有助于提高学生的心理健康水平，也有助于营造一个更加和谐和健康的校园环境。

（三）实施可持续发展战略，促进环境保护和资源节约

在当前全球面临诸多环境问题和资源紧张的大背景下，实施可持续发展战略并促进环境保护与资源节约已不再是单纯的社会议题，而是全球性的紧迫需求。基于此，高职院校作为培养未来社会主力军的重要场所，有责任和义务在这方面进行深刻的教育和实践。因此，将可持续发展战略融入“一站式”学生社区建设的终极目标中，不仅具有深远的教育意义，也对学校自身和社会有积极的推动作用。实现这一终极目标的必要性主要体现在以下几方面。

第一，实施可持续发展战略是对高职院校自身发展的长远考虑。学生阶段不仅是学习知识和技能的过程，更是世界观和价值观形成的关键时期。学生社区作为学生日常生活的主要场所，其运行方式、管理理念以及与学生的互动模式都会对学生产生深远的影响。通过实施可持续发展战略，如优化能源利用、推广再生资源、减少浪费等，不仅可以提升学生社区自身的运行效率和生态友好性，还可以通过实际行动对学生进行环境保护和可持续发展的教育。

第二，高职院校作为社会教育体系中的一部分，其行为和决策具有一定的示范作用，尤其在当前环境问题日益严峻、全球可持续发展面临诸多挑战的情况下，高职院校更应该在可持续发展方面发挥先锋作用，成为社会各界学习和借鉴的榜样。通过在学生社区内开展一系列可持续发展项目，高职院校不仅可以提升自身在社会和学界的影响力，还可以激励更多的机构和个人参与到这一崇高的事业中来。

第三，实施可持续发展战略有助于促进全球性的环境保护和资源节约。与传统的经济发展模式相比，可持续发展更加注重经济、社会和环境三个维

度的平衡和协调。通过在学生社区内推广这一理念，高职院校不仅可以培养一批具有全球视野和责任感的优秀人才，还可以为解决全球性的环境和资源问题贡献自己的力量。

（四）提升学生社区的知名度和影响力，实现国际化的管理和交流

在当今全球化、信息化的背景下，提升学生社区的知名度和影响力，实现国际化的管理和交流，已经成为高职院校“一站式”学生社区建设的终极性目标之一。实现这一目标不仅对提升学校自身的竞争力具有重要意义，还有助于培养具有国际视野和全球竞争力的人才。

随着经济全球化、科技发展和文化交融的不断深化，未来的社会将更加需要具有国际视野和跨文化沟通能力的人才。高职院校作为人才培养的重要基地，有责任和义务培养出能够适应这一发展趋势的学生。而学生社区作为学生日常生活和社交活动的重要场所，其国际化水平直接影响到学生的国际视野和全球竞争力的培养。通过提升学生社区的知名度和影响力以及实现其国际化的管理和交流，不仅可以为学生提供更多的国际交流和学习机会，还可以让他们在社会实践中提升自己的国际视野和跨文化沟通能力。

与此同时，提升学生社区的知名度和影响力是对高职院校自身发展的有力推动。一个具有高知名度和影响力的学生社区不仅可以吸引更多的优秀学生和教师，还可以与更多的国内外机构和企业建立合作关系，从而获取更多的教育和科研资源。通过国际化的管理和交流，学生社区也可以吸引更多的国际学生和教师，这将有助于提升学校的国际知名度和影响力，从而更好地实现其全球化发展战略。

另外，提升学生社区的知名度和影响力以及实现其国际化的管理和交流，也是对未来社会需求的有力响应。随着科技的快速发展和人类社会的不断进步，未来的世界将更加需要具有国际视野和全球竞争力的人才。而高职院校作为未来社会发展的重要参与者和推动者，有责任和义务为解决这一问题做出自己的贡献。

第三节 “一站式”学生社区建设指导思想

一、习近平新时代中国特色社会主义思想

习近平新时代中国特色社会主义思想，是对马克思列宁主义、毛泽东思想、邓小平理论、“三个代表”重要思想、科学发展观的继承和发展，是马克思主义中国化最新成果，是中国特色社会主义理论体系的重要组成部分。在高职院校“一站式”学生社区的建设过程中，习近平新时代中国特色社会主义思想为其提供了重要的指导。

一方面，创新、协调、绿色、开放、共享的新发展理念，是习近平新时代中国特色社会主义思想的重要内容，这些理念在高职院校“一站式”学生社区的建设中具有非常重要的应用价值。首先，“创新”是推动高职院校和学生社区不断前行的动力源泉。社区应该积极采用新技术，如利用大数据和人工智能来优化教学和管理，同时鼓励学生提出新思想、新观点，形成具有创新性的学习和研究环境。其次，“协调”意味着在社区建设中要充分考虑多元化的需求和资源，形成一个和谐但多样的环境。这包括了解学生在学术、职业、心理等多个方面的需要，并通过综合性的服务和支持来实现这些需求的协调统一。再次，“绿色”强调在社区建设和运营中必须注重环境保护和可持续发展，例如，推广绿色能源，减少资源浪费，让学生在一个健康、环保的环境中成长。最后，“开放”不仅是对外界，也是对内部多元意见的一种态度。学生社区应该积极与外界进行交流合作，同时要充分尊重并汲取学生、教师以及其他参与者的意见和建议。最后，“共享”强调社区资源应当公平地分配给每一个成员，不仅是物质资源如图书、设施，还包括非物质资源如知识、信息和机会。这样，每个人都能在“一站式”学生社区中找到属于自己的成长空间和发展机会。总体来说，这些发展理念为高职院校“一站式”学生社区提供了一个全面、科学、可持续发展的框架和方向。

另一方面，习近平新时代中国特色社会主义思想倡导培育和践行社会主义核心价值观，包括富强、民主、文明、和谐等，对高职院校“一站式”学

生社区的建设具有理念指导意义。首先，富强和民主的价值观应体现在学生社区的组织结构和运营中，激励学生积极参与社区事务，通过民主方式达成共识，推动社区的整体发展。其次，文明和和谐的价值观应该融入社区文化和活动中，如组织各种文明礼仪、文化交流、艺术展览等活动，以提升学生的综合素质和社会责任感。再次，自由、平等、公正、法治的价值观应贯穿于社区的管理和服务，确保所有学生在享受社区资源和机会时被平等对待，同时应严格遵守相关法律法规，维护社区的和谐稳定。最后，爱国、敬业、诚实、友善这些价值观应植入教育培训和日常交往中，以形成一种正向、健康、互助的社群文化。通过这样全面而深入地将社会主义核心价值观融入“一站式”学生社区的各个层面，不仅可以促进学生个体全面发展，还能进一步强化社区凝聚力，形成具有高度社会责任和使命感的社群，从而更好地服务于社会和国家的长远发展。总体来说，社会主义核心价值观不仅是高职院校“一站式”学生社区建设的精神支柱，也为社区成员提供了一种共同遵循和追求的价值取向。

二、以人为本

党的二十大报告指出，坚持人民主体地位，充分体现人民意志、保障人民权益、激发人民创造活力。这充分体现了以人为本的指导理念。实际上，“以人为本”理念的提出可追溯至春秋初期，齐国政治家管仲明确提出“以人为本”这一概念。古往今来，对于“以人为本”概念的理解，仁者见仁，智者见智，但说到底，以人为本就是一切以人的需要、人的发展为中心，体现人的主体地位，强调对人的尊重和对人的价值的肯定。① 这一理念对于高职院校“一站式”学生社区建设有非常重要的指导意义。

当代高职学生思想正处在一个多元化和个性化的发展阶段，单一的管理模式或方法已经难以满足他们复杂多样的需求。这正是“以人为本”的管理理念发挥作用的关键时刻。将学生视为社区建设和管理的核心，充分了解和关注他们的具体需求，是建立有效管理体制的前提。例如，在教育方法、社区活动或服务提供方面，都应尽量以学生为中心，充分考虑他们的兴趣和需

① 陈悦.基于生本理念的高校“一站式”学生社区建设的思考[J].天南，2023(4)：121-123.

求。针对此，高职院校应积极应对学生思想行为的多元化特点，通过建立多元化的教育和管理模式，以适应不同学生群体的需求。这也意味着管理体制应更加灵活，以适应学生多元化的发展需求。例如，可以设置不同的学习空间和活动区域，以适应不同类型的学生需求。

“以人为本”在高职院校学生社区管理上的具体体现就是“以学生为本”，强调从学生的全面发展和长远需求出发，而不仅仅是短期利益或表面需求。作为教育机构，高职院校的首要任务是助力学生成长和成才。为了实现这一目标，学校需要与时俱进，适应社会的多元化和快速发展，培养出满足社会需求的高端人才。这不仅包括专业技能和知识的传授，更包括价值观、人文素养、社交能力等多方面的培养。因此，“以学生为本”不仅是一种教育理念，更是一种全方位、多维度的教育模式。它强调的是为学生创造一个有利于其全面发展的环境，无论是在学术、职业还是个人成长方面。这样的教育模式不仅能够更好地满足学生和社会的需求，也更有利于学校自身的持久和健康发展。因此，“以学生为本”是高职院校学生社区管理的核心理念和行动指南，也是高职院校教育目标的具体体现。

另外，通过社会、学校、后勤等各部门的资源的全面整合，以服务学生成长成才为中心，构建以服务学生成长成才、解决学生困难、方便学生办事、维护学生权益的“一站式”学生社区管理模式十分重要。以学生的实际需求为基础，以学生的全面发展为核心，努力培养学生的创新意识、提高综合素质为重点，全心全意地为学生提供各类服务，充分保障学生的权利，激发其积极性与创造力。

三、为人民服务

全心全意为人民服务不仅是中国共产党的宗旨，也是社会主义道德的根本要求。这一思想观念最早出现于毛泽东 1939 年 2 月 20 日给张闻天的信中，经过多年的历史发展和理论深化，已成为中国特色社会主义的基本理念之一。我国各个时期的领导人都在不同的社会和经济背景下，对“为人民服务”这一核心观念进行了丰富和拓展。在社会主义市场经济背景下，“为人民服务”这一思想不仅仅是一个政治口号或是一种道德指导，更是一种具体到各个生活领域、深入每一个人心中的实践观念。这一点尤其反映在解决当前如何更有效地调动人们的积极性和主动性的问题方面。在一个日益复杂多元的社会环境中，“为人民服务”不仅要求政府和党组织负责和敬业，还要求每一位公民都能在自己的位置上发挥作用，共同推动社会进步和谐发展。换言之，“为人民服务”已经从一个纯粹政治性的概念转变为一个全社会共有的价值观和行动指南。它鼓励全体人民，不论身处何种角色，都应该以服务于人民的福祉为最终目标，通过各自的努力和贡献，推动社会的全面进步。这种全方位、多层次的“为人民服务”观念，不仅是社会主义道德建设的重要组成部分，也是社会和谐、促进全体人民共同富裕的有效途径。

基于“为人民服务”思想的指导，高职院校学生社区的建设应以“学生为本”为出发点，尊重每一个学生的价值和尊严，激励社区建设者深刻认识到服务的不仅仅是一群求学的青年，更是未来社会的中坚力量。因此，每一项社区服务，无论是学习辅导、心理咨询还是生活便利设施，都应该从学生的实际需求和利益出发，旨在为学生解决生活和学习中遇到的困难。同时，尊重学生的主体地位并不仅仅是口号，而是要在日常管理和服务中得以体现。这包括充分听取学生的意见和建议、平等对待每一位学生以及在决策过程中让学生有话语权。只有这样，才能真正维护学生的权益，为他们创造一个安全、舒适和有助于全面发展的环境。另外，“为人民服务”也意味着要负责任。社区建设者在提供各类服务时，不仅要确保服务的质量，还需要考虑其长期影响，确保所有的决策和行动都是以学生的长远利益为出发点的。这种对学生负责的态度不仅体现在明确的规章制度中，更体现在那些看似微不足道但对学生生活有重要影响的日常事务中。

总之，高职院校从事学生社区建设与管理的工作人员担负着为祖国培养接班人、为社会主义事业培养建设者的重担，更要切实履行为人民服务的宗旨，为学生提供更好的服务。

四、人的全面发展

党的二十大报告指出，全面贯彻党的教育方针，落实立德树人根本任务，培养德智体美劳全面发展的社会主义建设者和接班人。“人的全面发展”是我国教育方针的基础，历经多年的发展与实践，其逐渐形成了更加完善和丰富的内涵。这一指导思想为中国教育事业发展铺平了道路，特别是在培养高素质人才方面。它使得教育不是局限于学术和技能培训，而是涵盖了道德修养、社会责任感、创新能力等多个方面，真正做到了全人教育。因此，人的全面发展不仅是一种教育目标，更是一种教育方法，它要求高职院校在培养人才的同时，要关注他们作为人的全面成长，包括他们的身体健康、情感健康、社交能力等。

人的全面发展不仅是当代社会高度关注的议题，也被视为人类进步的终极目标，而学校的教育理念在人的全面发展过程中起着重要的作用。马克思关于人的全面发展是在资本主义大工业生产这样的背景下提出来的，他认为，人的全面发展包括三个方面：一是在个人方面，主要是实现个人能力、性格、需求与社会关系的共同发展；二是对于人类而言，需要实现全面发展，掌握各方面的技能；三是在宇宙方面，需要实现人和人、人和社会以及人与自然的协调发展。① 在现代社会背景下，人的全面发展主要关注个体的多维能力、各种社会关系以及潜能的综合提升，目的是促使每个人达到其本质自我状态。由于学生群体在年龄、兴趣、素质和成长环境等方面都存在明显的差异，这就要求高职院校能够充分认识到每个学生的个性和需求的多样性。这种多样性不仅体现在学科知识的掌握上，还包括心理、社交、情感等多个方面。因此，教育不仅要教授学科知识，还需要关注学生的心理和情感需求，促进他们在社交、创造性、批判性思维等方面的发展。在这一过程中，把握学生的实际需要与主体性，特别是对不同类型学生的多元需求给予足够的重视，是十分重要的。这样，高职院校不仅能够保障学生的基本权利，还能帮助他们实现全方位、多维度的个人发展。

第四节 “一站式”学生社区建设现有成效

一、育人意识逐渐增强

高职院校“一站式”学生社区建设近年来有一系列显著成效，其中较为突出的就是育人意识的不断增强。这一变化得益于多方面因素的共同作用，

① 马克思，1844 经济学—哲学手稿 [M]. 刘丕坤，译 . 北京：研究出版社，2021：62-84.

包括国家教育政策的引导、高职院校自身的战略调整以及学术界和社会的普遍关注。

“一站式”学生社区不仅是一个简单的住宿或者生活空间，更是一种教育和人才培养的有机组合。各大高职院校逐渐意识到，学生社区不仅可以是传统教学的补充，还可以作为立德树人的重要平台。这种转变不仅体现在物质条件的改善上，如公寓环境、公共设施等，更重要的是管理思路和教育模式的全面更新。具体来说，高职院校在学生社区建设上开始采取更为综合和全面的措施，如在社区内设立心理咨询室、职业规划中心和多功能学习空间等，这些不仅满足了学生日常生活的需要，也为他们提供了更为丰富和多元的教育资源。各类社团活动、讲座、工作坊等也被纳入学生社区的管理体系，旨在促进学生全面发展。这些变化不仅得到了学生和家长的广泛认可，也在业界和社会上产生了积极的影响。例如，一些高职院校因为其在学生社区建设上的优秀表现，获得了更多优质生源，这无疑提升了学校自身的教育品质和社会声誉。与此同时，高职院校需要注意一站式学生社区建设中可能出现的问题，如管理过程中的不规范、资源配置的不合理等，并需要不断地进行反思和优化。

总之，高职院校“一站式”学生社区建设作为一个复杂而多元的系统工程，其成功在很大程度上取决于有效地将育人功能融入各个环节之中，而这也正是目前高职教育最为关注和迫切需要解决的问题。

二、制度建设有所进步

在社会和政治大背景下，对高职院校人才培养和学生管理的重视推动了高职院校对旧有管理制度进行全面审视，这种审视首先体现在教育和管理层面的整合。高职院校逐渐认识到，传统的学生社区管理制度主要集中在学生的生活起居上，忽视了更加全面和深远的教育目标。在这样的观念驱动下，高职院校开始通过一系列制度性改革来推动学生社区的全面发展。

为了适应新的社会需求和学生规模，高职院校通常会成立专门的学生社区管理中心，这个中心不仅负责日常的社区事务管理，还负责与各学院、教务处、学生事务部等多个部门进行沟通和协调。这一改变实际上是一种制度创新，它解决了原有体制下难以协调和统一管理的问题。这些管理中心也通常有更加明确和详细的管理规章和制度，涵盖社区内的学术、文娱、心理健康等各个方面。与此同时，很多高职院校也开始推行学生社区内的民主管理，例如，通过学生代表参与社区事务的决策，这不仅能够提升学生的参与感，还能培养他们的组织和管理能力。不仅如此，高职院校还积极引入现代化的信息管理系统，以提高学生社区的管理效率。例如，通过移动应用或网站平台，学生可以更加方便地了解社区内的各种信息和活动，也可以通过这些平台进行报修、投诉等操作，这在很大程度上提升了学生的生活品质。

三、管理队伍不断优化

高职院校学生社区从公寓管理到社区治理，其管理队伍得到了明显的扩展，具体可以从四个阶段来看。

第一阶段是1949年到1978年。由于社会经济条件和教育资源相对有限，高职院校的办学条件和内部管理结构都相对简单和原始。这一阶段的特点是校园内的学习和生活高度融合，没有专门的管理队伍来负责学生社区或公寓管理工作。事实上，所有的学校工作人员——主要是校长和教师——不仅担任教育和教学任务，还兼任管理和服务职责。教师和学生往往会同吃同住，形成一种亲密而深厚的师生关系。这种模式下，校长和教师自然而然地成为学生社区的管理者，他们在完成教学任务的同时，也需要关心学生的生活起居，甚至包括心理健康和职业发展等方面。这种管理模式具有一定的便利性和高效性，但也存在局限性和问题，如管理职责不明确、专业性不足等。

第二阶段就是传统管理模式的主要阶段。这一阶段的显著特点是学生社区的管理主体由个体扩展为部门，在此之前主要由校长和教师负责的多重事务，逐渐被不同的专门部门接管。例如，学工部主要负责学生的日常行为和纪律管理，后勤部负责学生宿舍和其他生活设施的维护，党团组织负责思想政治教育，社团组织提供各种课外活动和个人发展的平台。这样的变化不仅提高了管理效率，还使各个部门能更加专注其主要职责，进一步提升了教育和服务质量。这种部门化的管理模式有效地解决了单一管理主体带来的问题，如职责不明确、专业性不足等，但同时带来了新的挑战，如部门间沟通和协调的复杂性增加以及需要保持学生社区内部的和谐和统一等。

第三阶段是以物业管理模式为代表的阶段。这一阶段中，高职院校开始寻求与校外企业、校友和其他社会办学力量的合作和支援，目的是向学生提供更加多元化和全面的服务。与此同时，由于社区管理主体的多元化和开放性，学生社区的利益相关者也相应增多，这包括学生和教职工，还有参与社区建设和管理的企业、供应商、校友以及社会团体等。这种多元、开放的管理模式有助于资源的优化配置，提高管理效率和服务质量，同时为学生提供了更加丰富和多样的发展机会。

第四阶段是书院制管理阶段。在多元、民主、协商等现代治理理念普遍被大众所接受的社会环境下，这一管理模式应运而生。在这个阶段，学生主体意识显著增强，高职院校也更加重视学生的自我管理和参与能力。与之前的管理模式不同，书院制鼓励学生参与社区治理，使他们不仅做社区服务的接受者，还能成为社区建设和管理的参与者。这样不仅丰富了社区治理主体，也让治理更加多元和合理。这种模式在很大程度上激发了学生的主动性和创造性，有助于他们全面发展，同时为高职院校提供了一种更加灵活和适应性强的治理模式。

总体来看，学生社区管理主体在数量上不断增加，范围上不断扩展，各主体的地位逐渐得到重视和调整，整个管理队伍呈现不断优化的趋势。[①]

四、社区功能向育人转化

学生社区的功能是随着社会经济发展水平和学生的学习生活需求的变化而逐渐转变的。从学生社区管理经历的模式来看，传统模式下，在传统模式下，学生社区主要是解决基本生活需求的场所，如提供住宿，这一阶段的核心是确保学生的基本生活得以维系。在物业模式下，社区环境有了明显的提升，为学生提供了更加丰富和舒适的物质条件，同时，商业化管理带来了更多的物质便利，也激发了学生对社区的主人翁意识，从被动接受社区治理逐渐转变为主动参与和提出需求。在书院制模式下，学生社区不仅是生活和学习的场所，更是一个以“育人”为核心目标的综合体。在这里，不仅物质条件得到了优化，管理制度和管理队伍也可以更好地服务学生的全面发展。这

① 周峰.高职院校新型学生公寓管理队伍建设的现状与对策[J].数码精品世界，2022(9)：52-54.

意味着社区不仅提供物质支持，还关注学生的精神成长和个人发展。书院制学生社区虽然在“育人”方面有着明确的定位和一系列相关的制度措施，但并不意味着它是学生社区所有功能的集大成者。在“三全育人”治理模式下，高职院校学生社区还需要进一步挖掘其在科研育人、资助育人、组织育人和实践育人等方面的潜力。相对于其他管理模式，书院制虽然不是最理想的社区发展模式，但至少它明确了“育人”的核心目标，并为实现这一目标提供了制度支持，这无疑是学生社区改革中的一大进步。

综上所述，高职院校学生社区的功能总体上经历了维持基本生活、舒适丰富生活、现代化生活与教育的进步转化，学生社区的功能逐渐从单一的生活服务扩展到多元的育人目标。这一转变不仅反映了社会和教育环境的变化，也显示了高职院校在适应这些变化方面的不断努力和创新。

第六章　高职院校“一站式”学生社区建设的条件保障

第一节　加强机制建设

一、健全法规制度保障机制

随着我国依法治国的推进，高职院校学生社区的法制化建设势在必行，这也是高职院校内部治理的现实需求。为了让高职院校学生社区的管理过程有法可依、有章可循，可以着眼以下三个层面，如图 6-1 所示。

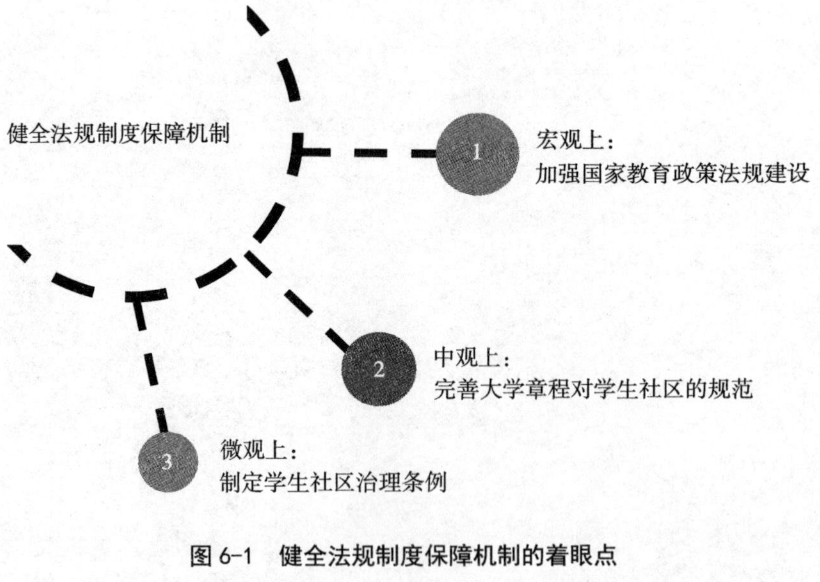

图 6-1　健全法规制度保障机制的着眼点

（一）宏观上，加强国家教育政策法规建设

近些年，党和政府已经为高职院校学生的教育和管理提供了明确的政策指导，并出台了相关的法律法规。例如，《中华人民共和国高等教育法》和《普通高等学校学生管理规定》等，为高职院校学生社区的治理提供了基本的法律框架。高职院校在进行学生社区治理时，应当以这些法律法规为基础，深入理解其中的法律意旨，并确保其管理行为与法律规定相一致。同时，鉴于社会经济的快速变化和高职院校自身的改革发展，有必要进一步完善和更新法律法规体系。特别是将“学生社区”这一特定领域纳入法律监管范围，以确保学生社区的治理更加具有针对性和指导性。

（二）中观上，完善大学章程对学生社区的规范

大学章程作为高职院校内部的“母法”，在我国的历史中有着悠久的传统。早在清末民初，我国便有了《奏议京师大学堂章程》《钦定京师大学堂章程》《奏定大学堂章程》等大学章程的雏形，这些章程已经涵盖了办学宗旨、经费管理、课程设置和章程修改程序等与现代大学章程类似的内容。作为高职院校办学的指导文件，大学章程不仅明确了学校的办学宗旨、内部管理制度和财务管理规定，还为政府、社会和大学等相关方面在大学治理中提供了关键的参考。进入20世纪中后期，随着软法的兴起，不完全依赖强制力的治理体系下的管理秩序逐渐受到重视。相对于如《中华人民共和国高等教育法》这样的“硬法”，大学章程更具有“软法”的特点。这种软法是由大学组织成员共同商议并制定的，旨在约束组织成员的行为，确保其按照事先约定的规定行事，从而为大学内的学生教育管理工作提供了关键的依据。

20世纪90年代中后期《中华人民共和国教育法》和《中华人民共和国高等教育法》规定，“成立大学应有大学章程”，大学章程的建设便逐渐受到广泛关注。2011年底，教育部出台了《高等学校章程制定暂行办法》，这进一步凸显了大学章程在高等教育领域的核心地位。大学章程不仅为政府提供了一个转变职能、提高执政效能的契机，也为高职院校在依法治校的过程中，完善其内部管理结构提供了坚实的法律支撑。可以说，大学章程的建设不仅是对传统管理模式的完善，更是推动大学制度走向现代化的关键步骤。

大学章程的内容应该全面覆盖高职院校办学的各个环节，确保学校的内部治理结构完整且具有前瞻性。除了传统的办学理念、目标、学科专业布局和教师管理等内容外，还需将学生社区纳入治理体系，明确学生社区的核心价值、治理目标和原则，强调其在育人中的关键作用。学生社区应被视为一个重要的育人平台，其在实践、组织、管理、服务和文化育人等方面的功能应得到明确定位。为了进一步强化学生社区的地位，高职院校应将更多的教育管理资源投向学生社区，构建一个完善且独立的学生社区治理体系。同时，为确保社区管理的权威性和正当性，其管理规范在内容和程序上都应与上级法律保持一致，这样才能真正推进学生社区的法治化建设。

（三）微观上，制定学生社区治理条例

高职院校在制定学生社区治理措施时，应充分考虑学校的办学特点和学生社区的实际运营情况。这意味着，学校需要根据自身的办学经验和学生的发展需求，设计一套全面的治理策略。这些策略应涵盖学生社区治理机构的建设原则、运行和保障机制，明确社区管理委员会的组成和比例以及人员的聘用和管理规定。此外，学生的自我管理和服务标准也应纳入考虑范围。经过学生社区的民主讨论和决策，这些策略可以被整合为《学生社区管理条例》。这样的成文规定不仅为社区的领导、管理者和学生提供了明确的行为准则，还为治理人员提供了行动指南，确保学生社区治理的有效性。总之，从制度到实践，这套管理条例为学生社区的治理提供了具体的指导和标准，确保治理活动的精确性和实用性。

二、健全合作与交流机制

高职院校"一站式"学生社区建设中，合作与交流机制的完善，旨在构建一个高效、有序且富有活力的学生社区，使之成为学生、教师和管理者之间沟通与合作的桥梁。

（一）建立多方参与的平台

建立多方参与的平台对于学生社区的健全和发展至关重要。学生社区作

为高职院校的一个重要组成部分，其功能和影响远远超出了居住的范畴。教师、管理者、外部合作伙伴等都是学生社区的重要参与者和利益相关方。因此，构建一个开放、包容的平台显得尤为关键。这样的平台首先能够确保所有相关方的声音都能够被听到。在决策过程中，每一个参与者都有自己的需求和期望，只有当这些需求和期望都被充分考虑和平衡，决策才能够真正做到公正和合理。例如，学生关心的可能是社区的学习和生活环境，教师关心的可能是教学和研究的设备，管理者关心的可能是社区的运营和管理效率，外部合作伙伴关心的可能是合作的机会和效果。只有当这些不同的需求都被充分考虑，决策才能够真正做到全面和有效。此外，开放、包容的平台还能够大大提高决策的执行效率和效果。当所有相关方都参与到决策的过程中，他们都会对决策的结果产生共同的认同和支持，从而更加积极地参与到决策的执行中。这不仅能够减少执行过程中的阻力和摩擦，还能够充分调动各方的积极性和创造性，使得决策的执行更加高效。

（二）加强与外部的合作与交流

在当今的全球化背景下，任何一个组织或机构的发展都不能孤立地进行，尤其是教育机构，它们需要与外部世界建立广泛的联系和合作，以便更好地适应和应对外部环境的变化和挑战。

首先，与外部高职院校的合作可以为学生社区带来更多的学习和交流的机会。不同的高职院校有其独特的办学特色和优势，通过与这些学校的合作，学生可以有机会了解和学习其他学校的先进经验和做法，从而拓宽自己的视野，增强自己的竞争力。同时，这种合作可以为学生提供更多的实践机会，如各种学术研讨会、实践活动等，从而更好地将理论与实践相结合，提高自己的实践能力。

其次，与企业和社会组织的合作可以为学生社区带来更多的资源和支持。企业和社会组织在各自的领域都有丰富的经验和资源，通过与这些组织的合作，学生社区可以引入更多的外部资源，如资金、技术、人才等，从而更好地支持学生社区的建设和发展。同时，这种合作可以为学生提供更多的实习和就业的机会，帮助学生更好地实现自己的职业规划和发展目标。

最后，与外部的合作与交流可以为学生社区带来更多的创新机会。外部的合作伙伴可以为学生社区提供更多的新思路、新方法和新技术，从而推动学生社区的创新与发展。同时，这种合作可以为学生社区提供更多的反馈和建议，帮助学生社区更好地发现和解决自己的问题，从而不断完善和提高自己。

三、健全管理与监督机制

高职院校“一站式”学生社区建设的条件保障中，健全管理与监督机制是确保社区健康、有序和高效运行的关键。管理与监督机制不仅涉及社区的日常运营，还关乎社区的长远发展和持续创新。

（一）明确管理与监督的目标和定位

明确管理与监督的目标和定位是学生社区健康发展的基石。第一，管理与监督的首要目标是确保学生社区的权益。学生社区是为学生服务的，所有的管理和监督活动都应该以学生的利益为出发点和归宿。这意味着，管理者在制定和执行管理决策时，都应该充分考虑到学生的需求和期望，确保每一项决策都能够为学生带来实际的利益。第二，管理与监督的目标应包括提高社区服务质量。学生社区提供的各种服务，无论是学习辅导、心理咨询还是日常生活服务，都应该符合一定的质量标准。为此，管理者需要建立一套完善的服务质量评价和反馈机制，确保每一项服务都能够满足学生的需求。第三，促进社区的持续创新和发展是监督与管理的主要目标。随着社会的发展和学生需求的变化，学生社区也需要不断地进行创新和改进，以适应新的发展趋势。为此，管理者应该建立一个开放、包容的创新机制，鼓励所有社区成员参与创新活动，共同推动社区的发展。为了实现上述目标，管理与监督的定位应该是建设性的、指导性的和服务性的。这意味着，管理者在进行管理和监督活动时，不仅是为了找出问题和进行批评，更重要的是为了提供指导、帮助和服务，帮助社区成员更好地完成自己的工作，实现社区的整体目标。

（二）加强对学生社区的实时监控

在当今的高职院校中，学生社区作为学生日常生活和学习的重要场所，其健康、有序和高效地运行对于学生的成长和发展具有至关重要的意义。为此，加强对学生社区的实时监控成为学校管理者的首要任务。实时监控不仅可以及时发现和处理各种突发事件，确保学生的生命安全和社区的正常运行，还可以帮助管理者了解学生社区的运行状况，为管理决策提供有力的支持。

首先，重视实时监控。在一个开放、活跃的学生社区中，随时可能发生各种突发事件，如火灾、突发疾病、安全事故等。这些突发事件不仅可能威胁到学生的生命安全，还可能影响到社区的正常运行。因此，实时监控成为确保学生社区安全和稳定的重要手段。通过对学生社区的各项活动、服务和设施进行实时监控，管理者可以及时发现这些突发事件，迅速采取应对措施，最大限度地减少其对学生和社区的影响。其次，通过实时监控了解学生社区的运行状况。学生社区是一个复杂的系统，涉及众多的活动、服务和设施。为了确保这些活动、服务和设施的高效运行，管理者需要对其进行全面、深入的了解。通过实时监控，管理者可以了解学生社区的各项活动、服务和设施的运行情况，如学生的参与度、服务的使用情况、设施的运行状态等。这些信息对管理者制定管理决策、进行资源配置、优化服务流程等都是非常重要的。最后，通过实时监控收集学生的反馈和建议。学生是学生社区的主体，他们对社区的各项服务和活动有着直接的感受和体验。为了提供更加贴心、个性化的服务，管理者需要了解学生的需求和期望。通过实时监控，管理者可以及时收集学生的反馈和建议，了解学生的真实需求，为学生提供更加满意的服务。

四、健全评价导向机制

高职院校“一站式”学生社区建设的条件保障中，评价导向机制不仅是对学生社区建设成果的反馈，更是对未来发展方向的指引。它涉及准确评价学生社区的运行效果、根据评价结果进行调整和完善以及确保评价机制本身的公正性和科学性。因此，应明确评价的目的、采取多样化的评价方法、确保评价过程的公正性和透明性、以评价结果为导向优化工作。

（一）明确评价的目的

评价的目的是多方面的，它既包括确保学生社区建设的方向和目标的正确性，提高学生社区建设的效率和效果，促进学生社区建设的持续创新和发展，也包括增强学生社区建设的公信力和影响力。因此，高职院校在进行“一站式”学生社区建设时，必须重视评价导向机制的建立和完善，确保评价的科学性、公正性和有效性。评价的目的主要包括以下几方面，如图 6-2 所示。

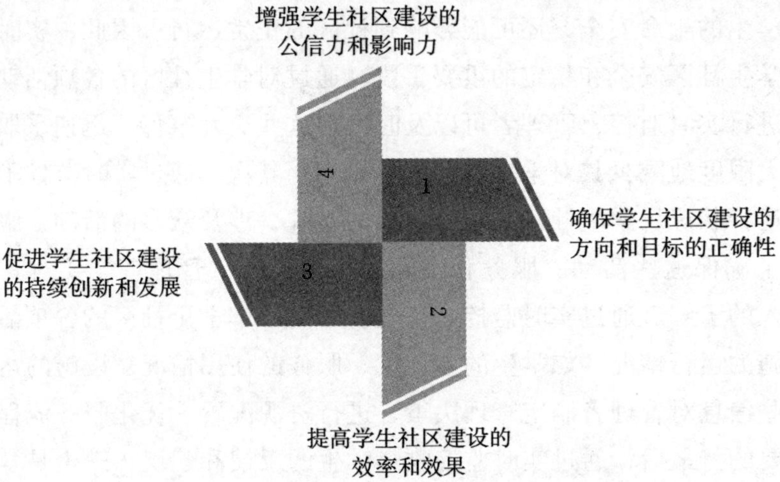

图 6-2 “一站式”学生社区建设的评价目的

1. 确保学生社区建设的方向和目标的正确性

学生社区建设不是一个孤立的、静态的过程，而是一个与学校的整体发展战略、学生的成长需求、社会的发展趋势紧密相连的过程。因此，评价的目的就是要确保学生社区建设始终与这些因素保持一致，始终沿着正确的方向前进。

2. 提高学生社区建设的效率和效果

学生社区建设涉及众多的资源、人员和时间，如何确保这些资源、人员和时间得到最有效的利用，是每一个学校管理者都需要面对的问题。而评价就是一个有效的工具，它可以帮助学校管理者了解学生社区建设的实际情况，找出存在的问题和不足，从而采取针对性的措施，提高学生社区建设的效率和效果。

3. 促进学生社区建设的持续创新和发展

学生社区建设不是一个一蹴而就的过程，而是一个需要不断创新、不断发展的过程。评价可以为学校管理者提供有关学生社区建设的最新信息和数据，帮助他们了解学生社区建设的最新趋势和发展方向，从而为学生社区建设提供有力的支持。

4. 增强学生社区建设的公信力和影响力

学生社区建设不仅是学校内部的事情，更是与社会、家长、企业等外部利益相关者紧密相连的事情。评价可以为学校提供一个展示学生社区建设成果的平台，提高学生社区建设的公信力和影响力，从而为学校赢得更多的支持和合作。

（二）采取多样化的评价方法

多样化的评价方法不仅可以更全面、更深入地了解学生社区的实际情况，更好地适应学生社区的多元性和复杂性，更好地激发学生社区的创新和发展，还可以更好地满足社会、家长、企业等外部利益相关者的需求。因此，高职院校在进行“一站式”学生社区建设时，必须重视多样化的评价方法的建立和完善，确保评价的科学性、公正性和有效性。具体可采取以下几种评价方法，如图 6-3 所示。

图 6-3　“一站式”学生社区建设的评价方法

1. 自评

学生社区的管理者和工作人员可以根据自己的实际工作经验和对学生社

区的了解，对学生社区的运行情况进行自我评价。这种评价方法可以帮助学生社区发现自身的优点和不足，为学生社区的改进和发展提供有力的支持。

2. 同行评价

高职院校可以邀请其他学校的学生社区管理者和工作人员，对学生社区进行同行评价。这种评价方法可以帮助学生社区了解外部的评价和看法，从而更好地调整自己的工作策略和方向。

3. 第三方评价

高职院校可以邀请专家学者、社会组织等第三方机构，对学生社区进行独立、客观的评价。这种评价方法可以确保评价的公正性和客观性，为学生社区提供有价值的反馈和建议。

4. 其他评价方法

除了上述的评价方法，还可以采用问卷调查、深度访谈、案例分析等多种评价方法，对学生社区进行全面、深入的评价。这些评价方法可以帮助学生社区从不同的角度和维度对自身进行评价，确保评价的全面性和准确性。

（三）确保评价过程的公正性和透明性

只有确保评价的公正性和透明性，才能确保评价结果的准确性和可靠性，为学生社区的长远发展提供有力的支持。因此，高职院校在进行“一站式”学生社区建设时，必须重视评价过程的公正性和透明性，采取一系列具体的措施，确保评价导向机制的科学性、公正性和有效性。

首先，建立独立的评价机构是确保评价公正性的关键。这个评价机构应该由学校外部的专家学者、社会组织代表和学生代表组成，确保评价过程不受学校内部相关利益的影响。同时，评价机构的成员应该定期更换，避免长期占据评价职位，从而确保评价的公正性。其次，公开评价标准和方法是确保评价透明性的重要手段。学校应该在评价开始之前，就公开评价的标准、方法和流程，让所有的学生、教师和管理者都了解评价的具体内容和方式。这样，可以确保评价过程的公开性和透明性，增强评价的可信度。最后，鼓励学生、教师和管理者参与评价过程也是确保评价公正性和透明性的有效方法。学校可以通过开放评价会议、组织评价座谈会等方式，鼓励各方积极参与评价过程，提供自己的意见和建议。这样，不仅可以确保评价的全面性，还可以增强评价的公正性和透明性。

（四）以评价结果为导向优化工作

只有评价结果真正发挥其作用，才能确保学生社区的持续改进和发展，为学生提供更好的环境和服务。因此，高职院校在进行“一站式”学生社区建设时，必须重视评价结果，采取一系列具体的措施，确保评价导向机制的科学性、有效性和实用性。

第一，将评价结果与学生社区的工作计划和目标紧密结合。评价结果应作为一个重要的参考，用于制定或调整学生社区的工作计划和目标。例如，如果评价结果显示学生对某项服务的满意度较低，那么学校应该将改进这项服务作为下一阶段的重点工作，制定具体的改进措施和目标。第二，建立一个专门的团队或机构来负责根据评价结果进行工作优化。这个团队或机构应该由经验丰富的管理者、教师代表和学生代表组成，他们的主要任务是分析评价结果，找出存在的问题和不足，然后制定相应的改进措施。此外，这个团队或机构还应该定期对改进措施的执行情况进行跟踪和监督，确保改进措施真正得到实施。第三，鼓励学生社区的所有成员参与工作优化的过程。学生、教师和管理者都是学生社区的重要组成部分，他们对社区的运行情况有着直接的了解和感受。因此，他们的意见和建议对优化工作具有非常重要的参考价值。学校应该通过举办座谈会、设立建议箱等方式，鼓励学生社区的所有成员提供自己的意见和建议，为优化工作提供更多的思路和方向。

第二节 优化资源配置

一、优化资金资源配置

在高职院校的“一站式”学生社区建设中，资金是学生社区建设的基础，没有足够的资金，很多服务都无法实现。而且，随着教育环境和学生需求的变化，学生社区也需要不断地进行更新和升级，这都需要大量的资金支持。

因此，优化资金资源配置，确保资金能够被合理、高效地使用，是学生社区建设的前提和保障。

为了优化资金资源配置，首先，高职院校需要进行全面的资金需求分析。这包括对学生社区的各项设施和服务进行详细的调查和评估，确定它们的建设和运营成本以及对资金的需求。同时，需要考虑到未来的发展趋势和可能出现的风险，确保资金配置的长期性和稳定性。其次，在资金需求分析的基础上，高职院校需要制定合理的资金分配方案。这包括确定资金的来源、使用方式和分配比例。资金的来源可以包括学校的财政拨款、社会捐赠、学生收费等，而资金的使用方式则需要根据学生社区的实际情况和需求来确定。最后，在资金分配方案中，高职院校还需要考虑资金的使用效率，确保每一分钱都能够发挥最大的作用。除了资金需求分析和资金分配方案，高职院校还需要建立一个有效的资金管理和监督机制。这包括对资金的使用进行实时监控，确保资金能够按照预定的方案进行使用，及时发现和解决资金使用中的问题。同时，需要对资金使用的效果进行定期的评估，确保资金能够真正地为学生社区的建设和发展提供支持。

二、优化时间资源配置

时间是一种无形但极为宝贵的资源，只有确保时间的合理利用与配置，学生社区才能真正发挥其功能，为学生提供一个高质量的学习与生活环境。因此，每所高职院校都应该重视时间资源的配置，为学生社区的建设与发展提供坚实的支撑。与物质资源不同，时间是不可再生的，每一刻都在流逝，无法回收。因此，如何高效、合理地利用时间，使其为学生社区的建设和发展带来最大的价值，是每所高职院校都需要深入思考的问题。在学生社区的日常运营中，时间资源的优化配置主要体现在以下几个方面。

一是学生社区活动的时间安排。学生社区不仅是学习的地方，还是学生进行文化交流、技能培训、社团活动等的重要场所。因此，合理安排这些活动的时间，确保它们既不影响学生的正常学习，又能够为学生提供丰富的生活体验，是时间资源配置的一个重要任务。这需要学校与学生社区的管理者、学生代表等进行深入沟通，确保每一项活动都能够得到合理的时间利用。二是学生社区的管理与服务时间。为了确保学生社区的高效运行，学校需要为其提供一系列的管理与服务，如安全保障、卫生清洁、设施维护等。这些工作往往需要大量的时间投入，因此，合理安排这些工作的时间，确保它们既能够满足学生社区的需求，又不影响学生的正常生活，是时间资源配置的又一个挑战。这需要学校根据学生社区的实际情况，制订科学的工作计划，确保每一项工作都能够得到及时、高效地完成。

三、优化软硬件资源配置

只有确保硬件设施和软件设施的完善，学生社区才能真正发挥其作用，为学生提供一个高质量的学习和生活环境。因此，每所高职院校都应该重视软硬件资源配置，为学生社区的建设和发展提供坚实的支持。

硬件资源是学生社区运行的物质基础。这包括计算机、服务器、网络设备、监控设备、交互式白板等一系列高端设备。这些设备不仅为学生提供了便捷的学习和生活环境，还为学生社区的管理和运营提供了强大的支持。为了确保硬件资源的高效利用，高职院校应该根据学生社区的实际需求，进行合理的配置和优化。这意味着学校需要定期进行硬件资源的盘点和评估，了解其使用情况和性能，为后续的资源配置提供科学依据。同时，学校应该加强硬件资源的更新和维护，确保其始终处于最佳状态，为学生社区提供稳定、高效的服务。例如，为了方便学生健身，学生社区应该配置一些先进的健身设备，如跑步机、动感单车、力量训练器械等，同时，学校还应该定期对这些健身设备进行维护和更新，确保其始终处于良好的工作状态；在休闲方面，学生社区可以配置一些高端的音响设备、投影仪、游戏机等，为学生提供一个舒适的休闲环境；在研讨方面，学生社区应该配置一些高端的交互式白板、视频会议系统、高清摄像头等，为学生提供一个专业的研讨环境。

软件资源是学生社区运行的逻辑支撑。这包括各种应用软件、管理系统、数据库等，这些软件资源为学生提供了丰富、多样的学习和生活体验，为学生社区的管理和运营提供了强大的支持。为了确保软件资源的高效利用，高职院校应该根据学生社区的实际需求，进行合理的配置和优化。这意味着学校需要定期进行软件资源的盘点和评估，了解其使用情况和性能状况，为后续的资源配置提供科学依据。同时，学校应该加强软件资源的更新和维护，确保其始终处于最佳状态，为学生提供稳定、高效的服务。

第三节　提升管理人员能力

一、健全职称评定体系

健全的职称评定体系是提升管理人员能力的基础。职称评定不仅是对管理人员工作能力和业绩的认可，更是对其专业知识、工作态度、团队合作能力等多方面素质的综合评价。因此，高职院校应该建立一个公正、科学、透明的职称评定体系，确保每一位管理人员都能够得到公平的评价和激励。职称评定体系的健全可以从以下两方面入手，如图 6-4 所示。

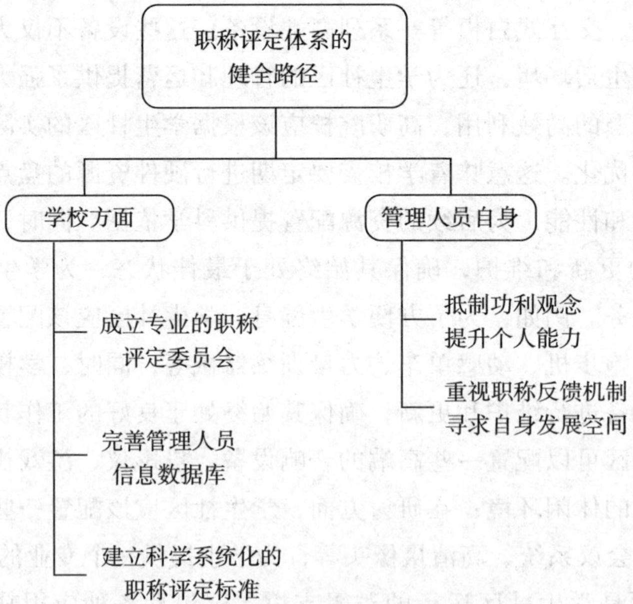

图 6-4　职称评定体系的健全路径

（一）学校方面

1. 成立专业的职称评定委员会

高职院校的学生社区是一个复杂的系统，涉及多个部门、多个层次的管理和服务工作。为了确保这一系统的高效运行，需要有一套完善、科学的管理人员职称评定体系。专业的职称评定委员会的存在，不仅确保了职称评定的公正性、公平性和透明性，还为高职院校学生社区的管理人员提供了一个明确、系统的职业发展路径。

首先，专业的职称评定委员会可以为学校提供一个权威、公正的评定平台。委员会成员由学校的高层领导、教育专家、管理专家等组成，具有丰富的经验和专业知识。他们可以根据学校的实际情况，制定出合理、科学的评定标准和流程，确保每一位管理人员都能够得到公正、客观的评价。其次，专业的职称评定委员会可以为学校的管理人员提供一个明确、系统的职业发展路径。通过这一委员会，管理人员可以了解自己的职业定位、发展方向和目标，为自己制订合理的职业规划。这不仅可以激励管理人员积极工作、不断进步，还可以为学校培养出一批高素质、高能力的管理人才。最后，专业的职称评定委员会可以为学校的管理工作提供有力的支持。通过这一委员会，学校可以及时了解管理人员的工作情况、能力和素质，为其提供必要的培训和支持。同时，学校可以根据评定结果，进行合理的人员配置和激励，确保学生社区的高效、稳定运行。

2.完善管理人员信息数据库

完善管理人员信息数据库，不仅可以为职称评定、人事管理和决策提供有力的支持，还为学校的管理工作提供了一个重要的工具。为了确保数据库的真实性、完整性和准确性，学校应该重视其建设和运营，为其提供必要的支持和保障。

一方面，完善的管理人员信息数据库可以为职称评定提供有力的支持。通过这一数据库，职称评定委员会可以全面、深入地了解管理人员的工作经历、业绩和能力，对其进行公正、客观的评价。这不仅可以确保评定结果的真实性和公正性，还可以为学校的管理工作提供有力的支持。另一方面，完善的管理人员信息数据库还可以为学校的人事管理提供有力的支持。通过这一数据库，学校可以及时了解管理人员的工作情况、能力和素质，为其提供必要的培训和支持。同时，学校还可以根据数据库中的信息，进行合理的人员配置和激励，确保学生社区管理工作的高效、稳定运行。此外，完善的管理人员信息数据库还可以为学校的决策提供有力的支持。通过这一数据库，学校的领导和决策者可以全面、深入地了解学生社区的运行情况、存在的问题和改进的方向，为其制定合理、科学的决策。这不仅可以提高决策的效果和效率，还可以为学生社区的长远发展提供有力的保障。

3.建立科学系统化的职称评定标准

建立科学、系统化的职称评定标准是确保职称评定公正、客观、有力的基础。为了确保标准的科学性、系统性和透明性，学校应该重视其建设和运营，为其提供必要的支持和保障。

第一，科学、系统化的职称评定标准应该是全面的，既包括管理人员的业绩和工作成果，也包括其在团队中的表现、与学生的互动情况、对学生社区建设的贡献等。这样，既可以确保评定结果真实反映了管理人员的工作能力和综合素质，为其提供公正、客观的评价，还可以为学校的人事管理提供有力的支持，帮助其进行合理的人员配置和激励。

第二，科学、系统化的职称评定标准应该是动态的，能够随着学生社区的发展和变化进行调整。这样，可以确保标准始终与学生社区的实际需求相一致，为管理人员提供真实、有效的评价。同时，这样的标准还可以为学校的管理工作提供有力的支持，帮助其及时发现和解决问题，确保学生社区的长远发展。

第三，科学、系统化的职称评定标准应该是透明的，确保每一位管理人员都能够了解评定的标准和流程，为其提供有益的反馈和建议。这不仅可以增强管理人员的信心和积极性，还可以为其提供成长和发展的机会，帮助其不断提升自己的能力和素质。

（二）管理人员自身

1.抵制功利观念，提升个人能力

在现代社会中，一些人追求的是短期的、表面的成功和收益，而忽视了长远的、实质的发展。这种功利观念在一些高职院校的管理人员中也有所体现，他们追求的是职称的提升、薪酬的增加，而忽视了自己的职业素养和能力的提升。这种短视的、功利的观念，不仅对个人的发展造成了阻碍，也为学生社区的建设带来了负面的影响。管理人员如果过于追求功利，很容易忽视学生的真实需求和感受，导致学生社区的服务质量下降。他们可能会过于关注自己的业绩，而忽视了学生的满意度和反馈。这样，学生社区就会失去其存在的价值和意义，成为一个空洞、毫无生气的机构。

为了避免这些问题，管理人员要抵制功利观念，真正做到为学生服务，为学生社区建设而努力，要时刻保持清醒的头脑，明确自己的职责和使命，确保自己的行为和决策都是为了学生社区的长远发展。管理人员还要不断提升自己的能力和素养，确保自己始终走在学生社区建设的前沿。他们要不断学习新的知识和技能，参加各种培训和研讨，与其他高职院校的管理人员交流和合作，借鉴其成功的经验和做法。只有这样，管理人员才能真正成为学生社区建设的核心力量，为学生社区的发展做出更大的贡献。

2. 重视职称反馈机制，寻求自身发展空间

管理人员是学生社区的核心力量，决定了学生社区的运营和发展方向。因此，健全职称评定体系中，管理人员要重视职称反馈机制，寻求自身发展空间，这也是学生社区建设的关键要求。职称评定不仅是对管理人员工作能力和绩效的评价，更是对其职业发展和成长的关注。一个完善的职称评定体系，不仅可以确保管理人员的工作能力得到公正、客观的评价，还可以为其提供有益的反馈和建议，帮助其找到自身的不足和发展空间。因此，管理人员要重视职称反馈机制，真正将其作为自己成长和发展的重要途径。

首先，管理人员要认真对待职称评定的结果，真正将其作为自己工作和发展的参考。他们要深入分析评定结果，了解自己的优点和不足，找出自己的发展瓶颈和障碍。只有这样，他们才能真正找到自己的发展方向，为自己的职业生涯制订合理、科学的规划。其次，管理人员要积极参与职称评定的过程，为自己争取更多的发展机会。他们要主动与评定委员会沟通，了解评定的标准和流程，确保自己的工作和成果得到公正、客观的评价。同时，他们要积极参与各种培训和研讨，提高自己的业务能力和综合素质，为自己的职称评定争取更多的加分项。最后，管理人员还要重视职称评定的反馈和建议，真正将其作为自己成长和发展的重要参考。他们要认真听取评定委员会的意见和建议，深入分析自己的不足和问题，找出自己的发展瓶颈和障碍。只有这样，他们才能真正找到自己的发展方向。

二、优化管理人员选拔晋升机制

管理人员的选拔晋升机制是决定管理人员队伍质量和稳定性的关键因素。一个科学、合理、公正的选拔晋升机制可以确保学校选拔的管理人员都是真正有能力、有经验、有责任心的人才，也可以激励管理人员更加努力工作，不断提高自己的业务能力和管理水平。因此，针对学生社区管理人员，高职院校要优化相关选拔晋升机制，全面提高管理人员队伍质量和稳定性。

从选拔标准来看，如果选拔标准过于重视应聘者的学历、资历和社会关系，忽视了应聘者的实际工作能力和经验，容易导致组织选拔的管理人员在实际工作中表现得并不出色。因此，高职院校应该制定出更加科学、合理的选拔标准，更加注重应聘者的实际工作能力、经验和综合素质。例如，可以通过面试、工作模拟、心理测试等方式，全面评估应聘者的能力和潜力。

从晋升标准和流程来看，如果晋升机制过于重视管理人员的工龄和资历，而忽视其工作绩效和贡献，无疑会打击管理人员的工作积极性和创新意识。因此，高职院校应该制定出更加科学、合理的晋升标准和流程，更加注重学生社区管理人员的工作绩效、贡献和潜力。例如，可以通过360度评估、绩效考核、同事评价等方式，全面评估管理人员的工作表现和潜力。

从选拔和晋升的持续性角度来看，持续的选拔和晋升机制可以确保组织始终有足够的人才储备，同时可以激励员工持续地提高自己。因此，组织应该定期进行选拔和晋升的评估和调整，确保机制始终与组织的发展和变化相适应。例如，可以通过定期的人才需求分析、人才梯队建设、人才发展计划等方式，确保选拔和晋升机制始终与组织的实际需求相匹配。

三、加强对国内外先进管理经验的学习与借鉴

国内外的高职院校和其他教育机构在学生社区建设方面都有着丰富的经验和成果，这些经验和成果是这些高职院校和机构在长期的实践中总结出来的，具有很高的参考价值。为了更好地进行学生社区的建设，高职院校要充分地学习和借鉴国内外的先进管理经验，避免在学生社区建设中走弯路，提高建设的效率和效果，更好地满足学生的需求和期望。

国内外的高职院校和其他教育机构在学生社区管理方面都有着先进的理

念和方法。这些理念和方法往往是基于深入的研究和探索，与时俱进，能够更好地满足学生的需求和期望。通过学习和借鉴这些理念和方法，学校可以提高学生社区的管理水平，更好地服务于学生。例如，以学生为中心的管理理念，将学生的需求和期望视为首要考虑因素，在设计学生公寓时，不仅要考虑其功能性，还要考虑其对学生的心理和情感的影响，确保学生在其中能够感到舒适和安全；参与式管理理念，鼓励学生参与社区的管理和决策，提高学生的归属感和满意度，培养他们的责任感和领导能力，学生可以参与社区的规划、设计和建设，也可以参与社区的日常管理和活动组织；技术驱动的管理方法，利用技术来提高学生社区的管理效率，通过使用智能门锁、人脸识别等技术，提高学生社区的安全性，或者使用数据分析和人工智能，更好地了解学生的需求和行为，从而为学生提供更加个性化的服务。

国内外的高职院校和其他教育机构在学生社区建设和管理方面都有着丰富的合作经验。这些合作经验往往涉及多方面的资源整合和利用，能够为学校提供更多的思路和选择。通过学习和借鉴这些合作经验，学校可以更好地利用外部资源，提高学生社区建设的效益。尤其是欧洲的一些国家，部分知名的高职院校与当地的企业和社区组织建立了紧密的合作关系，共同推进学生社区的建设和管理。这种合作模式通常是基于双方的共同利益和目标。例如，一家大型的技术公司可以与高职院校进行合作，为学生提供实习和就业机会。作为回报，这家公司还会资助学校建设一个先进的学生创新中心，为学生提供最新的技术和资源。这个创新中心不仅可以帮助学生丰富技能和知识，还可以为公司提供有潜力的人才和创新项目。与此同时，当地的社区组织也可能会参与这种合作。例如，一个非营利组织可能会与学校合作，为学生提供志愿服务的机会。作为回报，这个组织可能会帮助学校组织一些社区活动和项目，如环保、健康、文化等，从而提高学生的社会责任感和公民意识。这种合作模式的优势在于，它可以整合多方的资源和优势，为学生提供更加丰富和多样的学习和生活体验。同时，它可以为学校、企业和社区带来更多的利益和价值。通过学习和借鉴这种合作经验，学校可以更好地利用外部资源，提高学生社区建设的效益。

第七章　高职院校“一站式”学生社区建设的路径

第一节　加强顶层设计，强化党建引领

一、加强学校党委统一领导，各个部门通力合作

高校学生社区建设是一个涉及面广、层次众多的综合工程，不仅需要强大而有效的管理队伍，还需要多部门的协同工作。在这个体系中，学校的党委和行政部门扮演着不可动摇的领导角色，但完善的组织体系也必须有教师、学生和其他工作人员的积极参与。学校需要建立一个科学、合理的体制。这意味着管理团队需要具备专业知识、教育心理学知识和实践经验，还需要与课程设置、学术指导、心理健康以及职业规划等多个部门进行紧密协作。由于学生社区不是一个静态的结构，而是一个不断变化和发展的复杂系统，因此，需要对组织系统内部诸要素进行持续的定性和定量分析，主要包括学生人数的变化、社交动态、学术需求和心理健康状况等，把握其中的规律，认识学生社区管理模式具有多维度、多层面和多样化的特点。

在高职院校中，学生社区管理组织领导体系是一项复杂的多部门工作，大致由学生社区物业管理、学生社区学生工作管理以及学生社区学生自我管理这三大部分组成。这三个部分在学校党委和行政部门的统一领导下，相互协调、各有侧重，为实现综合性的学生社区建设贡献各自的力量。学生社区主要包括一个领导机构、三个运行系统、若干操作组织。其中，一个领导机

构，即高校学生社区管理领导班子，通常由学校、学生社区、学生等各个方面代表组成，下属机构包括学校学生工作办公室、社区发展管理委员会等。三个系统即教育系统、管理系统、服务系统，教育系统关注学生的学术发展和素质教育，管理系统则更注重行为准则的实施和社区规章的执行，而服务系统主要解决学生在社区中的实际生活需求。若干个操作组织主要由学生社区学生党组织、学生社区团组织、学生社区社团组织和学生社区学生会等组成，这些组织通常更贴近学生的日常生活，是学生自我管理和自我发展的重要平台。

目前，比较完善的学生社区组织领导体系如图 7–1 所示。

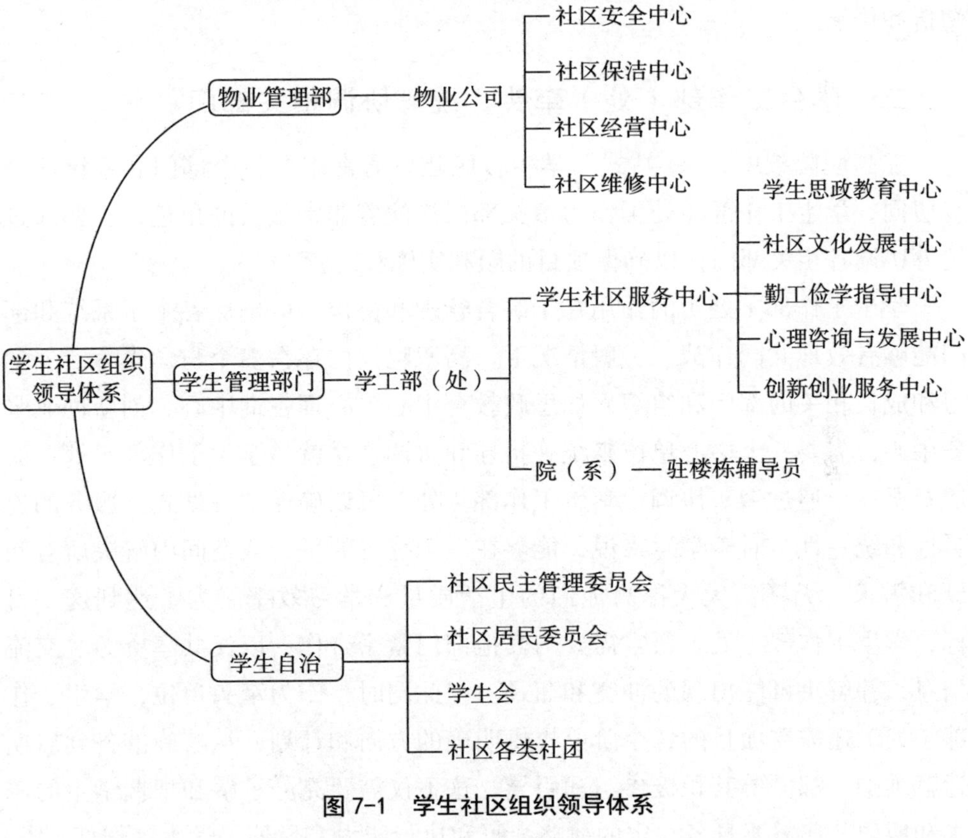

图 7–1　学生社区组织领导体系

加强学校党委统一领导，建立组织领导体系，在实践当中显示了优势和活力：第一，齐抓共管，管理力度较强。校方、物业管理单位和学生全身心地参与到社区的管理和服务中，各个部门可以充分发挥自己的专长和优势。

其中，体系的三个有机组成部分——学校方面、物业管理以及学生自我管理，都有各自的重点和责任。这不仅增强了各部门之间的联系，还避免了重复管理和职权不明确的现象，减少了管理漏洞。通过网络式覆盖和条块化集中管理，各部门能更有效地提供服务，并且能针对以前工作中的不足进行改进，从而大大提高了管理效率。第二，这种管理模式突出了社区作为一个利益共同体的特性。这里的“共同利益”不仅是物质性的，如基础设施和环境，也包括非物质性的，如价值观、习俗和生活方式等。这些共同利益不仅属于个体，更是社区成员共享的，因此其具有一种社会性和共享性。这样的管理模式不仅有助于物质生活的高效管理，也促进了非物质文化和价值观的共同塑造和传承。①

二、学生工作部（处）牵头，统筹协调相关部门

在高职院校中，“一站式”学生社区建设通常需要各个部门和系统的高度协同。学生工作部（处）作为牵头部门扮演着非常重要的角色，主要通过统筹协调各相关部门，以确保项目的顺利实施和运营。

学生工作部（处）的作用在于综合管理和协调，以确保各个子系统和部门能够有效地共同作战。一般情况下，高职院校内存在多个与学生生活、学习和成长相关的部门和组织，如思政教育中心、心理咨询中心、创新创业服务中心，需要一个中心单位来统一指导和协调，这就是学生工作部（处）的职责所在。通过牵头协调，学生工作部（处）可以确保“一站式”服务的连贯性和统一性。对于学生来说，能够在一个统一的平台或空间内解决所有问题和需求，无疑会大大提高他们的生活质量和学习效率。为了达到这一目标，学生工作部（处）通常需要与其他部门紧密合作，以便共享资源、交流信息，并解决可能出现的冲突和瓶颈。与此同时，作为牵头单位，学生工作部（处）还需在项目的各个阶段提供明确的方向和计划，从实施准备到后期运营维护，都需要其积极参与和引导。这不仅需要充分了解和把握学生的需求和期望，还需要具备一定的战略视野和执行能力。另外，学生工作部（处）在推动“一站式”学生社区建设过程中，还需要持续优化和改进工作，主要

① 赵静．“一站式”学生社区党组织育人路径探析[J].党政论坛，2022（4）：35-37.

包括收集反馈、分析数据和调整战略。由于高职院校学生群体的多样性和动态性，学生工作部（处）需要具备高度的灵活性和应变能力。

三、加强学生社区党团组织建设，永葆党建工作的生机和活力

（一）建立完善的社区党团工作组织，促进楼层网格化管理

在当下高职院校学生社区复杂和多样化需求的背景下，传统以院（系）和班级为主体的党组织结构已经不能适应进一步发展的需求，这就需要一种更加综合和灵活的组织方式。为此，高职院校应设立专门负责学生社区党建工作的学生社区党工委。该党工委是一个跨部门的组织，主要成员由党委组织部、党委宣传部、党委学生工作部、总务委员会、保卫处等部门负责人组成，这种组成结构能确保党工委在履行职责时能综合各个方面的需求和资源。

作为校党委的派出机构，社区党工委将在校党委的统一领导下，全面负责学生社区的党建工作，同时，它也会接受院（系）党总支对社区党建工作的建议和指导，以实现校内党建工作的多层次、全方位发展。这种结构不仅强化了党组织在学生社区的领导作用，也方便了各级党组织之间的信息流通和资源共享。在这个大框架内，每个公寓楼栋可以设立学生党支部，进一步细分为若干党小组，促进楼层网格化管理。这些党支部组成党总支，由学生社区党工委进行统一领导。这样的层级结构不仅有助于实现从学校到个体学生的全面覆盖，也便于进行更精细、更具针对性的工作。具体见图 7–2。

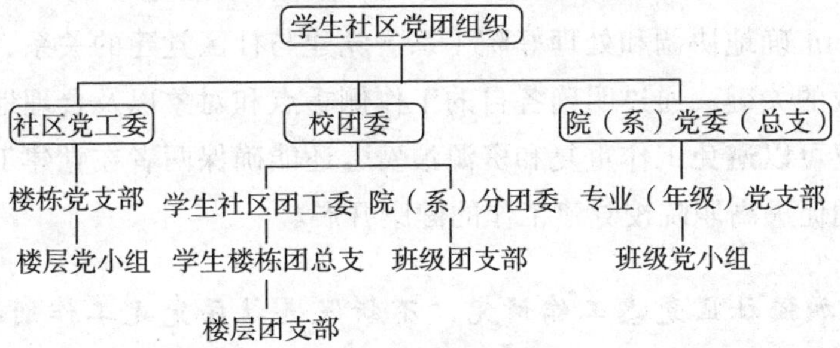

图 7–2 学生社区党团组织机构图

（二）理顺社区党建与院（系）党建的关系，实现两者的有机结合与相互补充

在高职院校环境中，学生社区与院（系）都是党建工作的重要阵地，两者在某些方面有共通之处，但也各有特色和侧重点。学生社区和院（系）可以按照学校整体的管理体系和实际需要，灵活地确定各自在党建工作中的主次关系，可以是以社区为主、院（系）为辅，也可以是以院（系）为主、社区为辅。在党建工作的基本内容组织形式、活动载体等方面来看，院（系）学生党建工作和学生社区党建工作既有共同点又有不同之处。共同点体现在以下几方面：无论是学生社区还是院（系），都高度重视党建工作的基础任务，即对入党积极分子和党员进行全面的培养、考察、教育和管理，都强调党员和党组织的先进性，希望通过这些工作来持续提升组织的战斗力。两者的不同之处体现在以下几方面：第一，从工作内容角度看，院（系）党建更侧重党员的招募和发展，这通常与学术和专业培养紧密相连。相对而言，社区党建则更多地集中在现有党员和党组织的日常管理和活动上。第二，从工作对象上来看，院（系）党建的主要对象通常是专业或学科相近，甚至年级和班级相同的学生，因此，更容易对其进行针对性强、内容深入的党员培养和教育工作。而社区党建所面对的是更为多元化的群体，包括来自不同专业、不同年级甚至不同院（系）的学生，这就要求社区党建工作必须更加开放、全面和包容。第三，从教育主体方面来看，院（系）党建通常由本院教师和党务工作者主导，他们对学生的专业和个性有更深入的了解。而社区党建则可能涉及来自不同院（系）或外部的兼职党务工作者，这些人员可能对社区内学生的具体情况相较院（系）党建工作者不太熟悉。

总之，正确地协调和处理好院（系）党建与社区党建的关系，是党建工作全面有效的关键。通过明确各自的工作侧重点和对象以及合理地配置教育主体，不仅可以避免工作重复和资源浪费，还能确保两者在党建工作中实现共赢，共同促进高职院校党建工作的健康开展。

（三）加强社区党建工作研究，不断促进社区党建工作创新

高职院校学生社区是高职院校党建工作的新阵地，也是高职教育改革

和发展中的一大核心要点，它直接影响到学生的全面发展，包括思想、道德和能力等多个方面，因此具有不可忽视的重要性。然而，正因为其多维度和复杂性，使得学生社区党建工作面临诸多挑战和困难。这就要求高职院校加强对社区党建工作的深入研究，以透彻理解其内在机制和运作规律。只有这样，才能在理论和实践中找到更为有效的解决方案。具体而言，高职院校需要认真总结现有的成功经验和教训，以便更好地把握社区党建工作的特点和内在规律。这样做不仅能提升其理论水平，更能在实际操作中得到有效的应用。

加强学生社区党建工作是高职院校思想政治教育的重要组成部分，更是构建和谐、稳定校园环境的关键环节，这对于实现高职院校的长远发展和人才培养目标具有至关重要的意义。[①] 因此，高职院校必须将其作为战略重点并给予高度重视，并不断地进行创新和完善。

四、开展党支部结对共建，提升党支部的组织能力和凝聚力

在高职院校“一站式”学生社区建设中，开展党支部结对共建不仅有助于增进各个党支部之间的紧密联系，还可以促进资源、信息和经验的共享，进而提高整体的组织效能和社区服务质量。在高职院校环境中，学生社区是一个微观社会，具有多样化的需求和复杂的管理任务。因此，单一的党支部往往难以独立应对各种问题和挑战。结对共建的模式通过将两个或多个党支部组合在一起，可以让它们在任务分配、资源配置和问题解决等方面产生更高的协同效应。

具体来说，结对共建可以在以下几个方面产生积极影响：首先，支部之间的互相学习和经验分享，可以快速提升各支部的管理和服务能力。例如，一个在社区环境改善方面表现出色的党支部可以将其成功经验和方法分享给另一个在这方面有所欠缺的党支部，从而使后者在短时间内实现质的提升。其次，结对共建也有助于支部之间在资源利用上达到更优效果。通过共享人力、物力和财力资源，结对的党支部可以减少重复劳动和浪费，进一步提高整体的运营效率。例如，两个党支部可以共同组织大型的社区服务活动或教

① 周峰．论和谐校园视野下高校学生社区化公寓管理[J]．数码精品世界，2022（7）：58-60.

育推广活动，既减轻了各自的资源压力，也提高了活动的影响力和参与度。最后，结对共建能加强支部之间的沟通与协作，进一步凝聚党组织的凝聚力和战斗力。在结对共建的过程中，党支部的负责人和成员将有更多机会进行面对面的交流和讨论，这不仅能够解决具体的工作问题，也有助于加强党支部内部成员之间的相互了解和信任。

五、发挥党员团员先锋作用，促进学生社区工作的全面开展

在高职院校的“一站式”学生社区建设中，党员和团员起着至关重要的作用，他们不仅是学生群体中的精英，更是社区内部道德、文化和组织建设的先锋。通过充分发挥这一部分人的先锋模范作用，可以有效地推动学生社区各项工作的全面开展。

在社区文明建设方面，党员和团员可以作为引领者，因为他们通常具备较强的责任心和使命感，对社会主义核心价值观和党的基本路线有着深刻的认识。在日常生活中，他们能够遵守学校和社区规章制度，尊重他人，维护公共环境，并积极参与社区各项公益活动。他们的这些行为会感染和影响其他学生，进而提升整个社区文明水平。

在学生社区内部组织建设方面，党员和团员可以充当连接高职院校和学生社区的重要桥梁。他们通常具备一定的组织协调能力和人际交往能力，能够准确地传达学校党委和行政部门的各项决策和指示，并协助社区管理者进行有效的组织和动员。此外，他们还可以通过党组织和团组织，对社区内其他学生进行思想政治教育和能力培训，以提升其社会责任感和集体主义观念。

在学生社区安全稳定方面，党员和团员可以起到关键作用。一方面，他们通常具备较高的法律意识和安全意识，能够在面对突发事件或紧急情况时，迅速正确判断和有效应对。另一方面，他们还可以通过各种渠道，积极收集和反馈社区内外的各种信息，为社区管理者提供有力的决策支持。

第二节　汇聚育人力量，落实队伍入驻

一、提升师生共治驱动力，实现育人资源全员式汇聚

（一）领导干部一线包联

在高职院校中，“一站式”学生社区建设不仅是一项具体的工程，更是一个全面、持续和系统性的改革任务。因此，学校应当组建专门的一站式学生社区建设工作领导小组，由学校高级领导担任组长，相关职能部门负责人作为成员，以实现全面和高效的管理。通过联席会议机制，校领导可以定期与职能部门协调交流，确保各项工作有序推进。这样的机制也有助于确保与更高层次的决策和战略目标的一致性。

中层以上的领导干部应深入基层，与学生建立紧密的联系，了解他们的需求和问题。结合“我为师生办实事”和“下基层察民情解民忧暖民心”的实践活动，不仅能加强社区内部的党团建设，也能更好地了解学生的思想动态、生活状况和发展需求。通过定期的、至少每月两次的面对面接触以及至少每月一次的实地参与，领导和干部可以实时了解社区的运行状态和学生的各种需求。特别是在解决学生的急难愁盼问题上，高级领导和中层干部的亲自介入将大大增强学生对学校管理的信任和认同，同时为解决问题提供了更高效、更直接的途径。长期以来，一些涉及学生利益的重大或紧急问题常常因为信息不流通或决策不明确而延误解决，但通过常态化的走访和调研，这些问题将更容易被及时发现和妥善处理。

（二）学工队伍一线进驻

辅导员以践行“一线工作法”为抓手，可以确保学生社区得到全方位、持续性的思想政治教育和社会活动指导。具体来说，每个学院每天至少指派一名辅导员到学生社区办公，这不仅让辅导员更贴近学生，也使学生更容易接触到辅导员，方便解决各种问题。在每栋宿舍楼设置一个辅导员寝室和

一个辅导员工作室是非常必要的，这些空间提供了一个便于开展各种活动和教育工作的环境。三年内新入职的辅导员组成的社区辅导员工作队伍居住在学生社区，这样做既能加强辅导员与学生的日常互动，也能提高辅导员对学生问题的敏感度和解决问题的及时性。辅导员依托辅导员工作室，不仅负责日常思想政治教育，还要负责社区文化建设，如组织各类文化、体育和娱乐活动，以丰富学生的课余生活。通过这样的机制，辅导员能够更精准地把握学生的需求和问题，从而更有效地进行个性化的教育和指导。这也符合以学生发展为中心的育人理念，确保每一个学生都能在最适合自己的环境中得到最全面的发展。这样的制度设计不仅能解决学生在学习、生活、心理等方面的实际问题，还能在更宏观的层面上，推动学生社区成为一个充满活力、和谐、安全的学习和生活共同体。

（三）学业导师一线指导

建立班导师（班主任）联系学生机制，使学生社区成为一个多功能的教育平台，不仅覆盖传统的思想政治教育，还拓展到了科技创新、课程实践、专业答疑和学业辅导等多方面。[①] 这种全方位的教育模式是在名师工作站的支持下实现的，让学生能够在日常生活中更容易接触到专业教育资源，更方便地解决学术问题。这种“下沉到一线”的专业教育活动设计，使学生在社区就能接触到教学科研、学业指导和就业规划等多个重要方面的知识和技能。同时，一体化的课程实践体系得以在这样的环境中快速建立和完善。劳动教育、心理健康教育以及创新创业教育实践课程都被纳入社区建设的整体规划中，使得学生在日常生活的各个方面都能得到全面的教育和指导。这样的全面教育不仅能够更深入地指导学生做好学业规划，还能有效地培养学生的科学精神和科研习惯。更重要的是，这种教育模式还能提高学生的社会责任感，从而使学生在专业素养和人文素养上得到全面提升。

---

① 周峰．服务于大学生政治教育工作的高职院校学生公寓管理模式探析[J]．数码精品世界，2022（8）：46-48.

（四）思政队伍一线宣教

由校内的思政教育工作队伍以及校外的党政领导、劳动模范、抗战老兵和行业先锋等兼职辅导员构成的思政导师团队，具备多元化和全面性的特点。这种多维度的组合可以更全面地解决学生思想政治教育中的问题和挑战。依托党建工作站、思政工作室和道德大讲堂等教育阵地，这个团队能够更系统、更具针对性地对学生进行思政教育。这些阵地不仅是教育的场所，也是与学生互动、了解学生需要、解决学生问题的平台。

结合重要的时间节点和时政热点，思政导师团队可以在学生社区里展开丰富多彩的教育活动，涵盖政治理论、思想品德和国情社情等多个方面。这些活动不仅提供了全面的教育内容，还引入了中国特色社会主义建设实践中的具体成果和典型案例，使教育内容更加贴近实际，更加引人入胜。强调爱国主义、理想信念和社会主义核心价值观的教育，也是这个思政导师团队工作的一个重要方向。这种教育模式把校内的小课堂和社会的大课堂有机地融合在一起，使学生在接受教育的同时，也能更好地理解和适应社会的多样性和复杂性。通过全方位、多层次的教育方式，思政导师团队不仅提供了丰富的知识和信息，也为学生的全面成长和成才提供了有力的支持。这种综合性的教育策略有效地促进了学生在思想、道德、社会责任等方面的全面发展。

（五）心理教师一线驻守

为了更好地满足学生的心理健康需求，高职院校可以建立一套心理健康教师常驻学生社区的工作机制。依托心理咨询室、谈心谈话室等专门的心理健康阵地，教育工作者可以更直接、更深入地与学生进行交流和互动。在这些阵地内，可以组织多个专门小组，这些小组的主要任务是在社区一线开展心理健康教育和提供咨询服务。

面向社区学生提供的“菜单式”心理健康咨询服务特别受欢迎，这种方式能够更灵活、更具针对性地满足不同学生的心理健康需求。除了常规的心理咨询服务，高职院校还应注重及时防范和化解可能出现的心理危机，以确保学生心理健康状况始终处于一个相对稳定和健康的状态。为了进一步丰富和拓展心理健康教育内容，高职院校需要在学生社区开展一系列常态化心理健康教育特色活动，包括心理健康活动月、团队心理辅导和心理电影解析等。这些活动不仅能增强学生的心理健康意识，也能提供一种更为生动、更为吸引人的心理健康教育。通过这一系列全面、多层次的心理健康教育和服务，可以有效地提高学生的心理素质，帮助他们更好地应对学习和生活中可能遇到的各种挑战和困难。这种在一线驻守的心理教师工作机制，不仅提供了专业、系统的心理健康服务，还进一步增强了学生社区的凝聚力和向心力。

（六）后勤队伍一线服务

在构建学生社区的过程中，后勤服务队伍扮演着不可或缺的角色。宿舍管理员、水电维修员和保洁员等不仅是服务提供者，也是维护学生社区和谐、安全和健康的重要一环。为了更好地与学生群体建立联系，展示服务，高职院校可以设置多样化的互动平台和活动。例如，定期举办的“环境美化”卫生大赛不仅让学生参与到校园清洁和环境评价过程，还激发了学校保洁员的工作热情。

为了更系统地收集学生对后勤服务的反馈，高职院校可以在多个场所设置餐饮服务、水电保障、商超服务、维修服务、绿化保洁和宿舍管理等线上线下服务意见箱。除此之外，可以定期发放“后勤服务质量问卷调查”，通过科学地分析数据，认真吸纳社区学生的合理需求和意见建议。所有这些措施不仅加强了后勤与学生的互动，也让学生能更直接、更便捷地反映自己的需求和问题。提升服务质量和水平是一个持续、全面的过程，需要在不断地反馈和改进中去完善和优化。因此，高职院校必须重视每一份意见和建议，并且会及时地进行改进和落实，以实际行动来提升学生社区服务的整体质量和水平。这样的一线服务不仅使得学生生活更为便捷，也进一步提升了学生社区的凝聚力和满意度。

二、建立各部门交流互动机制，促进学生社区建设工作的协同发展

在高职院校“一站式”学生社区建设中，交流与互动机制不仅是连接各个工作部门的纽带，更是确保社区建设工作协同、高效、具有持续性的关键。

（一）高层领导提供必要的政策和资源保障

高层领导在高职院校“一站式”学生社区建设中发挥的作用不可或缺。首先，领导层对该机制的明确支持将为项目提供政治和制度上的保障。这种支持不仅体现在口头上的宣扬或者单纯的文件指导等方面，更需要通过实际行动来证明，如出台具体、可行的政策，为项目提供必要的预算和人力资源。在制度上，高层领导的支持可以帮助该机制更加顺利地通过各级审核，加快项目的实施进程。在资源上，高层领导的支持通常会带来更多的财政投入以及人力资源的合理分配和使用。

其次，高层领导的明确支持会大大提高项目执行中各部门的工作效率和协同性。因为领导层的态度直接影响着下属的工作积极性和责任心，当各部门明确感受到高层领导重视这个项目时，它们通常会更加主动地承担责任，更加积极地与其他部门合作。这样一来，不仅可以避免工作的重复和浪费，还能确保各项任务能够按照既定计划和标准得以高效完成。

最后，高层领导的支持是持续优化和完善该机制的重要动力。任何一个项目或机制都不可能一开始就做到完美，都需要在实践中不断地进行调整和改进。高层领导的持续关注和支持，可以确保项目在遇到问题或困难时能够得到及时有效的解决，也能够在项目实施过程中不断地进行优化和升级。这样，整个“一站式”学生社区建设机制就能够在各个层面上得到全面的提升，更好地服务于学生和教育工作。

（二）建立定期的信息交流和工作汇报机制

高职院校可以采用现代信息技术手段，如建立一个内部的在线平台。这个平台可以具备多个功能：一是实时更新各个部门在项目中的工作进度，这样每个团队都能够了解到其他团队目前的状况，从而更好地开展自己的工作计划；二是提供一个平台用以交流工作经验和难点，当面临某个具体问题时，各部门可以在这个平台上发表自己的观点和建议，集思广益，共同寻找解决方案；三是共享各种资源，主要包括文档、数据、研究报告等，这不仅能避免重复劳动，也有助于提高工作效率。

三、选聘兼职辅导员，提高学生服务的精准化

兼职辅导员通常具有丰富的社会经验和多样化的专业背景，这对理解和解决学生在职业规划、技能培训、心理健康等方面的需求具有不可或缺的作用；兼职辅导员一般有较强的实践能力和社会关系网络，这不仅能够为学生提供更多的实践机会，还能够通过社会合作为学生带来更多的资源和机会；兼职辅导员通常具有较高的灵活性和创新性，能够更好地适应和满足学生多样化的需求。在高职院校“一站式”学生社区的建设中，兼职辅导员的加入能够为多元化的学生服务需求提供更加精准和人性化的解决方案。

对于兼职辅导员的选聘，首先，需要明确兼职辅导员的职责和角色，以便寻找与之相匹配的人选。设置一定的选聘标准，如具有相关专业背景、有一定的社会工作或教育经验等。考虑到高职院校学生的多样性，兼职辅导员应具备多元化的能力和视野，能够针对不同学生的需求提供个性化服务。其次，选聘过程中，面试是关键的一步。通过面试，不仅能了解应聘者的专业能力和社会经验，还能观察其人际交往能力和解决问题的思维方式。面试官可以通过设置不同的情境题目或案例分析，来考察应聘者在实际工作中对可能遇到的问题的处理能力。同时，面试是双向选择的过程，应聘者也需要了解学校的工作环境和文化，看是否符合自己的职业规划。最后，为确保兼职辅导员能够快速融入工作，学校需要提供一系列的培训和指导，如教育理念、学生管理体系以及具体的工作流程和规范。通过这样的培训，兼职辅导员可以更加明确自己的角色和任务，也能提高其工作效率和质量。

四、邀请国家荣誉获得者、“五老”队伍进社区

“五老”指的是老干部、老战士、老专家、老教师、老模范。在高职院校“一站式”学生社区建设过程中，邀请国家荣誉获得者和“五老”队伍进社区，这一做法旨在构建多元化的教育环境，让学生在获得专业知识的同时，能够从社会各个方面获取人生智慧和精神支持。

第一，国家荣誉获得者和“五老”队伍都是在各自领域里有着丰富经验和受到高度认可的人物，他们的加入不仅能丰富学生社区的文化内涵，还能带来实际经验和生活智慧。他们有丰富的社会经验，这些无疑是教科书里无

法获得的，对学生的全面发展具有非常重要的意义。第二，这些人物因为有高度的社会责任感和使命感，更可能积极参与社区的各项活动，从而营造出一种向上、健康、和谐的社区氛围。他们的参与对于学生行为习惯、思想观念、价值取向等方面产生深远影响。第三，与国家荣誉获得者和“五老”直接接触，对于弘扬社会主义核心价值观、增强学生的社会责任感和民族自豪感具有积极作用。他们本身就是最好的教育教材，他们的一言一行，他们的人生经历，都能激发学生对于学习、对于生活、对于社会的新的认识。此外，通过与这些人物的互动，学生还可以更加明确自己的职业规划和人生目标。对于高职学生而言，特别是那些还在对未来感到迷茫的学生，这无疑是一个难得的激励和指导机会。他们可以更加清晰地认识到各种社会角色背后的责任和使命，进而转化为对自己未来道路的更加明确和坚定的规划。

值得一提的是，这种合作模式也为高职院校自身带来了极高的社会声誉和影响力。与国家荣誉获得者和“五老”紧密合作，不仅能提升学校声誉，还能在某种程度上引领高职教育改革的方向和趋势，实现学校、学生和社会三方面的共赢。

第三节　推动平台建设，实现智慧服务

一、建立社区公寓门禁识别系统，提高学生的自我管理能力

在高职院校学生社区中，依托现代信息技术构建门禁识别系统，无疑能够对学生社区社会管理产生重大影响。从安全角度来看，人脸识别技术具有很高的准确性和唯一性，能够有效地识别和区分每一个进入或离开社区的个体。相较于传统的安全措施如钥匙、密码锁或磁卡等，人脸识别提供了一种更为高级和难以被突破的安全屏障。[①] 这不仅降低了非法入侵和其他安全事件的可能性，还能在发生问题时，通过数据追踪快速找到责任人。

门禁识别系统极大地提升了管理效率。在宿舍这样的公共场所，利用

① 陈航.基于易班的“一站式”学生社区网络平台建设研究[J].湖南邮电职业技术学院学报，2022，21（4）：86-89.

人脸识别进行快速通行和身份验证，避免了烦琐的身份核查流程，减轻了管理人员的工作负担。而且，这种技术还能够通过数据分析来实现更为精细和个性化的服务，例如，分析学生活动的高峰时段，以更精确地调配资源和人员。更为重要的是，社区门禁识别系统能够增强学生的责任心和社区意识。由于每一次进出都会被详细记录，学生可能更加慎重地考虑自己的行为和决策，这不仅有助于减少不当或违规行为，还有助于培养他们的自我管理和社会责任感。学生社区建设信息化门禁识别系统等设施设备能有效促进社区安全管理，确保公寓安全稳定，同时具备识别外来人员管控、在校入住学生晚归、夜不归宿等功能，记录学生违纪行为等信息，做到学生违纪跟踪处理，保证学生安全。

二、推进学生公寓管理信息化建设，提高学生宿舍管理的安全性和完备性

在当今数字化、信息化迅猛发展的时代背景下，各个领域都在积极探索如何利用现代技术手段提升管理效率和服务质量。学生公寓管理作为高等教育机构的重要组成部分，其管理模式和手段的现代化、智能化已成为教育改革的重要方向。学生公寓管理信息化建设可以从以下几方面入手，如图 7–3 所示。

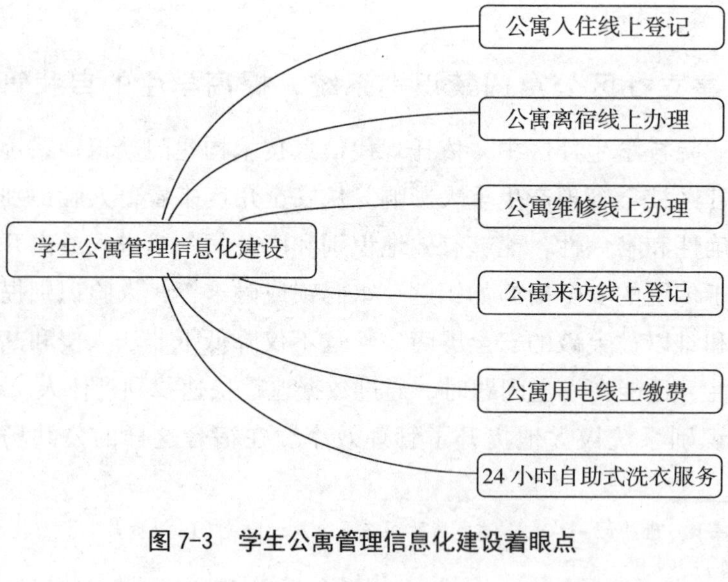

图 7–3　学生公寓管理信息化建设着眼点

（一）公寓入住线上登记

在当今信息时代，推进学生公寓管理信息化建设是大势所趋，也是提高管理效率和服务质量的必然选择。其中，公寓入住线上登记作为一个关键环节，具有不可忽视的作用。线上登记可以极大提高入住效率。传统的入住登记往往需要学生到达公寓后，排队填写各种表格，核实身份信息，整个过程费时费力。而线上登记则通过信息化手段，允许学生在任何有网络的地方完成预登记，提前上传相关证件和信息以及选择房间和床位等，大大缩短了实地登记所需的时间，减少了排队拥挤的现象，也减轻了工作人员的负担。①

线上登记不仅是一个单纯的数字化过程，更是一个服务优化的过程。由于信息的提前填报和核验，工作人员可以更加准确地掌握每个学生的基本信息和特殊需求，如是否有医疗需要、是否需要无障碍设施等。这样，学校可以提前做好相应的准备工作，提供更个性化、更人性化的服务。同时，线上系统可以与学校的其他管理系统联动，如教务系统、医疗系统等，实现信息的一体化管理，提高数据使用的准确性和有效性。

（二）公寓离宿线上办理

在过去，离宿办理多是一个复杂且耗时的过程，包括但不限于清理房间、交还钥匙、缴清费用等，这一系列操作不仅对学生造成不便，也增加了管理人员的工作量。线上办理的引入，无疑将这一流程大大简化。具体来说，线上离宿办理能让学生在一个统一的平台上完成所有必要的步骤。例如，他们可以通过手机或电脑提前提交离宿申请，选定离宿日期，而系统则会自动给出一个任务清单，提示学生需要完成哪些准备工作。这不仅减少了纸质文档的使用，也为管理人员提供了一个更加方便的追踪和审核机制。除了基本的离宿申请，线上平台还可以与学校的其他系统进行对接，如财务系统，以便学生能在线支付任何未缴的费用，或者接收退款。同样地，房间检查也可以通过线上途径完成，学生拍摄房间照片上传至系统，由管理人员在线进行审核，从而避免了人力资源的浪费。

---

① 江孤迅．互联网技术视域下“一站式”学生社区建设探析[J]．中国高等教育，2022（22）：53-55.

（三）公寓维修线上办理

公寓维修是学生宿舍管理中一个不可忽视的环节，它关系到学生的生活质量和整体的住宿体验。传统的维修申请和处理流程往往效率低下，不仅给学生带来诸多不便，也增加了管理人员的工作负担。因此，公寓维修线上办理显得尤为重要，作为推进学生公寓管理信息化建设的一部分，它能极大地提升工作效率和服务质量。

首先，通过学生公寓管理线上平台，学生可以直接提交维修请求，描述问题的具体情况，并上传相关照片或视频作为证据。这一切都可以通过手机或电脑轻松完成，大大缩短了学生去物业管理处排队申请维修的时间。与此同时，线上平台能自动将请求分类并分配给相应的维修人员，提高了问题解决的速度。其次，线上办理还能提供实时的进度跟踪和状态更新。一旦维修人员接受任务并完成维修，系统会自动通知学生，也方便管理人员进行后续的质量检查和服务评价。这一流程不仅提高了工作透明度，也有助于收集和分析数据，进一步优化维修服务。另外，这个线上平台也可以与学校的财务和物资管理系统集成，使得对维修材料和人工成本的跟踪和核算更为方便和准确。例如，每次维修完成后，相关的费用和材料消耗都会自动记录在系统中，便于财务部门的审计和预算安排。

（四）公寓来访线上登记

公寓来访管理是学生宿舍管理中一个重要的组成部分，它不仅涉及学生的生活便利性，更关乎整个学生社区的安全。传统的来访登记大多依赖纸质表格和人工审核，不仅效率低，还容易出现信息缺失或错误的情况，无法满足现代化、高效率和高安全性的管理需求。而通过线上来访登记的方式，不仅能提升管理效率，还能提供更加个性化和人性化的服务。例如，系统可以自动发送来访提醒和来访结束通知，让学生和来访者都能更加清晰地掌握来访状态，避免不必要的麻烦。

线上来访登记可以通过一个专门设计的移动应用或网站平台进行，学生和来访者只需几次点击便可完成全部操作。首先，来访者需要提交个人身份信息进行预登记，学生收到请求后可以进行审核并授权，整个过程既快捷又方便。这样的系统还能自动进行身份核验，极大地提高了来访管理的安全性。线上登记系统还可以和学校的其他信息系统进行联动。例如，一旦完成来访登记，系统就会自动更新学生的来访记录，并在需要时可供管理人员查询。这不仅提高了数据准确性，也有助于后续的安全监管工作。当然，线上来访登记还有助于数据分析和管理决策。管理人员可以根据收集到的大量数据，进行各种维度的分析，如来访高峰期预测、安全风险评估等，从而更有针对性地进行人力和资源的调配。此外，通过用户反馈和数据分析，也能不断优化来访登记流程，优化用户体验。

（五）公寓用电线上缴费

在当代高职教育过程中，信息化建设已经成为提升管理效率、提供更好的服务和营造更好学习生活环境的必要手段。其中，推进学生公寓管理信息化建设尤为重要，而公寓用电线上缴费作为其中一个关键环节，不仅方便了学生生活，也提高了整体管理效率和服务质量。传统的用电缴费方式通常需要学生去指定的缴费窗口或机器进行操作，这不仅需要额外的时间和精力，在高峰缴费期还可能出现排队等候的情况。通过线上缴费系统，学生可以随时随地通过移动应用或者网站进行缴费，大大节省了时间和精力。而且，线上系统可以自动提醒用电量不足或即将断电的情况，帮助学生更好地管理用电。

从管理者角度来看，线上缴费系统可以有效提高工作效率。首先，该系统能实时更新用电和缴费数据，便于后续的统计和分析工作。其次，线上缴费减少了现金流转和人工操作，降低了出错和安全风险。同时，该系统还可以与其他信息系统进行联动，如学生信息系统、公寓管理系统等，形成一个高度集成的信息化管理平台。从学生角度来看，线上缴费系统可以提升学生的自我管理能力和环保意识。通过实时查看用电量和费用，学生更可能去思考如何更有效、更环保地使用电力，这无疑是一种很好的教育方式。

值得一提的是，线上缴费系统为后续的数据分析提供了可能。通过对大量的用电和缴费数据进行分析，管理者可以更准确地掌握学生用电行为和需求，从而在资源配置、能源节约等方面做出更有针对性的决策。

（六）24 小时自助式洗衣服务

随着智能科技的快速发展，越来越多的高职院校开始引入智能化设备来提升校园生活的便利性。其中，智能洗衣柜成为校园智能化设备中备受欢迎的一种，其通过结合人工智能、物联网和移动支付技术，解决了长久以来困扰学生群体的洗衣难题。

不同于传统的洗衣方式，智能洗衣柜提供了 24 小时的自助式洗衣服务。学生不再需要担心时间问题，无论是白天还是晚上，都可以随时去洗衣。人脸识别技术让整个过程变得更加简单。学生无须携带钥匙或记住复杂的密码，只需站在洗衣柜前，设备会自动进行身份识别。智能洗衣柜的支付更加便捷，学生可以直接通过手机 APP 来完成支付，这不仅减少了携带现金的不便，也符合当代年轻人便捷、快速的生活节奏。同时，由于使用了先进的人脸识别和数据加密技术，智能洗衣柜在提供便利的同时，确保了学生衣物的安全。只有经过身份验证的人才能取走存放在其中的衣物，这大大降低了衣物被他人拿走或是被错误取走的风险。除此之外，智能洗衣柜还具有潜在的社会和环境价值，其高度自动化和精确的资源调配能力，如准确的水和洗涤剂使用，有助于减少资源浪费，这对于环境保护也是有益的。

三、加快功能房管理信息化建设

加快学生社区功能房管理信息化建设，不仅可以实现资源的最大化利用，还能确保各种功能房的安全、高效运营。功能房管理信息化的建设可以从以下几方面入手，如图 7–4 所示。

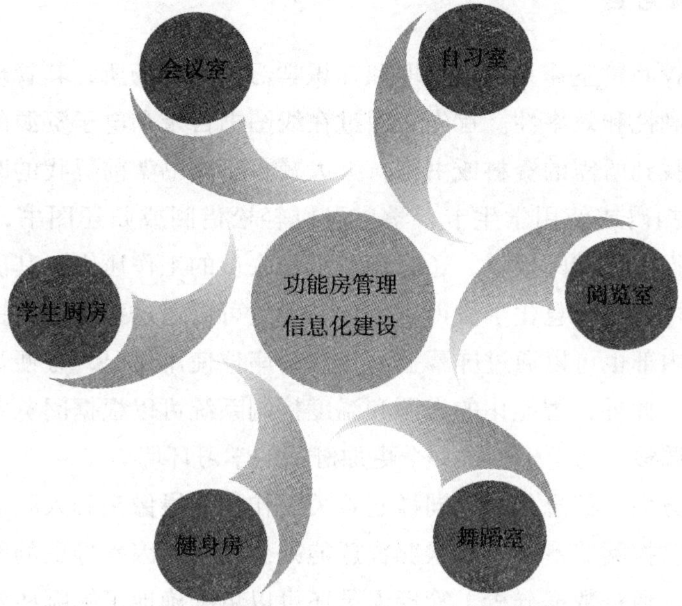

图 7-4　功能房管理信息化建设的着眼点

（一）自习室

高职院校自习室的管理信息化不仅提升了管理效率，还大大提高了自习室的服务质量。借助现代信息技术，如射频识别技术标签、物联网和移动支付等，可以实现自习室座位的在线预约和实时监控，不仅解决了座位紧张和占座现象，也避免了学生在找座位上浪费时间。学生可以通过手机应用或网站查看自习室座位的实时使用情况，并进行预约或取消预约，非常方便。该系统还可以对自习室的使用数据进行分析，如高峰使用时段、座位使用率等，为学校提供依据以优化自习室的开放时间和布局。信息化管理还可以实现自习室环境的自动调控。例如，通过安装智能温湿度传感器和空气质量监测器，系统可以自动调整空调和新风系统，确保自习环境舒适；通过声音传感器和摄像头，也可以自动监测噪声和异常行为，保持自习室的安静和安全。

另外，在安全管理方面，与社区公寓门禁识别系统联动的自习室管理系统还能有效地控制和记录进出人员，一旦发生紧急情况，可以迅速锁定自习室并通知管理人员进行处理。

（二）阅览室

高职院校阅览室作为信息获取和知识学习的重要场所，其管理信息化具有显著的便利性和效率性。首先，通过在线图书目录和电子资源的整合，学生可以迅速找到所需的资料或书籍，大大减少了在书架前寻找的时间。与此同时，通过扫码或使用学生卡，学生可以轻松借阅或归还图书，这样的自助服务不仅提高了借阅效率，还减轻了工作人员的工作压力。其次，阅览室的座位管理可通过信息化手段得以优化。学生可以通过手机应用提前预订座位，阅览室内部也可以通过屏幕显示当前的座位使用情况，方便学生直观地找到空座。[①] 此外，智能化的光照和温度控制系统可以根据阅览室内的人数和时间自动调整，为学生提供一个更加舒适的学习环境。

在安全方面，信息化建设同样起着关键作用。摄像头和人脸识别技术不仅可以用于监控阅览室的安全状况，还能减少因人为因素导致的图书损失或盗窃等情况。通过数据分析，管理人员还可以更准确地了解哪些资源被频繁使用，哪些时段人流量大，从而更有针对性地进行资源配置和服务优化。

（三）舞蹈室

舞蹈室作为高职院校文艺活动和身体锻炼的重要场所，其管理信息化的建设具有重要意义。通过信息化手段，学生和教师可以在线预约舞蹈室的使用时间，避免因场地冲突或资源浪费造成的问题。预约系统还可以记录使用者的信息和使用时长，方便后续的管理和维护工作。在线平台还能实时更新舞蹈室的使用情况，如设备状态、维修进度等，以便及时处理问题。

在教学方面，信息化建设可以支持远程教学和在线课程的需求。通过高清摄像头和麦克风，教师和学生可以进行高质量的远程互动，扩大教学影响力。同时，舞蹈录像和教学资料可以上传到云端，供学生随时查阅和复习。智能灯光和音响系统也可以根据舞蹈类型和场景自动调整，为学生提供更为专业和个性化的学习体验。在安全管理方面，通过安装社区公寓门禁识别系统和摄像头，可以有效地了解进出人员和监控室内状况，确保学生和设备的

---

① 周语眠，刘学．高校图书馆电子阅览室发展方向探析[J]. 济南职业学院学报，2022（3）：105-108.

安全。而且，信息化还可以方便对舞蹈室内环境进行实时监控，包括温度、湿度、空气质量等，以创建一个更加舒适和安全的练习环境。

（四）健身房

健身房是高职院校学生和教职工身体锻炼和保持健康的关键场所，通过信息化管理，不仅能提高健身房的利用率，还能加强学生的体育锻炼。通过在线预约系统，学生可以更灵活地安排锻炼时间，这样不仅减少了现场排队等待的时间，还能合理分配健身房的使用资源，提高其使用率。这一系统也能帮助管理者进行数据分析，了解高峰和低谷时段，从而进行更为科学的人流和设备管理。同时，健身房的设备状态、维护记录、卫生状况等也可以在信息化平台上实时更新。

对健身房的信息化管理可以为健身教学和指导提供有力支持。通过录制视频教程、在线直播等方式，健身教练可以更方便地与学生互动，为他们提供个性化的训练方案和健康建议。学生也可以通过手机应用或者网页端随时查看自己的锻炼数据，包括运动量、消耗的卡路里等，以便更好地记录和调整自己的健身计划。

（五）学生厨房

为了深入推进“一站式”学生社区综合管理模式，提升学生社区综合服务和保障能力，强化学生日常生活劳动能力，立足学校校情和学生学情，学生社区中心充分整合和利用社区场地资源，设立学生厨房，满足学生基本的生活需求，还能作为饮食教育和生活技能训练的场所。烘焙厨房、烘焙社团等，也同样能够作为饮食教育和生活技能训练的场所。首先，社团需要学生以团队申请，有指定指导老师负责管理和业务指导。调配各种厨房资源，包括烤箱、微波炉、冰箱等。其次，室内配置信息化平台提供烹饪教程、营养指导等增值服务，从而丰富学生的烹饪经验和营养知识。

在安全和卫生方面，建立信息化烹饪教程的同时，烹饪场地的管理也显得尤为关键。可通过安装智能传感器和摄像头，实时监控厨房的使用状态和环境指标，如温度、湿度、烟雾等，一旦发现异常情况，系统会立即发送警报。此外，自动化的清洁和维护提醒也可以确保厨房始终保持良好的卫生状态。通过信息化平台，管理人员可以更方便地进行设备维修、卫生检查、物品补给等日常管理工作，并能根据数据分析对厨房的运营进行持续优化。

（六）会议室

会议室在高职院校中具有多样的用途，从教学和研究到行政和活动组织，都需要高效和准确的管理方式来保证其充分使用。信息化管理对于会议室来说是一个不可或缺的工具，能够提升使用效率，同时降低管理复杂性。通过开发一套全面的在线预约和管理系统，校内各方可以便捷地预约会议室，查看可用时段，甚至自定义特定布局和设备需求。这不仅极大地节省了人力和时间，还能避免因手工管理导致的失误或冲突。

信息化系统可以与其他校园管理系统进行数据交互，如安全监控、空调和照明系统，实现智能控制。系统可以根据预订信息自动进行能源分配，以有效的方式进行电力和空调管理，从而达到节能的效果。在安全方面，数字化管理还可以通过刷卡或面部识别等手段，确保只有授权人员能够进入会议室。此外，信息化数据还能为学校管理提供有力的数据支持。通过分析会议室的使用率、使用人群和高峰期等，学校可以更加精确地进行会议室的日常维护和长期规划，合理地进行设备更新、维修等。因此，高职院校通过信息化管理不仅能优化会议室使用，还能为更广泛的校园管理提供便利。

第四节　加强自主管理，提升管理效能

一、合理分配管理权利，建立以学生为主的管理组织

（一）权力下放，使学生社区获得合理的授权

在管理学生社区的方式上，如果所有的权利都掌握在学校手上，会影响到学生自主管理的积极性和主动性。因此，为了有效改变管理方式，必须给予学生社区一定的授权。

1. 构建集教育和服务为一体的学生社区网格化管理模式

对于高职院校而言，网格化管理模式能有效减轻学校治理的负担，因为它能更系统化、集中化，在治理效用上表现得更出色。学生社区不仅是学生日常生活的场所，更是学习和休息的综合空间。因此，它与学校的教育目标紧密相连，也需要学校方面的全面支持。教育和服务作为高职院校的主要目的，也是学生社区的主要目的，因此，在学生社区的管理工作上，要健全管理机制，责任到直接部门和具体负责人，在管理的基础上，将教育和服务有机融合。

2. 凸显学生社区功能，注重学生组织的作用

学生社区既具有城市居民社区的普遍特质，又是学校教育体系的一部分。这种双重性质赋予了学生社区多样的功能和责任。一方面，社区接受学校教育体系的管理和支持，另一方面，社区提供了超出教育范畴的综合服务，让学生能在其中感受到“家”的温暖，从而愿意积极地投入自己的精力和热情。因此，与传统的校园管理模式相比，学生社区更为全面和多元，也更能与各个学校的管理和教育目标保持一致。在管理方面，除了学校自身的参与，还应高度重视学生组织和学生自我管理的力量。这种多元化的管理模式不仅强化了学校的教育功能，还深入学校社区内部，能更快地找出学生间矛盾的根本原因并解决他们之间的矛盾。发挥学生社区管理、学生自我管理和学生工作团队的协同作用，能够更有效地促进学生间的和谐与融洽，进而营造一个更加文明和谐的社区环境。同时，通过学生自我管理，可以减少学生与学校管理体系之间的冲突，因为学生更倾向于接受由自己参与制定的规则和管理方法。通过公开的信息服务平台，学校和社区管理者还可以及时采纳教师和学生的合理建议，进一步提高社区管理的水平和效率。

除此之外，在学生管理过程中，一方面，学生将基层学生的意见和建议以更准确和及时的方式传达给社区管理人员。经过管理层的审核和上报，这些建议更有可能得到上级管理部门的认可和重视，从而真正影响和改进社区的运营方式。另一方面，学生组织是将学校或社区的管理理念和具体规定普及广大学生群体的有力工具。通过学生组织的介入和传播，管理层的理念和决策更容易得到学生的理解，从而使学生更加主动地配合和参与社区和学校的各项管理、教育和服务活动。

（二）加强学生组织建设，打造协作型学生社区管理模式

在学生社区管理中，核心的参与者和受益者都是学生，学生组织在社区管理中的活跃程度能直接反映出社区管理的有效性和接受度。

一是充分体现学生在学生社区管理中的主体地位。社区管理的主要目的是为学生营造一个良好的学习和生活环境，使他们能在社区内找到归属感和认同感，甚至愿意将其视为“第二个家”。与此同时，学校的主要职责是为学生的全面发展提供支持。在这一点上，学生社区管理可以被看作学校整体管理策略的一个自然延伸。因为学生社区不仅是学生日常生活的一部分，还是他们学习和成长的关键场所。在这样的背景下，将学生纳入社区管理的核心环节变得尤为重要。

二是制定和完善学生参与的民主化规定及政策。为确保管理规定能真正得到执行，必须赢得学生的认可。学生不仅是教育改革的受益者，更是其重要的参与者。因此，在制定相关政策和开展院校管理工作时，学生应当有机会参与到决策过程中来，当然这应在法律和规定允许的范围内进行。这样的参与将赋予学生更高的责任感，进而提高自我约束和管理能力。

三是理论与实践并重。在学生社区管理中，应使学生有更高的参与度，形成一定的自我约束力以及管理能力，并给予学生更多的关注，在理论上利用各种相关制度为其真正参与提供保证；在实践上，不断地发现、解决问题，着手创建良好的平台和渠道，为学生更好地参与其中提供支持。

四是创建和谐舒适的校园环境。为了促进学生的全方位发展，学校应积极创造一个和谐的校园环境，以激励学生最大限度地参与社区的各种活动。通过整合学生发展理论，学校能更系统地设计和实施各种能让学生得以成长的社区活动。学校应鼓励学生在社区管理中发挥更大的作用，并设置具体的参与指标和范围，以使他们能在实际操作中学习和成长。这样的参与不仅能让学校更准确地了解学生的需求，还能提供给学生一个实际应用管理理论和手段的场所。

二、完善学生社区的组织形式，提高学生参与社区服务的积极性

完善学生社区的组织形式，不仅可以为学生提供更为丰富和多样的服务，还能培养他们的社会责任感、团队合作能力和组织协调能力。学生社区组织形式的完善可以从以下几方面入手，如图 7–5 所示。

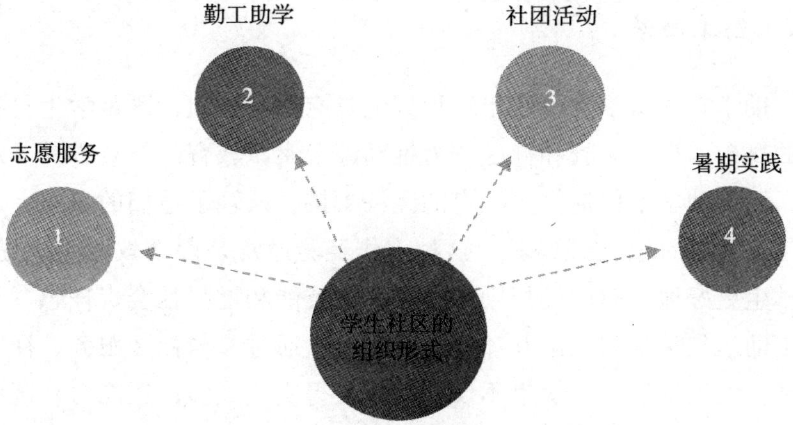

图 7–5　学生社区的组织形式

（一）志愿服务

志愿服务在丰富学生社区组织形式方面发挥着至关重要的作用，因为它不仅促进了学生的个人成长，还增强了社区凝聚力。从学生个人角度来看，参与志愿服务是一个极佳的机会，可以使他们在实践中运用在课堂上所学的知识和技能。这种参与性体验促进了学生们在团队合作、时间管理、人际交往和领导力等多个方面的全面发展。而从社区角度来看，志愿服务活动通常涉及改善社区环境、帮扶弱势群体和推动社区健康等方面，这些都能直接提升社区的整体生活质量。

志愿服务构建了一个多赢的局面，学生、学校和学生社区都从中受益。学生通过参与志愿服务获得实践经验和社会责任感，学校通过支持和组织这些活动提升了其社会责任感和影响力，而学生社区则得到了更多关注和实质性的改善。同时，志愿服务活动还能作为一个平台，使学校、学生和社区有

更多的互动和交流机会，这在很大程度上有助于打破校内外的隔阂，建立更紧密的合作关系。不仅如此，志愿服务还可以作为一种评估机制，以量化的方式反映学生参与的程度和影响。通过对参与学生的表现和社区反馈进行综合评价，学校可以更准确地了解其教育目标实现的情况以及社区建设的实际效果。这样的信息对于学校来说是非常宝贵的，因为它可以用来调整未来的教育策略和社区服务方向。

（二）勤工助学

勤工助学在丰富学生社区组织形式上具有多重价值，既是学生自我提升和实践的舞台，也是学校和社区合力推动综合素质教育的有效方式。从学生角度看，勤工助学不仅提供了一定的经济支持，减轻了他们的负担，还为他们提供了丰富的社会实践经验。这种工作经验通常是课堂教育难以提供的，它帮助学生更好地了解职场规则、提升专业技能和增强社会责任感。与此同时，勤工助学是学生与社区互动的重要平台。通过参与社区服务、社区建设等多种形式的助学活动，学生不仅能从中获得实践经验，还能对社区有更深刻的了解和感悟。与社区成员的直接互动也有助于增强他们的社会参与感和集体责任感，从而提升社区凝聚力和和谐度。

从学校和社区的角度看，勤工助学同样具有深远影响。它不仅能加强校企合作，提供更多高质量的实习和就业机会，还能让学校和社区更紧密地结合，以共同解决当地的各种社会和经济问题。通过这种合作，学校能更好地完成其社会责任和培养目标，同时让社区得到更多有益的资源和支持。更为重要的是，勤工助学能够作为一种自我循环的机制，逐渐形成一种积极向上的社区文化。学生通过勤工助学活动得到成长和成就感，会更加积极地参与到社区和学校的各种活动中，从而形成一个良好的循环，推动社区持续健康发展。

（三）社团活动

社团活动在丰富学生社区组织形式中扮演着关键角色，为学生提供了一个多样化、个性化的成长平台，同时为学校和社区带来一系列正面影响。社团活动覆盖面广泛，从文化、艺术、科技到社会服务，几乎涵盖了所有领域。这使得每个学生都能根据自己的兴趣和特长选择合适的社团参与，进一步激发他们的学习热情和创造力。对于学生来说，通过组织各类公益活动、社区服务等活动，社团能让学生更加深入地了解社区，与社区成员产生更多的互动和交流，从而增强他们的社会责任感和公民意识。这样的活动还能让社区居民更多地了解到学校和学生的优点，进一步提高学校和社区间的和谐度。从学校管理层面来看，社团活动能够更加全面地反映学生的需求和意见，为学校提供宝贵的教育改革和课程设置建议。与此同时，社团活动是学校品牌建设和文化传播的重要途径，能有效提升学校在社会中的知名度和影响力。

因此，社团活动不仅有益于学生个人发展，也能带动学校和社区的共同进步。在未来的学生社区管理中，应给予社团活动足够的重视和支持，充分发挥其在社区建设和发展中的重要作用。

（四）暑期实践

暑期实践在学生社区组织形式中占有一席之地，特别是在暑期实践中，学生也能够从中获得许多宝贵的经验和能力，对于他们的个人成长和社会适应都具有非常重要的意义。暑期实践为学生提供了一个超出教室、更接近实际生活的学习和成长空间。通过暑期实践，学生可以更加全面地体验和参与社会，在专业知识、社会现象、人际关系等方面有更深刻的理解和认识。在现代教育理念中，实践经验被认为是对教室学习的有力补充，能有效提高学生的综合素质和社会适应能力。暑期实践形式多样，如企业实习、社会调查等，这使得不同兴趣和专业背景的学生都能找到适合自己的实践机会。

对于学校和学生社区来说，暑期实践具有重要的意义。首先，它可以作为学生评价和个人发展规划的参考，学校和老师通过实践成果可以更精准地了解学生的长处和不足，以便为他们提供更有针对性的教育资源和支持。其次，通过暑期实践，学校能与社会各界建立更紧密的联系和合作，这不仅有助于学校教育质量的提升，还能进一步扩大学校在社会中的影响。最后，暑期实践可以促进学生社区内部的和谐和统一。

学生通过共同参与实践活动，能相互了解和信任，强化社群凝聚力，也有助于培养学生的团队协作和组织协调能力。同时，暑期实践的成果和经验能作为学生社区内部和外部交流的有力依据，有助于提高社区的活力和凝聚力。因此，高职院校应该重视暑期实践的作用，为学生提供更多的实践机会和资源，促进他们的全面发展。

三、挖掘劳动教育资源，为学生快速适应职场做准备

劳动教育不仅是培养学生基本技能的手段，更是一种教育方法，它能教会学生如何与人合作，如何自主解决问题，如何更好地融入社会。[①] 因此，在高职院校的“一站式”学生社区建设中，劳动教育资源的挖掘显得尤为重要。

一方面，高职院校自身也需要不断地提供和更新劳动教育资源。开展富有学校风格特点的劳动教育实践活动，增强学生劳动意识，此外，发挥学生群体主观能动性，营造社区体育和美育氛围，促进学生德、智、体、美、劳全面发展。建设更多的实验室、工作室和模拟企业不仅能提供一个模拟实际工作环境的平台，还能创造一个多学科、多角度、多层次的劳动教育模式。例如，实验室更侧重理论与实验技能的结合，工作室则更强调实际操作和手工制作，模拟企业则可以全方位地模仿企业运营方式，包括但不限于市场调研、产品设计、生产、销售等环节。[②] 由此一来，不仅能让学生从不同的角度和层面去体验劳动，还能有效地把课堂知识与实际操作紧密地结合起来，从而更好地体现“学以致用”的教育理念。

另一方面，高职院校要加强与社会企业和机构的合作，以获取更多的劳动教育资源。首先，这种合作可以让学生跳出学校这一相对封闭的环境，更广泛地接触社会，体验多样的劳动形式和职业角色。例如，与本地企业合作开设暑期实习项目，或者与非政府组织联手开展社会服务活动，都能让学生在实际操作中对劳动有更深刻的认识。其次，这样的合作还能使学生掌握更多的行业知识和实用技能，弥补学校教育在这一方面的不足。以与制造业企

① 孟杰，冀文琦．劳动教育嵌入“一站式”学生社区的价值旨归、内在逻辑与实践理路 [J]. 东南大学学报（哲学社会科学版），2023，25（S1）：9-12.

② 孙正嘉，胡昊．高校“一站式”学生社区模式下劳动育人实践理路研究 [J]. 黑龙江教师发展学院学报，2023，42（3）：21-23.

业的合作为例，学生可以在实习期间掌握具体的生产流程或者操作技巧，这对他们今后走入职场是非常有益的。

四、充分发挥朋辈榜样力量，助力学生自主管理能力的提升

朋辈力量有一种微观的、平等的、双向的社交影响力，它在学生社区中可以发挥多方面的作用，主要包括社交支持、心理支持、学术支持等方面内容。

第一，朋辈力量可以促进学生之间更加密切的社交互动。在一个具有高度凝聚力的社区环境中，学生更容易被激发出对社区的归属感和责任心。这些正面情感转化为学生更愿意参与社区管理、更主动地去维护和优化社区环境的行动力。举例来说，当学生看到他们的朋辈能够在社区中发挥积极作用——无论是组织活动，还是参与社区改善项目——他们也会更有意愿去模仿这些行为。这样一来，朋辈就成了一种自主管理的榜样，他们的行动直接或间接地教导其他学生如何成为社区的负责人。这种从朋辈身上学习管理技能和责任心的过程，其实是一种非正式但非常有效的教育方式。

第二，朋辈力量可以在心理层面给予学生必要的支持。当学生在面对挑战或压力时，有一个可依赖的朋辈网络能大大提高他们解决问题的自信和能力。这一点在学生自主管理中尤为关键，因为管理不仅是一个组织和执行的过程，也需要面对不确定性和压力，这时心理的调适尤为重要。具体来说，朋辈能通过分享经验或提供策略来帮助学生更好地应对各种社区管理中出现的问题和冲突。这些来自朋辈的“现场”建议通常更贴近学生的实际情况，也因此更容易被接受和执行。通过这样的互相支持和学习，学生不仅能够提高他们解决问题的能力，还能在心理上得到积极的正面支持，进一步增强自主管理的信心和决心。

第三，朋辈力量可以在学术方面给予学生支持。朋辈力量在学术方面的影响与强化学生自主管理能力有着直接的联系。学术互动如讨论、合作学习和研究项目不仅能丰富学生的知识体系，还能训练他们在实际操作中进行信息整合、时间管理和团队协作，这些都是自主管理的关键要素。当学生在学术方面从朋辈那里得到启发和支持时，他们的自信心和自主性通常会得到相应的提升。这种自信和自主性是自主管理的心理基础，它们能让学生更加敢

于面对问题，更加乐于接受挑战。同样，当学生在学术交流中体验到成功的喜悦，如解决了一个难题或是完成了一个项目，这种成功经验可以提高他们在社区管理中的自主能力。成功的学术经验往往能成为强有力的内在动机，推动学生更加积极地参与到社区管理活动中，显示出更高的责任感和执行力。

第五节　深耕社区文化，打造特色品牌

一、以需求为导向，充实文化内容

在高职院校的学生社区中，“供给主导”模式限制了文化活动的多样性和参与度，因为这种模式忽视了学生作为主体的需求和意愿。[①] 为了激发学生参与社区事务的热情，高职院校必须构建以学生需求为导向的模式，这就需要更加关注学生的文化和社交需求，构建学生需求表达——需求整合——需求满足的机制。首先，在需求表达阶段，其目标在于尽量通过多样化的方式捕捉学生的多元需求。学校可以使用各种工具和平台，如QQ、微信、问卷调查和面对面访谈，通过加强宣传和动员，来全面了解学生对文化活动的具体需求和期望。这些需求将作为以后文化活动内容设计的基础，确保活动更加贴近学生群体，提高活动的针对性和有效性。其次，在需求整合阶段，主要任务在于对所收集的各种学生需求进行系统性的整合和分析。因为每个学生的需求都是多样的，而且可能存在差异，因此，通过整合，可以将这些分散和差异化的需求融合成一个更加有组织和合理的文化活动方案。最后，在需求满足阶段，主要关注的是如何通过整合后的文化活动来满足学生的实际需求。一旦学校和学生就需求达成共识，就可以进行相应的文化活动设计，使学生能够在实际参与中感受到自己的需求得到充分的满足。总之，以需求为导向形成需求机制，不仅能更好地满足学生的多元文化需求，还能提高他们参与社区公共事务的积极性和主观能动性。这样的策略对构建一个更加和谐、活跃和包容的学生社区环境具有不可或缺的作用。

---

① 樊永生．基于桂商文化视域的“一站式”学生社区文化育人工作路径探析：以广西国际商务职业技术学院为例[J]．教育观察，2023，12(14)：41-44.

二、以目标为导向，打造社区品牌

打造富有特色的学生社区品牌不仅有助于增强集体荣誉和自豪感，还能强化社区的示范作用。对此，要以目标为导向精准打造学生社区品牌，具体可以从以下几方面入手：以提供服务者为目标；以学生需求为目标；以宣传为目标。

以提供服务者为目标，要求社区工作者深刻理解并整合学生社区的发展需求和治理理念。这不仅需要社区工作者有明确的治理目标，还需要他们能在设计和开展各种活动时充分考虑到社区的特色、内涵、个性以及可操作性。这样做不仅能确保活动或项目具有高度的可执行性，还能保证它们能够真正满足社区内学生的需求。社区工作者需要根据已有的治理理念，精心设计和规划各种与学生生活密切相关的服务和活动，以确保它们既具有吸引力，也能真正解决学生在生活、学习、发展等方面的实际问题。

以学生需求为目标，要求学校通过各种渠道，如问卷调查、社交媒体或直接交流，广泛征集学生的需求和建议。在此基础上，学校可以根据学生的专业背景、性别、年级等因素进行细致的需求分析，以此为基础进行更为精准的活动设计和规划。例如，可以引导学生参与制定社区的发展目标、育人理念、社区规约等，从而确保学生社区不仅有自己的特色和品牌，还能满足不同学生群体的多样化需求。

以宣传为目标，发挥学生社区品牌的示范和带动作用。只有通过有效的宣传，才能让更多的人了解和认识到社区品牌的价值和意义，从而进一步增强其示范和带动作用。这可能包括利用各种传媒工具，如宣传栏、社交媒体、电子广告牌等，来扩大社区品牌的影响力。同时，也需要定期评估宣传活动的效果，以便不断调整和完善宣传策略，确保它能有效地提升社区品牌的知名度和影响力。

三、以本土为导向，融入红色资源

文化嵌入在行为主体上具有显著的价值观引导作用。红色文化作为一种具有中国本土特色的先进文化，具有深厚的革命传统和丰富的历史文化意义。这种文化不仅塑造了特定的精神面貌，还在精神文明建设中发挥着不可或缺的作用。它的核心价值观和精神内涵有助于强化社会责任感和集体主义思想，从而更好地引导学生行为。为了进一步增强文化嵌入的效力和丰富其内涵，必须将这种具有浓厚本土特色的红色文化更多地引入校园生活中。这不仅意味着在教育教学活动中加入红色文化元素，也意味着要在校园环境建设、文化活动设计等方面，充分挖掘和利用本土红色文化资源。具体可从以下几方面入手。

第一，红色文化进校园。通过邀请地方文化专家和历史学者进入校园，用讲座、红歌传唱等多种形式让学生更直接地感受到这段革命历史和其背后的精神内涵，可以更容易地引导学生树立正确的价值观和崇高的理想信念。例如，可以邀请那些有着丰富研究和亲身经历的专家来分享他们的见解和故事，让学生能够更加深刻地理解红色文化。第二，红色项目进校园。通过项目化的方式，如与当地文化部门或社会组织合作，将本土红色文化资源带进校园，如精品展览等，能进一步强化红色文化在校园内的影响力。这不仅能增加文化的可接触性和可见性，还能通过具体的文物或展览，使红色文化变得更为生动和具体，从而更容易被学生接受和理解。第三，本土红色资源社区化。通过将红色文化教育更深层次地融入校园文化中，同时与学生党日活动或团日活动相结合，如开展本土红色文化话剧、情景剧、微电影等形式多样的文化活动。这样不仅能让学生从多个角度和层次上接触和理解红色文化，也能通过这些具有强烈本土特色和文化内涵的活动，更好地接受爱国主义和社会主义核心价值观的教育。

第六节　“一站式”学生社区建设的重点——公寓管理

一、国内典型高等教育机构“一站式”学生社区公寓管理的模式

（一）以技术为支撑的管理模式

在住宿管理方面，复旦大学采取的以技术为支撑的管理模式是现代科技和学生需求完美结合的典范。对于本科新生，学校采用预分配入住的方式；对于研究生，则根据其个人意愿进行宿舍选择。在这一过程中，学校不仅是通过传统的调查方式来收集学生的住宿意愿，更是运用了人工智能和大数据技术，通过这些先进的技术手段，实现了室友的精准推荐和智能匹配，从而极大地提升了学生对住宿的整体满意度。[①] 与此同时，学校还充分考虑到学生的个人兴趣和生活习惯。例如，喜欢打篮球的男生可以选择一起住在同一个宿舍，实现兴趣相投的室友匹配；对于那些早起或晚归的学生，也可以选择相应的标签，以便与有相同作息时间的室友住在一起，从而不打扰他人的休息和学习。而在宿舍管理方面，学校还推出了移动端的公寓检查功能，通过这个功能，教师可以方便快捷地进行宿舍的卫生和安全检查，并生成相应的检查档案。整个管理系统都是由学校使用的博雅讯自主研发的智能公寓管理系统来实现的，这一系列的创新举措不仅提升了学生住宿体验，也使得高校管理更加智能化，有效提升了学生的幸福感。

（二）以文化为核心的管理模式

南昌理工学院以文化为核心，在学生公寓管理方面呈现出创新性与多元

① 吴琦，任晨，向望，等.复旦大学5G虚拟校园网建设实践[J].中国教育网络，2021（8）：64-65.

性特点。通过学校管理处的统筹作用，力求使同一个宿舍的学生来自相同的院（系）、专业和年级。这一做法有助于对学生进行全方位的思想政治教育，这也是一种便捷而高效的管理方式。例如，该学校在文化建设方面做出了积极的尝试，举办了“2023年寝室文化节”等多元化活动。这个为期一个多月的节日不仅拓宽了学生的文化视野，也为他们营造出了一个健康、文明、和谐的自主学习和生活环境。通过“文明寝室”评比、“学习之星宿舍”评比、“平安之星宿舍”评比以及宿舍短视频大赛等一系列精心设计的活动，寝室文化得到了全面的提升。① 此外，南昌理工学院针对一直以来备受关注的洗浴热水问题进行了全面升级。通过更换先进的设备和更新热水供应系统，甚至启动临时加热设备，学校不仅显著延长了热水供应的时间，也确保了水温的稳定和减少了系统故障。这样的改进彻底解决了学生在日常生活中关于热水供应的后顾之忧，极大地提升了生活体验和满意度。

（三）全方位指导的管理模式

天津大学在学生管理和服务方面采取了一系列前瞻性的措施，尤其是通过专兼职辅导员直接“扎根”在学生社区中的创新做法，得到了广泛的好评。更值得一提的是，学校还特意引入了心理健康教育人员，这些专业人士不仅提供心理健康的相关教育和服务，还与学生“同吃、同住、同生活”，形成了一个全天候、全方位的心理健康保障机制。② 这种24小时的“护航”服务，大大增强了工作的亲和力和针对性，更是增强了其实效性。

这种全方位指导的管理模式有助于建立更为密切的师生关系，使辅导员能够更准确地把握学生的个性特点和需求，从而进行更为精准和个性化的教育和指导。同样，心理健康人员的存在大大降低了学生因心理问题导致的各种风险，从而实现了对学生全面发展的有力保障。这一系列举措不仅彰显了天津大学在学生管理和服务方面的创新精神，也充分体现了其以学生为中心

① 翟元兴．民办本科高校大学生就业质量管理研究：以南昌理工学院为例[D]．南昌：江西财经大学．

② 田凤瑛，张颖，宣玉杰．高校既有宿舍给排水提升改造的问题及对策：以天津大学卫津路校区六、七里台宿舍为例[J]．住宅产业，2022（8）：83-86.

的教育理念，实践证明，这样的管理模式对提高学生的整体满意度和幸福感有着不可忽视的积极作用。

二、笔者所在学校（江苏财经职业技术学院）“一站式”学生社区公寓管理的模式

江苏财经职业技术学院以“党建进公寓”为契机，拉近师生距离。江苏财经职业技术学院充分运用“党建进公寓”这一创新性的教育管理机制，有效地拉近了师生间的心理距离，实现了教育工作的人性化与精细化。学校组织师生党员深入学生公寓进行实地走访，不仅是形式上的检查，更是一次富有人文关怀的亲近与交流。这些参与走访的教职工不仅细致地查看了学生宿舍的生活设施使用和卫生状况，更是通过详细询问学生的学习和生活近况，展开了真诚的师生对话。这种面对面的交流方式带有一种“春风化雨”的教育功能，它不仅消解了学生心中可能存在的紧张和不安，还在学生心中植入了一种亲近和信任的感觉。这种紧密的师生关系建立，不是一种表面的亲近，更是一种深入灵魂的教育和关怀。学生能从这些细致入微的行动中感受到学校像家一样的温暖和支持，这无疑为他们提供了一股加倍努力学习和生活的强大动力。在这样的环境中，学生会更加自信、更加积极，寝室也因此变得更加温馨和安全。江苏财经职业技术学院通过“党建进公寓”这一具有前瞻性和人文关怀的管理模式，成功地消除了教育工作中可能存在的距离感，也促进了学生个体的全面发展。

江苏财经职业技术学院致力弘扬中华优秀传统文化，不仅将其作为教育理念，更是作为校园文化活动的一部分。例如，学校在学生公寓内定期举办的“书画大赛”，这不仅丰富了同学们的课余生活，还提供了一个展示和提升个人书画创作水平的平台。这样的文化活动有多重意义。一方面，它是对传统文化的一种现代诠释和传承。通过书画大赛，学生们有机会更深入地了解和接触到中华传统文化的精髓，如书法的笔触、墨色以及中国画的构图、用色等。另一方面，这类活动也能激发学生对艺术的兴趣和热情，有助于挖掘和培养学生在书画方面的特长和才艺。此外，这样的活动也有助于学生个性化的发展。每个人都有自己独特的审美和创作风格，通过参与书画大赛，

学生们不仅能得到技能的提升，更能在创作过程中找到自我，充分展现个性和实现价值。

江苏财经职业技术学院注重培养学生“自我教育、自我管理、自我服务”的意识。为加强学生公寓的管理和寝室文明建设，创建整洁文明的学习生活环境，每学期定期举办校级“文明宿舍”评比活动，这不仅是寝室文明建设的重要组成部分，也是优化育人环境的有效手段。这一活动鼓励学生养成文明、规范的行为习惯，如垃圾分类、节水节电、保持公共环境卫生等，同时重视学生在团队合作、共同管理寝室环境方面的表现。这不仅有助于营造一个整洁、文明的学习生活环境，也促使学生在日常生活中不断地自我管理和自我提升。通过参与这样的活动，学生不仅能感受到集体荣誉感和成就感，也会更加珍惜和维护他们所处的生活环境。

江苏财经职业技术学院注重学生公寓消防安全管理工作，全面保证学生生命财产安全。学校通过定期开展消防安全风险排查，细致地审查了消防报警设备、消防栓设施、消防通道以及门禁和监控设施等多个关键环节。这样的细致入微不仅体现了学校对消防安全工作的严谨态度，也进一步落实了每个参与部门的安全责任。各个部门在排查过程中都认真组织整改，分工明确，并且在不同的职能部门之间实现了高效的相互协调。一旦发现存在安全隐患的区域，相关部门会立即在现场提出整改意见，并共同协商解决方案，以尽快落实必要的改善措施。这种持续性的安全风险排查不仅解决了短期内可能出现的安全问题，也为学校消防安全工作的长期规划和完善打下了坚实的基础。具体来说，这有助于持续优化学校的消防安全制度体系、工作体系以及责任体系，进一步强化校园的公共安全治理。这种治理模式正在从事后的应急处理逐渐转型为事前的预防工作，以期更有效地避免各种潜在风险，实现真正意义上的安全保障。

江苏财经职业技术学院注重学生公寓一体化平台的建设。江苏财经职业技术学院学生宿舍实行公寓化管理，每个房间均配有互联网接口，公寓配备洗衣房。为了提供严格的管理、优质的服务，为学生营造清洁、卫生、温馨的生活环境，现已搭建完成学生公寓管理服务平台，共包括 15 个模块，分别为统计图表、基础信息、通知公告、照片寻人、系统管理、教师走访、学生出入、夜不归宿、数日未归、宿管考勤、宿舍调整、宿舍评比、宿舍卫生、违规记录、维修受理，这些模块涵盖了从基础信息管理到维修受理的各个方面，构建了一个全面、高效的学生公寓管理体系。在统计图表模块，通过数据分析和可视化图表，学校能够快速掌握学生住宿的总体情况，如宿舍人数、入住率等，方便做出相应的战略决策。基础信息模块主要负责存储和管理学生的个人信息，如姓名、性别、年级、专业等，以便后续管理和服务。通知公告模块使学校与学生之间的信息传播更加高效和准确。无论是紧急情况还是日常通知，都能够通过平台迅速发布，确保信息能够准确、及时地传达给每一位学生。而照片寻人模块则特别用于紧急或特殊情况，如失踪或寻找特定个体，可以快速发布信息并进行人员定位。系统管理模块负责整个平台的运行和维护，包括数据备份、权限设置等，确保平台的稳定运行。教师走访模块则主要记录教师对学生公寓的走访情况，包括走访时间、参与教师、主要活动内容等，有助于加强师生之间的互动和情感联系。在学生出入和夜不归宿、数日未归模块中，通过智能社区公寓门禁识别系统和数据分析，能实时追踪学生的出入情况，确保学生的安全。这些数据不仅用于安全管理，也可用于进一步了解学生的生活习惯和需求。宿管考勤模块主要用于记录宿管人员的工作表现，包括出勤情况、工作效率等，旨在提高宿管工作的专业性和效率。而宿舍调整模块更多地关注学生的住宿体验，根据学生的需求和反馈，进行宿舍人员的调整。宿舍评比和宿舍卫生模块重点在于营造一个优质的住宿环境。通过定期的评比和检查，鼓励学生参与到宿舍环境的改善中来。违规记录模块主要用于记录和管理学生在宿舍内的违规行为，以便对学生进行相应的教育和处罚。维修受理模块主要负责宿舍内设施的维护和管理。学生可以通过平台报修，管理人员也可以通过平台进行维修进度的跟踪和管理，大大提高了维修工作的效率。

江苏财经职业技术学院注重发挥学生社区管理人员的榜样作用，增强管理人员的成就感、价值感。笔者自 2009 年入职，致力学生公寓管理工作，为学校做出了显著贡献。2020 年 9 月 11 日，笔者得知有学生意欲轻生的消息，第一时间赶到学生宿舍，成功挽救了一名因情感困惑的工程学院同学，展现了党员的责任和担当。2023 年 4 月 4 日，笔者再次在紧急情况下，冒雨赶到西六苑，耐心安抚并成功救下一名情绪激动的学生。在两次危机中，笔者都展现了冷静、勇敢和高度的责任心，为学校挽回了巨大损失，为两个家庭带来了希望。对此，学校授予笔者表彰激励。这次表彰激励对笔者来说意义重大，不仅是对笔者过去工作成果的肯定和认可，增强了笔者的成就感，更是对整个团队的鼓舞，鼓励其他员工也为工作付出更多的努力，获得更高的成就，以提高整个团队的工作效率和凝聚力。

三、高职院校实施“一站式”学生社区公寓管理的经验与启示

近年来，越来越多的高职院校开始尝试实施“一站式”学生社区公寓管理，即通过集成各种资源和服务，为学生提供全面、便捷的管理和服务。毋庸置疑，“一站式”学生社区管理体系在很大程度上优化了学生生活和学校管理，但这并不意味着所有高职院校都应该或能够照搬一种统一模板。高职院校各自有其独特的文化、需求和资源，因此，建设具有自身特色的“一站式”学生社区管理体系更为关键。例如，一所以科研和创新为主导的高职院校可能需要在管理体系中增加科研项目申请、实验室使用、研究成果上报等模块。这样，学生可以方便地在一个平台上处理从住宿到科研的所有事务，真正做到“一站式”服务。又如，一所注重人文教育的高职院校可能会在平台上加入更多与文化、艺术、心理健康等相关的资源和活动。同时，各高职院校也应考虑地域、学科、学生人数等因素，以制定更合适的管理策略和服务内容。例如，在人数较少或校园分布广泛的高职院校，“一站式”管理体系可能需要更强调移动访问和远程服务功能。而在学科特色鲜明或者师生构成多元的高职院校，可能需要在平台上提供更多专业或文化交流的空间和机会。

“一站式”管理模式的核心在于整合。在传统模式下，学生社区的各项管理任务常常分散在不同的部门和单位，如宿舍分配、设备维修、安全监控、心理健康等。这不仅提高了管理的复杂性，也影响了服务的效率和质量。然而，“一站式”管理通过整合这些服务，使得学生和管理者都能在一个统一的平台上完成各种任务。这种集成不仅提高了效率，还有助于数据的整合和分析，进一步优化管理工作。这种集成式的管理平台通常包括基础信息管理、宿舍分配、维修服务、安全监控、心理健康服务、文化活动等多个模块。每个模块都有明确的功能和责任范围，但又能与其他模块灵活对接，

形成一个有机整体。例如，在基础信息管理模块，学生可以轻松查询到自己的宿舍信息、同室人员信息等；在维修服务模块，学生则可以在线报修，跟踪维修进度，同时管理层可以从这些数据中发现设施老化或使用不当的问题，及时进行改善。

“一站式”学生社区管理体系通过整合现代信息技术，如大数据和人工智能，不仅让高职院校管理更为便捷和高效，还极大地提升了服务质量和用户体验。首先，大数据的运用能让管理者更全面地把握学生的需求和行为模式。这种精准的数据分析为宿舍分配和室友匹配等工作提供了更科学的依据。通过算法，管理者能够根据学生的专业、年级、兴趣爱好等多重因素，智能地进行宿舍分配，以此提高学生的住宿满意度。其次，人工智能技术，特别是生物识别如人脸识别，也在一站式管理体系中发挥了重要作用。这些技术不仅能加强对学生出入情况的管理，确保校园的安全，还能在紧急情况下为快速响应提供有力支持。例如，如果校园内发生不测事件，人工智能可以迅速通过生物识别数据定位到涉事人员，从而加快应急响应速度。最后，这些先进技术还可用于其他方面，如教学资源分配、图书馆座位管理等，以实现更高效、个性化和人性化的服务。通过系统地整合这些技术，“一站式”学生社区管理体系不仅能满足学生日常生活和学习的基础需求，还能在更高层次上提升学生的满意度和幸福感，实现高职教育和管理工作的全面优化和提升。

参考文献

[1] 陆宝萍 . 高校学生公寓管理及文化建设初探 [M]. 北京：北京理工大学出版社，2021.

[2] 弗里德曼 . 创新学生公寓：可持续设计的新方向 [M]. 于丽红，译 . 桂林：广西师范大学出版社，2016.

[3] 吴泽俊，蒯海章，罗小松 . 社区化大学生公寓管理改革路径 [M]. 南昌：江西高校出版社，2015.

[4] 赖虹凯，徐进功 . 党建铸魂 立德树人：厦门大学“一站式”学生社区综合管理模式建设 [M]. 厦门：厦门大学出版社，2021.

[5] 孙浩松，肖富群，宋雪晶 . 东莞 D 高校学生社区嵌入式治理研究 [D]. 桂林：广西师范大学，2023.

[6] 陈燕平 . 学生本位视角下高校学生社区治理现状与优化策略研究：基于 G 省三所高校的调查 [D]. 桂林：广西师范大学，2023.

[7] 吴斯迪 . 社会工作参与高校学生社区服务的路径研究：以桂林 L 大学学生社区服务建设项目为例 [D]. 桂林：广西师范大学，2023.

[8] 李龙飞 .“三全育人”背景下高校学生社区思想政治教育问题研究 [D]. 徐州：中国矿业大学，2022.

[9] 韩国炜 . 高职院校学生社区智能化治理研究：以常州 G 高职院校为例 [D]. 南昌：南昌大学，2022.

[10] 范静 . 非正式学习视角下的高校学生社区优化设计研究 [D]. 广州：华南理工大学，2022.

[11] 冶红新 . 社会工作参与高校学生社区党团服务研究：以 R 高校为例 [D]. 三亚：海南热带海洋学院，2021.

[12] 武绍洋 . 基于大学集体记忆的学生社区更新改造策略研究 [D]. 天津：天津大学，2021.

[13] 戴彬枫 . 高校学生社区交往空间的模块化设计研究：以华侨大学学生社区为例 [D]. 厦门：华侨大学，2021.

[14] 高若焓 . 社会支持理论视角下社会工作介入高校社区学生管理研究：以天津 H 独立学院为例 [D]. 天津：天津理工大学，2021.

[15] 殷丹丹 . 山东省高校体育专业学生社区体育志愿服务意向的影响因素研究 [D]. 济南：山东体育学院，2020.

[16] 侯勇 . 社会工作嵌入高校学生社区管理模式研究：以 S 高校为例 [D]. 沈阳：沈阳化工大学，2020.

[17] 袁子健 . 哈尔滨市本科体育专业学生社区志愿服务现状研究 [D]. 哈尔滨：哈尔滨师范大学，2020.

[18] 龙柳均 . 高校学生党建工作进社区研究 [D]. 昆明：昆明理工大学，2020.

[19] 白焕霞 . “三全育人”视域下高校学生社区治理研究 [D]. 西安：长安大学，2020.

[20] 刘畅 . 社会工作理念下的新疆高校嵌入式学生社区管理策略研究：以新疆 H 大学为例 [D]. 乌鲁木齐：新疆大学，2019.

[21] 佟思瑶 . 多元治理视角下高校学生社区治理问题研究 [D]. 沈阳：沈阳师范大学，2019.

[22] 叶琦玮 . 学校社会工作嵌入高校学生社区的实务研究：基于 D 校社会工作实践的经验 [D]. 广州：华南理工大学，2019.

[23] 刘兰竹 . 社会工作在高校学生社区实务中的运用研究：以 G 大学学生社区为例 [D]. 北京：北京工业大学，2018.

[24] 戴问源 . 高校学生社区居住环境设计研究：以郑州轻工业学院第二生活区为例 [D]. 郑州：郑州轻工业学院，2018.

[25] 孟蕊，艾俊顺 . 协同治理理论视域下“一站式”学生社区管理模式探究：以 T 学院为例 [J]. 工业技术与职业教育，2023，21（4）：99–103.

[26] 易亚哲 . 基于党建的学生社区治理创新研究：评《党建铸魂立德树人：厦门大学“一站式”学生社区综合管理模式建设》[J]. 领导科学，2023（5）：158.

[27] 刘红波 . 高校大学生社区党建育人模式的实践与探索：以长沙民政职业技术学院“五融五促”模式为例 [J]. 大庆社会科学，2023（4）：96–99.
[28] 张宝兵 .“一站式”学生社区管理模式下的学生自治工作研究 [J]. 科教导刊，2023（21）：143–145.
[29] 叶星 . 高职院校“一站式”学生社区建设的问题指向及实践逻辑 [J]. 延边教育学院学报，2023，37（3）：61–65.
[30] 陆庭 .“一站式”学生社区育人模式与实现路径 [J]. 中国多媒体与网络教学学报（中旬刊），2023（6）：129–132.
[31] 相华文 . 社会工作理念融入“一站式”学生社区建设探究 [J]. 科教文汇，2022（21）：19–22.
[32] 毛海婷 . 高校“一站式”学生社区综合育人平台模式探究 [J]. 吉林工程技术师范学院学报，2022，38（10）：25–27.
[33] 屈洋 . 高校“一站式”学生社区构建的实践与价值 [J]. 太原城市职业技术学院学报，2022（10）：4–7.
[34] 李育君 .“一站式”高校学生社区综合管理模式探究 [J]. 高校后勤研究，2022（10）：4–6，9.
[35] 王军华 . 高校“一站式”学生社区建设的内生价值、现实挑战与突破进路 [J]. 思想理论教育，2022（10）：108–111.
[36] 花春 . 新时代高职院校“一站式”学生社区育人模式研究 [J]. 中国多媒体与网络教学学报（中旬刊），2022（9）：122–125.
[37] 王雷华，任豪，闵敏 . 生态视域下高校“一站式”学生社区治理研究 [J]. 北京教育（德育），2022（7）：106–111.
[38] 武建斌，胡娜娜 . 高校党建引领“一站式”学生社区治理模式建设初探：以荆楚理工学院为例 [J]. 荆楚理工学院学报，2022，37（4）：1–4.
[39] 于倩，张文良 .“一站式”学生社区综合管理模式创新研究 [J]. 科教导刊，2022（22）：144–146.
[40] 赵静 .“一站式”学生社区党组织育人路径探析 [J]. 党政论坛，2022（4）：35–37.
[41] 周远，张振 . 高校“一站式”学生社区的空间建构逻辑与路向 [J]. 思想理论教育，2022（7）：102–107.

[42] 朱伟 . 高校“一站式”学生社区教育管理服务模式探索 [J]. 中国成人教育，2022（12）：18–21.

[43] 陆宝萍 . 高校“一站式”学生社区建设模式的探索 [J]. 高校后勤研究，2022（6）：20–22.

[44] 夏晓晨，王康睿，曹宇 . 探究高校“一站式”学生社区建设与书院制的关系 [J]. 佳木斯职业学院学报，2022，38（6）：44–46.

[45] 黄洁，马思嘉，金大森 .“一站式”学生社区的公寓公共空间改造研究：以复旦大学住宿制书院为例 [J]. 高校后勤研究，2022（5）：14–16.

[46] 柯征，胡昊 . 新时代高校“一站式”学生社区育人模式研究 [J]. 淮南职业技术学院学报，2022，22（2）：105–107.

[47] 罗荣，罗颂 . 全面育人视角下高校“一站式”学生社区综合管理模式探究 [J]. 湖北文理学院学报，2022，43（3）：73–77.

[48] 马成瑶 . 整体性治理视域下推进高校“一站式”学生社区综合管理的思考 [J]. 思想理论教育，2022（3）：96–101.

[49] 王懿 . 高校“一站式”学生社区建设的价值意蕴、现实问题与实践理路 [J]. 思想理论教育，2022（2）：107–111.

[50] 严明，潘志娟，蒋闰蕾 . 高校“一站式”学生社区综合育人研究 [J]. 学校党建与思想教育，2022（2）：61–63.

[51] 吴杰 .“一站式”学生社区建设的逻辑理路与比较路径 [J]. 理论观察，2021（11）：102–105.

[52] 史龙鳞 . 场域理论视角下高校学生社区建设：基于教育部“一站式”学生社区综合管理模式建设试点案例分析 [J]. 高校辅导员，2021（3）：57–61.

[53] 史龙鳞，陈佳俊 . 新时代高校学生社区协同育人的机制研究：基于浙江大学“一站式”学生社区综合管理模式的观察 [J]. 思想教育研究，2021（3）：149–154.

[54] 马灏 .“一站式”学生社区里辅导员和班主任队伍的作用发挥：以白银矿冶职业技术学院为例 [J]. 大学，2020（52）：83–84.

[55] 王钰亮 . 高校“一站式”学生社区综合管理模式探索 [J]. 高校后勤研究，2020（9）：27–29.

[56] 简盖瑞 . 高校“一站式”学生社区教育管理创新模式探索 [J]. 黑河学院学报，2020，11（7）：90–91，95.

[57] 张宝兵 . 高职院校“一站式”学生社区功能定位研究 [J]. 大学，2020（21）：143–144.

[58] 李刁，陈志 . 高校“一站式”学生社区教育管理模式的构建策略 [J]. 学校党建与思想教育，2019（12）：65–68.

[59] 王育军 . 基于物联网技术的学生公寓信息化管理平台设计研究 [J]. 黑龙江科学，2022，13（14）：73–75.

[60] 张萌，张凡，郑振峰 . 高校学生公寓管理服务工作存在问题及优化：以山东省高校学生公寓管理服务专题调研为例 [J]. 高校后勤研究，2022（7）：18–20.

[61] 林建华 . 高校学生公寓管理改革创新研究：以 A 市三所高校为例 [J]. 高校后勤研究，2022（5）：3–6.

[62] 朱跃东 . 高职院校学生公寓管理运行模式探究 [J]. 开封文化艺术职业学院学报，2022，42（5）：77–79.

[63] 宋元禄 . 网格化管理模式下的高校学生公寓管理 [J]. 国际公关，2022（8）：39–41.

[64] 刘小莲，刘康，肖意风 . 高校学生公寓“网格化”思政育人模式探析 [J]. 科教导刊，2022（7）：60–62.

[65] 王政，李建民 . 新时代高校学生公寓管理模式改革研究 [J]. 继续教育研究，2021（12）：110–112.

[66] 解宇宁 . 高校学生公寓管理与育人路径研究 [J]. 科教导刊，2021（31）：141–143.

[67] 陈爱丹 . 网格化管理在学生公寓管理中的应用研究 [J]. 老字号品牌营销，2021（6）：117–118.

[68] 汤文杰，张建华，郑双龙，等 . 高校学生公寓管理中存在的问题及对策研究：以 ×× 学院为例 [J]. 科技视界，2021（9）：142–143.

[69] 高健，葛子豪 . 基于大数据的高校学生公寓精准化管理研究 [J]. 软件，2020，41（12）：30–32.

[70] 王晓瑞，耿世龙，刘杨 . 以人为本的高校学生公寓管理服务模式探索 [J]. 品位经典，2020（8）：87–88.

[71] 周峰 . 高职院校新型学生公寓管理队伍建设的现状与对策 [J]. 数码精品世界，2022（9）：52–54.

[72] 周峰.论和谐校园视野下高校学生社区化公寓管理[J].数码精品世界,2022(7):58-60.

[73] 周峰.服务于大学生政治教育工作的高职院校学生公寓管理模式探析[J].数码精品世界，2022（8）：46-48.